U0939249

贸易战、八国乱与倒霉蛋

再说晚清国运

Trade War, Allied Force and Scapegoat

雪珥—著

金城出版社
GOLD WALL PRESS

图书在版编目(CIP)数据

贸易战、八国乱与倒霉蛋 : 再说晚清国运 / 雪珥著. —北京：金城出版社，2018.10

ISBN 978-7-5155-1744-5

Ⅰ. ①贸… Ⅱ. ①雪… Ⅲ. ①中国历史—清后期—研究 Ⅳ. ①K252.07

中国版本图书馆CIP数据核字（2018）第225768号

贸易战、八国乱与倒霉蛋：再说晚清国运

作　　者	雪　珥
策划编辑	么志龙
责任编辑	李凯丽
开　　本	710毫米×1000毫米　1/16
印　　张	20
字　　数	220千字
版　　次	2018年12月第1版
印　　次	2018年12月第1次印刷
印　　刷	三河市少明印务有限公司
书　　号	ISBN 978-7-5155-1744-5
定　　价	69.80元

出版发行	**金城出版社** 北京市朝阳区利泽东二路3号　**邮编**：100102
发 行 部	（010）84254364
编 辑 部	（010）84250838
总 编 室	（010）64228516
网　　址	http://www.jccb.com.cn
电子邮箱	jinchengchuban@163.com
法律顾问	北京市安理律师事务所　18911105819

目　录

上　鸦片战争前 100 年

中　1900 年鹿鼎记

下　祭坛上的羔羊

上

鸦片战争前100年

茶杯里的硝烟

绿色“毒品”中国产

一种进口的“毒品”，正在帝国蔓延。其所到之处，上至达官贵人，下到平民百姓，趋之若鹜，纷纷上瘾。这一“毒品”不仅毒害了民众的健康，也败坏了社会风气，并且淘空了帝国的经济。

这并非鸦片，而是茶叶；这也并非大清帝国，而是大英帝国。如果你因此而产生了错乱的穿越感，请不要责怪历史本身。

这是 18 世纪中期，距离那场改变了中国历史走向的鸦片战争，足足早了 100 年。英国“禁茶派”对于中国产“绿色毒品”的痛恨，丝毫不亚于百年后的林则徐。他们担心，长此以往，也会“几无可御敌之兵，且无可以充饷之银”。

在这场“禁茶”运动中，最为著名的是约翰·卫斯理（John Wesley），“卫斯理公会派”教会的创始人。1748 年 7 月 6 日，礼拜日，卫斯理召集伦敦卫斯理公会的会员，向他们提议戒除茶瘾，这样既有利于健康，又可以将节省下来的钱救济穷人。这是历史上由正式机构正式发布的第一个，也是唯一一个“禁茶宣言”。在当年写给朋友的信中，Wesley 承认自己就有 29 年的“茶瘾”，而且也坚信这导致了手颤等健康问题。

那个年代的茶叶，因为昂贵，如同鸦片一样，一般被当作名贵药材。对于茶叶的“药性”，英帝国医学界的“挺茶派”接受了东方的观点，认为可治百病，是良药；而“禁茶派”则认为茶叶与烟草一样，都是上瘾毒品。这种争论，贯穿于 18 世纪 30 ~ 40 年代，激烈程度远超百年后中华帝国对鸦片的争论。

更多的人则从经济维稳的角度提倡“禁茶”，认为茶叶这种奢侈品是“几乎

医学博士生莱特森对英国平民追求喝茶时尚大为忧虑

所有的贫困之根源”，“构成了所有的影响人类劳动能力的罪恶”，“它们的身上充斥着从潘多拉的盒子中释放出来的穷困与不幸。”

医学博士生莱特森（John Coakley Lettsom），在1769年完成了著名的博士论文《茶树的自然史》（The Natural History of the Tea-tree），对英国平民追求喝茶时尚大为忧虑。在精心计算了一般家庭的生活开支后，莱特森宣称，喝茶“陋习”已经挤占了面包、牛奶消费，大大影响了平民尤其是儿童的身体健康。

著名旅行家乔纳斯·翰威（Jonas Hanway）也抨击道：“花费大量白银去那个荒唐堕落的东方国家（指中国）进口奢侈的茶叶，有百害而无一利，为什么不用这些钱去修路，建农场、果园，把农民的茅舍变成宫殿……喝茶是一种恶习，不仅危害个人身体、社会经济，还有亡国的危险。且想想当年的罗马帝国，商人们用银币去换中国的丝绸，女人们都穿起了华贵的丝袍，男人们一天洗五六次澡，国库空了，道德败落，军事无能，野蛮人入侵，偌大的罗马帝国瞬间分崩离析！”

中国产绿色“毒品”的危害，在英国激起了巨大的忧患意识，这或许是激励他们寻找变革和突围的力量之一……

茶叶维稳英帝国

茶叶与咖啡差不多同时传入大英帝国。

咖啡更早地走群众路线，实现了与工农兵的结合，原因很简单，其价格更为亲民。在先富或者先贵起来的那群人中，茶叶而非咖啡才可以作为奢侈品彰显身份。然而，茶叶、咖啡政治待遇上的差别，却与其身价无关。

咖啡的加工比较复杂，烘焙研磨，只能在咖啡馆里消费。如此一来，就平白多了不少民众的集会场所。当时发行量不大的报纸，为了增加屌丝粉丝，也多送到咖啡馆去朗读，一点不顾“莫谈国事”的忌讳。喝咖啡或许能喝出群体性事件，就成为政府的很大顾虑。

1675 年，英王查理二世颁发圣旨，自次年的元旦开始，取缔全国的咖啡馆。查理二世的公开理由，是响应英国妇女的抵制咖啡运动，“天听自我民听”嘛。女界对咖啡的大规模反对，原因之一是咖啡馆的性别歧视——女子不得入内，这影响了“幸福”；原因之二则是担忧咖啡对男性功能的伤害，这影响了“性福”——尽管全国男同胞对此强烈否认。

在政府看来，茶叶实在是一种很讲政治的饮品。人人都能“宅”在家里，轻松地泡茶喝茶练茶道，对于咖啡馆这种“群体性”场合的刚性需求，就会大大减少，有利于安定团结。

国王的“好意”，却遭到了全国的一致反对。除了人权、法治之类的宏大理由之外，女同胞则又担心：茶叶太贵，男人们真的没了咖啡，又喝不起茶，就只好喝酒，危害更大。

人民不买账，国王也只好收回成命。自此，加大茶叶进口、降低茶叶价格，似乎成为帝国高层心照不宣的政治任务。显然，此后英国政府对茶叶贸易扶持力度之大，很难简单地用“重商”二字来解释。

政治挂帅的效果是明显的。到 18 世纪后期，茶叶已成为英国劳工阶层的主要饮品；声势不小的“禁茶派”，也遭到了声势更大的“挺茶派”的有力反击。茶叶对个体健康、家庭消费结构及国民经济的恶劣影响等，都被逐一驳斥。

1795 年，牧师大卫·戴维斯（David Davies）出版了他的劳工考察报告，强调了茶叶在建设“和谐社会”中的伟大作用：“在恶劣的天气与艰苦的生活条件下，麦芽酒昂贵，牛奶又喝不起，唯一能为他们（劳工）软化干面包、得以下咽的就是茶。茶是他们迫不得已的饮料。茶配面包，可以维系一家人的日常生活……这不是他们生活的奢侈，而是生活中最起码的需要，如果他们连这一点需求都得不到满足，那他们就只能喝凉水吃面包了。”

的确，茶叶、面包和奶酪，不仅是英国劳工阶级维持温饱的三件宝，也已经成为英国政府维稳的战略物资。只有做好茶叶供应，才能避免物价波动和社会动荡，这正是英国官方对中英贸易的政治期望……

茶汤里浮起“航母”

大英帝国最大的“国字号”企业——东印度公司（British East India Company，BEIC），实在有太多的理由必须热爱中国。

这艘得到了日不落帝国政府授权、垄断东方贸易的商业航空母舰，能够不断在太平洋上乘风破浪，理由只有一个——它漂浮在中国茶汤之上。

据经济学家兼历史学家迈克尔·格林堡（Michael Greenberg）估算，东印度公司每年从茶叶贸易中获得的利润达 100 ~ 150 万英镑。经济学家 A.J. 萨尔金（A.J.Sargent）在《英中商业与外交》（Anglo-Chinese Commerce and Diplomacy）一书中指出：“（东印度公司）1793 年到 1834 年的出口贸易，根据董事们的说法是赔了很多钱……如果不是从中国的物产中取得利润，那么对中国的贸易就不能继续下去，而且东印度公司的整个情况也会受到严重的损害，即使它幸免了那些拥护垄断权的人所预言的那种崩溃的话！”

支撑着东印度公司运行的中国茶叶生意，利润率常在 26% 以上，有时高达 43%。经济学家 E.H. 普里查德（E.H. Pritchard）分析，从 18 世纪后期到垄断贸易

英国东印度公司伦敦总部大楼

结束，东印度公司在茶叶贸易中可获 30% 以上的纯利润，而公司利润的 90% 以上、有的年份甚至是 100%，来自茶叶贸易。

从很大程度上说，没有中国茶叶，就没有东印度公司。

东印度公司的茶叶进口，在 18 世纪最初几年仅占进口总货值的 10% 左右，不到 50 年就攀升到了 53%，并最终在 1825—1833 年攀上了惊人的 94.1%。英国迅速成为中国茶叶最大的消费国，1833 年东印度公司采购的茶叶占到了中国销往欧洲茶叶总数的 80.9%，如果加上通过其他欧洲国家走私进入英国的茶叶，这一比例更高。

在英国人看来，饮茶已经成为衡量“你幸福吗”的重要指数。据英国当代学者艾伦 · 麦克法兰（Alan Macfarlane）分析，面包加茶叶成为最为经济并足以提供日常能量的食品：“一杯甘甜温热的茶，可以让人心情舒畅，重新恢复精力。在以人力为中心的工业化时代，一杯美好的茶已经成为人们工作的重要推动力，它的重要性犹如非人力机械时代的蒸汽机。”他甚至认为，“如果没有茶叶，大英帝国和英国工业化就不会出现。如果没有茶叶常规供应，英国企业将会倒闭。”美国人类学家西敏司（Sidney Mintz）也说：“一位英国工人喝下第一杯加了糖的热茶，是一件重大的历史事件，因为它预告了整个社会的转变，经济和社会的全面重整。”

在巨大的市场需求下，拥有垄断权的东印度公司将茶叶贸易发展成为英国本土利润最为可观的生意。根据 K.N. 乔杜里（K.N.Chaudhuri）在《亚洲贸易世界与东印度公司》（The Trading World of Asia and The English East India Company）一书中统计，1699 年，东印度公司进口茶叶的成本是每磅 2 先令 4 便士，伦敦的市场价则是 14 先令 8 便士，留给流通环节的利润空间近七倍之多。而美国学者、大清国的洋干部马士（H.B.Morse）的研究表明，东印度公司在英国的茶叶报价，一般是成本的两倍。

对于东印度公司来说，在巨大的毛利润面前，自然哪管它洪水滔天。该担心的是英国政府：已经成为英国全民饮料的茶叶，因气候原因，绝无可能实现国产替代，那么，英国该拿什么埋单？

茶杯里的大革命

权力总会造成贪婪。

在中国茶叶的灿烂绿色面前，大英帝国政府的眼睛也绿了——这个正在缔造日不落帝国的政权，居然给茶叶开出了高达 119% 的税率，用实际行动超常规、跳跃式地实践亚当·斯密在《国富论》中的主张——通过增加税收缓和财政危机。

这是 1784 年。

此前的十年间，英国茶税从 106% 一路飙升。这种杀鸡取卵般的高额税收，产生了两个致命的后果：一是大规模的茶叶走私，二是政府与民众，尤其是殖民地的关系日益紧张。

托福于英国的高税收，走私茶叶成为当时欧洲最热门的“偏门”生意。以荷兰为代表，那些茶税极低的欧陆国家，虽然国民并无饮茶习惯，也从中国大量进口茶叶，然后走私到英国。据《东印度公司对华贸易编年史》统计，1773年至1775年，法国、荷兰、丹麦、瑞典四国从广州进口的茶叶量，居然是英国的四倍多，而其中的绝大多数，又流入了英国市场。

税收“顶层设计”的先天缺陷，甚至严重破坏了英属殖民地的维稳大局。帝国议会在1721年发布一项法令，规定各殖民地所需要的茶叶，只能从英国本土进口。作为垄断者的东印度公司，也不得直接向殖民地出售茶叶，而必须先在英国本土批发市场拍卖，然后由经销商们出口到各殖民地。这样，政府就成了最大的获益者。法令公布之后，东印度公司除了茶税正税之外，还要支付货值25%的从价附加税，再加上销售环节的其他税种。而殖民地最后拿到的茶叶，价格比英国本土还高。

在政策的反向杠杆下，茶叶走私狂潮席卷帝国。在整个18世纪60年代，茶叶走私令东印度公司年均损失40万英镑。

蠢政猛于虎，而为了解决前一个蠢政，又会出台新的蠢政，蠢蠢相连，直到崩盘。1767年，帝国议会通过了一系列的税改法令，合称“唐森德法令”（Townshend Acts）。东印度公司通过英国本土转口到各殖民地的茶叶，可以在转口后退还25%的从价附加税。而作为国库的补偿，政府改从各殖民地加税，其中包括对殖民地的茶叶销售直接征税。

这项改革意在杜绝走私并维持财政收入，却捅开了一个更大的马蜂窝——殖民地民众认为，自己在帝国国会中并无代表议席，国会无权通过在殖民地直接征税的法案，此举明显违宪。

对抗迅速从经济层面上升到政治层面，最为激烈的，当属北美殖民地。1773年12月16日，波士顿革命党将商船上的茶叶尽数倒入大海，这就是有名的“波士顿倾茶事件”，最终引爆了美国的独立战争。

战争中，一方面是英国政府为了应对战争，横征暴敛；另一方面是欧陆不少国家出于地缘政治的考量，纷纷支援美国——向英国走私茶叶，成了相当有效的贸易武器。这段时间，东印度公司甚至走向破产的边缘。

数年后的 1784 年，英国议会亡羊补牢，通过了《减税法案》，从次年 8 月 1 日开始，将茶税由原本的 119%猛降为 12.5%，并废除了附着在茶叶上的其他各种苛捐杂税。放水养鱼的效果，不光消费者受益，东印度公司的利润也飞速提高，英国政府的茶税收入更是水涨船高，到 1836 年时高达 460 万镑，占英国国库总收入的 16% 左右，直到 20 世纪初茶税都是帝国的支柱产业。

不同的“顶层设计”，效果天差地别。醒悟过来的帝国，却已经付出了失去一半美洲的巨大代价，痛哉！

鸦片印钞机

一江银子往东流

古老的西方有一条河，它的名字叫泰晤士河。

这是英国的母亲河，也是英国的财富河。但是，令英国人郁闷的是，自从他们不远万里爱上了中国的茶叶后，在这条河上，东印度公司开往中国的商船，主要的“货物”就是真金实银，用以换回那些压满舱的茶叶。

东印度公司的记载显示，在1710年至1759年的50年间，英国向东方（包括中、印）出口的货物，价值仅为9248306英镑，而运送的金银则高达26833614英镑，如此方能抵消进口货物的价值，贸易逆差高达290%。

一江银子往东流，原因有二：茶叶被东印度公司和英国政府都当作了支柱产业，大量进口；同时，英国却无法提供一种能与茶叶匹敌的产品出口到中国去。

在看似庞大的中国市场，英国商品几乎都遭到了冷遇，他们最为拿手的呢绒、哔叽等毛织品，虽然长期以低于成本的价格在中国市场推销。但是，再便宜的毛织品，也要比中国百姓自己手纺的棉织品昂贵很多，而对具有消费能力的人群来说，这种毛织品与绫罗绸缎相比，还是差了一大截。据《东印度公司对华贸易编年史》统计，直到1818年至1833年间，毛织品才占英印产品输华总值的1/8左右。

茶叶已然成为绿色的双刃剑，令英国政府在享受到巨额的茶税收入的同时，也不禁为巨额的白银流失而担忧。如何填补贸易逆差，成为摆在英国政府面前的迫切难题。

好在英国有一个与中国毗邻的庞大殖民地——印度。用印度产品对冲中国

1805 年的广州港

产品，就成为英国官方的第一思路。《东印度公司对华贸易编年史》记载，1787 年，英国政府给第一次派往中国的使臣卡思卡特（Lord Cathcart）发布了训令："要注意到我们在印度领地的繁荣，要改进该地的产品和制品在中华帝国的销路，同时，要使出售这种产品的贷款足以供应现在每年达 130 万镑以上的欧洲回程投资所需。"

这种能够打开中国大门的印度产品，最初是棉花。

1740 年，为了弥补中英贸易的巨大逆差，东印度公司试着向中国输出了 1116 担印度棉花，结果大受欢迎，此后棉花对华贸易便不断增长。但是，中国本身就是产棉大国，进口印度棉花，只是为了弥补产量的缺口，因此，印度棉花出口到中国市场的增长空间极为有限，而且行情受到中国本土棉花收成的巨大影响，波动巨大，有一年的波动幅度居然高达 33%。这大大制约了印度棉花对中英贸易逆差的平衡作用。

尽管如此，在这个正在成型的中英印三角贸易圈中，中国对印度商品的需

广州港内茶叶正在装船

求大大超过了印度对中国商品的需求，这令印度在中印贸易中迅速获得了顺差，但这个顺差实在过于渺小，难以抵消中英贸易的巨大逆差。

英国人想出了第二种方式——金融。在中英印三角圈中，他们建立了一套金融体系，采用循环汇兑的方式，尽量减少从英国直接向中国支付现银的比例。根据马士的记载，到 1783 年，输入广州的白银总量 272 万两中，从英国直接输送的不到 1%。

但是，包括印度殖民地在内的大英帝国，与中华帝国的贸易依然是逆差，这个现象直到鸦片战争后还继续了很多年——而并非国人通常理解的，鸦片战争后英国就取得了顺差。

在平衡贸易逆差中，印度的棉花显然还是太软了，英国迫切需要一个“硬”东西。一个远比棉花更为可靠、有力的贸易平衡工具出现了，它就是鸦片！

鸦片经济讲政治

英国绅士们在印度殖民地讲政治、讲大局的重大成就，就是发现、培育及扶持鸦片这个支柱产业。

几十年来，作为印度的真正统治者，东印度公司——而非英国政府——所做的，基本都是破坏式开采，根本就不顾及“可持续发展”。同时代的经济学家亚当·斯密在《国富论》中评价道：“这真是个奇怪的‘政府’（指东印度公司），其人员都想尽可能快地离开这个国家（印度），并尽可能快地和这‘政府’脱离关系。在他们离去而财产亦全部搬出之后，虽有地震把那个国家毁掉，也与他们的利益无关。”

东印度公司凭借着大英帝国赋予它的垄断权，及公司所属军队用武力从莫卧儿帝国获得的“迪万尼”（Diwani，印度语，即收税权），在印度实行着几乎毫无技术含量的掠夺——甚至都谈不上统治，因为没有一个统治者会如此竭泽而渔。

根据印度学者的统计，仅1757年至1782年的25年间，东印度公司从印度掠夺的财物多达3800万英镑，平均每年152万英镑，这甚至超过了中国茶叶给他们带来的巨大收益，而成本却低得多。

这些财富中，最大宗的就是印度农民缴纳的田赋。在英国人获得“迪万尼”特权的1765年至1766年度，田赋收入达到了147万英镑，比上一年度莫卧儿帝国最后自行征收的82万英镑，足足增加了79%。到了1790年，更是比1765年增长了100%。在英国绅士们的成功运作下，印度农民的处境日益恶化，孟拉加地区三成以上的农田，在18世纪末都成为老虎的家园。

东印度公司在1812年的报告书中也坦承，印度就是“作为直接掠夺的源泉，而不是作为一个商品市场”。

随着英国工业的大发展，幅员辽阔的印度从1813年开始，又开始成为英国倾销工业品的大市场，其中尤以纺织品为最。印度自身就是棉织品的出口大国，但在英国人的强制下，印度的棉织品被限制输出到英国，而英国的纺织品则毫无限制地涌入印度。统计表明，在1814年至1835年期间，英国出口到印度的纺织品，增长了50倍，而同时期，印度出口到英国的纺织品，则下跌了75%。曾经相当发达的印度棉纺业，一蹶不振，将市场完全让给了英国纺织品。

印度东印度公司军官

这种极端的短视行为，与后来美国学者费维恺（Albert Feuerwerker）将大清国的权贵资本主义称为“采矿式经济”一样——挖个坑，掏了黄金就跑，根本就不顾及后果。

“采矿式经济”最后还是伤及了东印度公司。在杀鸡取卵的掠夺下，东印度公司丧失作为一个“政府”最大和最关键的利益，那就是稳定的税收。

亡羊补牢，英国人很快就找到了讲大局的平衡器——对华鸦片贸易，这既能将印度变成掠夺中国的前沿基地，又能维持印度的“可持续发展”。而且，最终还能令“无所不有”的“天朝上国”，在排斥几乎所有的英国工业品后，却对印度鸦片一见钟情。

鸦片体制大改革

1773年，英国人在印度要搞经济改革了。

新任孟加拉省督瓦伦．哈斯丁斯（Warren Hastings）宣布，对鸦片市场实行“合同包收制”，即建立一个合同体系，由中间商包揽鸦片收购，然后统一卖给

印度的鸦片生产

东印度公司。

改革的动力在于利益。扮演着实际上的印度政府角色的东印度公司，内部那些手里握着各种权力的大小官员，纷纷投身自己的鸦片生意。鸦片产业虽然飞速增长，但巨额的利润都流入了私人腰包，这令不得不承担殖民政府庞大开支的东印度公司极为不满和不安。

从自由经济改革为计划经济，英印当局公布的政策是：鸦片的种植者只能按照预先规定的价格售给政府的鸦片专卖局，专卖局通过公开拍卖，将鸦片售与批发商，而后，这些鸦片就可以自由流通，不再被监管了。

这种做法，极其类似大英帝国此前对茶叶贸易的控制——政府在自由经济的入口处加设了一个收费站，确保政府能收到足够的税收，也防止过度自由竞争造成鸦片行业整体利润的下降。

有公权力保驾护航的计划经济，能量很大。1797 年，东印度公司宣布推行“限产保利”政策，规定鸦片的年产量不得超出 5000 箱，并严格禁止在印度本土销售、消费非医用鸦片，以此确保公司对鸦片定价权的完全掌控。那些多余的鸦片，甚至被统一销毁，这比“虎门销烟”足足早了近半个世纪，动机却截然不同。

从田间地头，到终端销售，东印度公司直接或间接地控制着鸦片的生产和销售的全过程。在他们的实验室和车间里，甚至还精心研究不同地区消费者的口味，以便因地制宜，而中国人的口味是他们研究的重点。

鸦片贸易大大带动了英印当局的 GDP 增长。1813 年，鸦片“公土班”每箱成本是 237 卢比，而包括鸦片税在内的拍卖价却高达 2438 卢比，差额达 9 倍，东印度公司可得 2/3。到 19 世纪 50 年代，这一差额依然十分巨大。英印政府花在每箱鸦片上的费用为 250 卢比，而在加尔各答市场的拍卖价是每箱 1210 至 1600 卢比，高出其购买成本的五六倍。鸦片成为印度财政的主要收入之一。

与大多数中国人理解的不同，当时中国绝对不是印度鸦片的目标市场。东印度公司和大英帝国政府至少在表面上恪守一条：任何商业不能违反所在国的法律，既然中国法律严禁鸦片，那英国商人若胆敢向中国出口鸦片，其责任自负。更重要的是，东印度公司已经在中国建立起了庞大的经销网络，为了鸦片而去损害那些合法的、传统的贸易，也是极不明智的。

但是，东印度公司也给自己留了一个口子：并不主动禁止分销商的任何行为，而这实际上导致了日后汹涌澎湃的对华鸦片走私。

估计英国人也没有想到，他们释放出来的鸦片恶魔，会在不久的将来改变中国并进而改变世界……

地球村里的大清国

技术进步总能给人带来福音，有时甚至包括吸毒。

全世界的瘾君子们，都为此由衷地高兴——鸦片由吞服变成吸食，不仅简化了方式，提高了效率，而且大大降低了致命的风险。

这项划时代的技术更新，究竟发生于何时，已经很难考证，但一般估计是在 18 世纪的中后期，也就是中华帝国最为富庶的乾隆中后期。新的技术迅速传进了中国，尽管这个帝国对于大多数外来事物有近乎天然的抵抗力。

新技术大大拉动了市场。据英国皇家鸦片委员会（The Royal Opium Commission,

鸦片进入中国后的加工程序——称量、切分，再与烟草混合，以便吸食。

成立于1895年的官方机构，专司鸦片贸易调查）日后的分析，吞服鸦片量每天约20喱（约合0.002 ~ 0.003磅），人均年消费量大约7两。技术更新后，人均日消费量可达1 ~ 2钱，甚至1两，即年均2 ~ 6斤，甚至高达22斤以上。

这样的火箭式飞跃，英国人当然笑弯了腰。

中国市场挽救了总是不景气的英印当局。在英国人占领印度前后，每年出口到中国的鸦片不超过200箱，南洋诸岛及欧洲本身，才是更大的鸦片市场。而技术更新后，早就有鸦片消费传统的中国市场，情形大为改观。英国商人再也顾不得政府的禁令，蜂拥而至。在东印度公司的实验室里，精心研究不同地区消费者的口味，中国人的口味则是重中之重。

中国人民就好这一口，这一口也终于令英国人舒了一口气。在英国人的主导下，中英贸易形成了“中—英—印”三角贸易关系。

中英之间维持原状，中国向英国出口大量的茶叶和丝绸，对英国的产品却毫无兴趣，中国获得巨额顺差。与之前不同的是，因为英属印度的加入，英国不再需要如以往一样，再向中国运送大量的白银以便支付贸易逆差，代替白银的，就是鸦片。

而在中印之间，中国大量需要印度鸦片，印度却对中国的大宗出口商品毫无兴趣，中国因此造成高额逆差，必须向印度支付大量白银，从而对冲了中英贸易顺差。

从英国角度来看，还有最为关键的第三条，那就是英印贸易。如果说，中

专供高端客户使用的中国鸦片烟

英和中印贸易都还能算是公平游戏，那英印贸易则完全是非对等的。对华鸦片贸易的崛起，使得印度棉花不再作为中国茶叶的对冲器，而大量改运英国，支持正在大跃进的机器棉纺织业。而在英印政府严格控制下，棉花实行统购统销，英国人低价收购棉花，高价卖出机织布匹，巧妙地将印度从中印贸易中收获的顺差白银，连同印度本身的血汗，都攫取到了自己的口袋里。

直到第二次鸦片战争前后，英国在中英贸易中的逆差每年高达 719 万英镑，而中印贸易中仅仅鸦片一项的顺差就是 637 万英镑，冲抵了英国逆差总额的 89%。

英国人站在三角形的顶点，对印度和中国实行着宏观调控。绿色茶叶、白色棉花和真金实银，纷纷涌向伦敦，英国产机织棉布则淹没了印度，印度产的鸦片淹没了中国。大清国终于彻底融入了地球村，却不幸而成为食物链的最低端。

腐烂的帝国

大清海关如蚂蝗

就在英国商人想法设法将印度产鸦片输入中国的同时，正处于康乾盛世的大清帝国，商人们却在努力应对着政府的勒索。

这种勒索，是体制性的。

康熙中期解除海禁之后，设立了闽粤江浙四个海关，实行的是双重领导：名义上算是户部的派出机构，实际上的领导权，却在内务府手上。海关监督的人选，由皇帝直接任命、垂直领导，完全绕过正常的组织人事渠道。海关因此成为皇帝的最大小金库及办理皇差的平台，这些皇差大多没有或者不便于纳入财政的计划内资金，而需要由海关悄悄地办理。

正是在这样的顶层设计下，海关的收入一分为二：缴纳给户部的关税，实行定额制，而且定额很低；缴纳给内务府的“关余”，即除了关税之外的所有收入，进入皇家的小金库，不在户部的审计监控之列。

美国学者魏斐德（Frederic Wakeman）指出：“按照清朝政策的公开表示，商业利益服从国家的政治利益。但在私下里，甚至清朝历代皇帝都把广州贸易视为个人利益的重要来源。海关监督被外国人误认为是户部的代表，实际上，他由内务府授权，负责把广州每年海关税收多达 85.5 万两的现银输入统治者的私囊。海关监督功绩之大小，视其满足皇帝私人定额的能力而定。”

正是在这个意义上，粤海关被称为“天子南库”，而北京崇文门税关，则被称为“北库”，共同构建了巨大的小金库。这种把“国”“家”分立，并将“家”的利益置于“国”之上的做法，造成海关制度的先天痼疾，成为激化帝国腐败，乃至引发对外战争的重要因素。

海关是肥缺，朝廷也深知其中的利益之大，乾隆就曾表示：“税差官员公帑无亏，而羡余又足养赡家口，兼及亲族。”为了“摆平”自己身边的人，让大家利益均沾，海关监督的任期都很短，按照乾隆的说法是要“均沾普及”。海关从开始就被当作了上至皇帝，下到胥吏的分赃机器，变相地鼓励了海关官员营私。

粤海关监督是这个分赃体系中的枢纽。马士在《中华帝国对外交往史》中说：“一位权威人士在 1895 年记述离当时不久的情形时，估计粤海关监督在任内每年经常送往北京的礼物，价值不下 100 万两。别的权威人士曾经讥讽地说：在支付了为维持大批僚属生活的征收费用之后，他任内第一年的净利是用来得官，第二年的用来保官，第三年的用来辞官和充实自己的宦囊。”

到乾隆末期，也就是英国人在印度的鸦片事业得到长足发展的同时，中华帝国的海关形成了一个“广州利益集团”，“它逐渐把从贸易吮吸来的款项变成了与外商或公行有关连的所有大小官吏的资财。”

海关在成为分赃平台的同时，也成了一只寄生在外商与行商身上吸血的巨大蚂蝗。当这只头顶国家名义的蚂蝗变得越来越嗜血的时候，把暴利的贩毒（鸦片贸易）当作支柱产业，也就并不奇怪了。

税收天堂的乌云

清代中国，居然是低税率的天堂，这是出乎后世大多数人的想象的。在列强入侵之后，低税率固然是出于坚船利炮的威逼，而在这之前，低税率则更多是为了“嘉惠远人”的“圣主立法”。

康熙在开放海禁的圣旨中明说，开放的目的是“彰富庶”。在康雍乾三代皇帝涉及关税的重要讲话中，往往加上“区区”二字——区区关税，以强调海关征税不是为了敛财，而是为了传播中华帝国的光辉形象。低税率，就是这种讲政治的产物。

鸦片战争前的出口税，据马士的《东印度公司对华贸易编年史》统计，茶叶 0.4% ~ 0.8%、生丝 1.1% ~ 1.5%、大黄 0.6% ~ 1%、糖 4.4% ~ 8.3%，平均出口税只有 4%。据民国学者王孝通研究，当时中国的进口税率一般低于 16%，出口税率则在 4% 左右，比同时期实行自由税率的法国还低（《中国商业史》）。可以确定，在当时世界上各大经济体中，中华帝国的关税最为低廉，这也得到了当时不少商人和外交官的认可。

即便如此，天朝的海关依然饱受诟病，原因在于：显规则的关税虽然低廉，却从来都是“内部文件”，没有公开正式颁布，这导致各地官员任意解释、自由裁量，潜规则的勒索十分高昂。

1834 年，英国驻华商务监督义律的翻译、汉学家马礼逊（J.R.Morrison）抱怨说：“无法从中国政府取得任何确定的关税税则，乃是多年来广州商务之都上最显著的弊害之一——一切党派、各级政府、各行商人及士绅等的政策，就是要将外国人至于这样的境地，使他们对于对外贸易征税的方式和税率一无所知。”

马士在《中华帝国对外关系史》中说：“事实上，税并不特别重，而且都被巧妙地掩蔽起来，因此也不显著；但是人们对政府官吏的勒索总是斤斤较量的，不知数额的勒索总觉得特别重，所以那些经久不变的露骨的勒索，就成了激起愤懑的许多芒刺。”

英国学者魏尔特（Stanley F. Wright）在《中国关税沿革史》中也说：“帝国政府所核准的税率本身并不苛重……外国商人对于他们被迫接收的贸易条件之所以怨声载道的主要原因之一，就是地方海关当局对税则的解释和实施。”

潜规则大大抬高了外商们的实际负担，据马礼逊记载：“非法和额外课征都在真正帝国关税的 4 倍以上，而对于一项极重要的货品（棉花）竟公然提高到 10 倍。”马士的《远东国际关系史》也说：“实征数额也比规定的税则多出了数倍，如棉花的进口税的实征数就比法定税则高出了 6 倍，茶叶出口税的实征数也比法定税则高出 4.7 倍。”

潜规则激起了外商们的不断抗议。1715 年，东印度公司就向粤海关提出了几条要求，其中有：“海关监督须保护外商不受官吏们的欺侮和勒索，这些官吏每年都加收新的税收和勒索，而这些本来是被禁止的。”

1793 年，马戛尔尼出使中国，其中一项使命就是“摆脱广州官吏强加于该口岸贸易的限制和勒索”（《东印度公司对华贸易编年史》)。马戛尔尼在与中国官员会晤时，多次强调了对“钦定税则”的尊重，但希望取得文字上的明确认可，以增加公开性和透明度，并取缔一切法定关税之外的收费。他并没能得到帝国政府的明确回答。

潜规则的杀伤力十分巨大。鸦片战争之前，中英之间的最大的贸易冲突，就在于英国商人希望“推翻广东官吏以对外贸易自肥的整个制度”（《东印度公司对华贸易编年史》)。若干年后，挟鸦片战争胜利的余威，英国特使璞鼎查向中国政府发出照会，依然认为引爆战争的真正原因，是中国官场的潜规则：“粤海关与随带之衙役，左右勒索，额外苛求，以致正饷加倍三四，系英人不服，致启衅之大端。”

讲政治的税收天堂，终于被不讲规则的潜规则乌云彻底遮蔽。

行贿基金靠集资

1770 年代，当广州的商人们决定成立一种特别基金，用于应对政府的勒索时，世界也不得不佩服中国人的生存智慧。

这一基金，英文名为 Consoo Fund（“公所基金”，Consoo 即汉语“公所”的音译)，当时的外商们和西方的外交官，对此有很多记载。而在这种基金的祖国，无论官方资料还是私人笔记，都有意无意地回避了这个话题的细节。史料中仅仅记载了它的中文名是“行佣”，即“公行所提取的佣金”，又名“行用”，即“公行所需的公用金”。

这一基金，由每家行商缴出利润的 10%，而其作用，除了作为参与者们的行业互助保险外，主要是为了应对政府层出不穷的勒索。西方的史料，干脆称呼这是“行贿基金”。这一颇具中国特色的创新，很快就国际化：凡是与“公行”有商业来往的外商，也必须缴纳货物价值的 3%，作为“规礼”，滚入基金池中，实现风险共担、利益均沾。

在强大而贪婪的公权力面前，中外商人们抱团取暖，合资行贿，分摊成本，并对这一基金的使用，实行严格的集体监管。

对于“公所基金”，《剑桥晚清史》认为这是“席卷中国的社会混乱的标志。在乾隆时代的最后几年，出现了传统王朝衰败的最初迹象……清帝试图以传统方式缓和社会混乱和减轻饥荒，同时为镇压叛乱而开销一笔必需的非常军费，于是要求官吏和富商捐款。事实上，对于每一级官职都干脆定有捐款数额，各商会也有定额。公行的负担是从公所基金开支的。”

“公所基金”的主要开支，就是应对政府的勒索。外商们统计出的这类支出，数额是惊人的。东印度公司查明，在1807年至1813年间，从公所基金中至少公开支出了总额498.8万两银子（《剑桥晚清史》），约合如今人民币1亿元。

催生行贿基金的制度根源，除了海关制度外，还有财政制度。“由于合法化的和经常的额外征课，以及由于征收人员为自己而征收的无定额的摊派，而这种摊派的征收在极大的程度上是漫无限制，听凭征收者为所欲为的。额外征课和征收人员的摊派，虽然一向为中国政府的清议所不齿，管它叫做‘勒索’或‘聚敛’；但征收方法既然给个人贪污大开方便之门，它就仍旧不失其为中国的制度。”（马士《中华帝国对外交往史》）

“公所基金”作为行贿基金，行贿的对象是官方，而非政府官员个体。对于政府官员的私人孝敬，自然不在基金的支付范围之内，而要由行商们自行解决。

一个政权放弃了显规则的正道，却要从潜规则的歧途上聚敛财富，自然难以避免整个体制乃至全社会的腐败与沉沦。而这种聚敛却仿佛有独立的生命，不断地自我壮大，令各方都难以停歇。

此时的大清帝国，和大英帝国在印度的处境一样，都需要寻找一种既能满足政府需索，又能满足商人图利的高利润商品，东西方的视线开始聚焦到了一起，那就是鸦片。

救命的行贿名单

叶恒澍杀人了，而且据说杀的是官场的同僚，却成功地逃脱了死刑。有限的史料，并没有详细记载他的案情，各方所关注的，是他凭什么能够免死。

他并非什么达官显贵，论官职，仅仅是通过捐官获得了“州同”的虚衔，最多算是科级干部；论财富，他也就是一个小老板，在澳门拥有一艘渔船，雇人打渔。

然而，这位小名“阿西”（Asee）的广东人，却在1821年（道光元年）创造了大清帝国司法上的奇迹——最后仅仅以贩毒罪名而被判枷号一月、发近边充军、到达配所后杖一百。

在写给朝廷的报告中，广东地方当局只字没有提及叶恒澍行凶杀人之事。尽管在华西方人的记载中，众口一词地说他是因为杀人或者雇凶杀人而被捕，但这些罪名严重的指控，在中国正史中都消逝得无影无踪。

根据两广总督阮元的奏折，这也就是一个简单的贩毒案。案情为：道光元年七月，叶恒澍船泊娘妈阁，偶遇来澳门贸易的相熟者福建人陈五。陈告诉叶，有一批鸦片，每斤12银元，问要否买进。于是叶与同伙一起凑集1320银元，向陈购入110斤，旋以1斤16元洋银的价格，售与一不知名的墟客（市场客商）。

杀人罪改成了贩毒罪，只因为叶恒澍有一个特殊身份，他为澳葡当局的一个基金服务，而这个基金的唯一作用是向大清国的官员们行贿，以换得他们对鸦片贸易的睁眼闭眼。当叶恒澍因杀人被捕后，在审讯时故意揭出了与杀人案无关的大量行贿细节，惊动了这张遍布广东官场的鸦片保护黑网，有关方面立即行动起来，以重罪轻判换取他的沉默。

美国传教士卫三畏（S. W. Williams）在其著作《中国总论》中记载，叶被捕后，受到了香山官员的刑讯逼供，为了报复，而将行贿基金的事抖了出来。马士在《东印度公司对华贸易编年史》中说，叶恒澍认为把官员们拖进来可以为自己免罪，于是向广州府检举揭发……总归，叶恒澍一张口，帝国的司法系统就必须为保住这名杀人嫌犯的性命而奋斗。

叶所服务的澳门行贿基金，此时刚刚设立一年。这也是广州十三行的商人们设立“行佣”之后，有史记载的第二家“正规”的行贿基金。与“行佣”主要应对政府的勒索不同，澳葡当局设立的这个基金，则专门用于对大清国官员的行贿。

这个基金的设立，其实也得到了大清海关官员们的“暗示”。一项新的海关法律规定，进入澳门港的葡萄牙船在卸货前，必须接受大清官宪临场检查，如发现装有鸦片，则禁止该船一切贸易，斥其退去。这一打击鸦片走私的举措，被官员们当作了权力“寻租”的大好机会，而深谙大清国情的葡萄牙人，立即与时俱进地设立了行贿基金，羊毛出在羊身上，以维持鸦片贸易的和谐局面。

这个基金，由澳葡当局动用公权力直接征收，输入澳门的鸦片每箱要缴 40 银元，根据当时鸦片进口量推算，每年可收 10 万银元（约 7 万两，折合如今人民币计 1400 万元），绝非小数目。

叶恒澍靠着对行贿名单的掌握，捡了一条性命，但这却刺激了那些感觉自己被绑架的官员们，他们最有力的报复手段，就是对鸦片贸易设置更多的壁垒。

雍正版商人跑路

即便在以严刚苛烈著称的雍正朝，商人们为了应对政府的勒索，也敢于选择跑路。

1724 年（雍正二年），大批行商从大清帝国的世贸中心广州，集体跑路到了厦门，“因为彼等再也不能忍受此处官员之勒索，并希望英国人能到彼处，彼等谓不仅是商人，而且所有官员都十分希望这样，并保证吾等会得到极好之待遇。”（马士《东印度公司对华贸易编年史》）

行商们走了，与行商做生意的外商也耐不住了。1727 年，不堪勒索重负的外商们扬言，如果官员们再不控制勒索的胃口，他们将离开广州改去厦门。这一威胁换来了粤海关的一道承诺：不课征多于正税的数额。但次年，他们就不得不接受额外的 10% 的从价附加税。1732 年，洋人们再度抗议，并将商船停泊在虎门口外，拒绝入港，要求取消 1715 年后增加的所有苛捐杂税，粤海关部当即应允，但从未落实。

大清帝国的行商们，其实本身就是政府垄断权力的前台代理人，也是那只巨型蚂蝗的吸血器官。所谓的“公行”，就是那些获得了商业垄断权的商人们（“行商”）组成的类似“托拉斯”的贸易联合体，最为著名的就是广州“十三行”公行。在各种大小蚂蝗横行的广州，吸血的“最便当方法就是通过公行，这对于总督是这样，对于广州的每一个官吏也是这样。”（马士《中华帝国对外交往史》）

尽管蚂蝗的吸血是体制性的，尽管公行是在官方领导下的行商傀儡组织，尽管行商们的权利主要来自公权力的垄断授权，行商们却也选择了与洋商们携手“跑路”，由此可见体制性敲诈的残苛程度。

商人们的负担，并非来自“正税”。此时大清帝国的正税很低，是全世界最有吸引力的。令商人们痛苦的，是杂税。在大清特色的潜规则下，每艘商船必须缴纳高达1950两银子（相当于如今39万元人民币）的“规礼”（the presents），为此，外商们先后在1734年、1737年、1747年、1752年、1754年、1760年提交了六次抗议，结果又全都无效。

“规礼”虽然是潜规则，但毕竟还是规则，更难以忍受的，还有各级官吏的个人勒索，那就更无节制，更无章法。

针对行商与外商的跑路，帝国政府很快就出台了政策，予以限制。

1754年，行商中的一部分，被政府赋予了一项更严峻的任务——担任外商们的“保商”（Security Merchant）。“保商”的垄断地位得到了加强，所有外贸必须经由他们进行，其他中国商人包括行商不能染指。外商只能把货物卖给自己被指定的“保商”，并且，价格是由“保商”来确定，外商可以选择接受价格或者带着货物离开，而不能更换“保商”。这是外贸领域的“连坐制度”。三年后（1757年），帝国政府确定广州是唯一的外贸港口，取消了外商对于港口的自由选择权。对于“单口通商”，外商们自然大加抗议，却毫无结果，只能就范。“一口通商”的政策，保障了广州的外贸垄断地位，也保障了依附其上的各种蚂蝗们的权利。

“连坐”制度下，行商们要为外商的行为包括拖欠税款承担无限担保责任，“公行的行商们自然是惨受敲诈，1771年已经发现其中有很多家破产，此外还拖欠了应付给官方的款项”。（马士《东印度公司对华贸易编年史》）

在强大而且无处不在的公权力压力下，行商们开始苦苦寻找抱团取暖之路。

走私天堂

垄断消逝的代价

大清国的商人有点坐不住了，尽管东印度公司的“解散”，发生在遥远的异国，他们却担心这会对自己的生意，甚至对帝国的稳定产生不良的影响。

这是 1831 年，广州的行商伍受昌等上书广东地方政府，认为之前的中英贸易能够有序进行，就是在垄断之下“由大班管束，是以事有专责，历久相安”，如果“公班”（即东印度公司）“散局”，会出现混乱局面，建议中国政府及早联络英国国王，“仍应酌派晓事大班来粤总理贸易。”（马士《东印度公司对华贸易编年史》）

其实，东印度公司并没有“散伙”，只是其贸易垄断权已经明确了要在三年内终结，而改行自由贸易。显然，这样的改变，令习惯了与一个“组织”打交道的中国商人担心，在面对无数个英国小公司甚至个体户时，实在会麻烦多多。

这种跨过大洋的操心，后来看似乎有点多余。

1834 年 4 月 22 日，东印度公司的贸易垄断权被正式废除，英国政府给予所有英国臣民在好望角和麦哲伦海峡之间自由经商的权利。

闸门一开，大量英国商人——他们被称为“港脚商”（The Country Trader）——从之前的游击队一跃而成中英贸易主力军，涌入了中国。在广州的英国公司，从 1833 年的 66 家猛增到 1837 年的 165 家（格林堡《鸦片战争前中英贸易通商》）。

中国商人们随后发现，对付失去了“组织”的英国商人，要比对付有着垄断权的东印度公司容易得多。这些英国商人各自为战，“被遗弃得像是一个没有牧人的羊群”，原本就掌握着定价权的中国商人——这种定价权要到19世纪70年代苏伊士运河开通及轮船取代帆船才改变——趁机涨价，中国丝、茶等大宗产品的出口，呈现了量价齐涨的双增长。仅茶价的增幅，从25%一路上升，足足涨了55%，而中国产品的质量，却不断下滑。（马士《东印度公司对华贸易编年史》）

英国方面没有了垄断，但中国的行商却垄断依然。此消彼长下，英国商人们发现要向中国出口产品，实在是过于艰难了——他们在中国的垄断商面前毫无讨价还价的优势，而且英国商品要进入中国内地市场，税负过重，无法盈利，加上这些商品对于中国民众而言，并非生活必需品。与其相对比的，是中国茶叶在英国依然有着极大的“刚性需求”，甚至依然关系到英国社会的维稳大局。

如此局势下，英国商人日益处于下风。堤内损失堤外补，趋利避害的本能在自由贸易状态下，发挥到了极致——英国商人们大规模地走私鸦片，“干的非常起劲，以至不顾天朝的拼命抵制”，1834年也因此被马克思称为“在鸦片贸易史上，标志着一个时代”。而此前的东印度公司，至少在公司层面严格禁止这类行为。拥有垄断权的中国商人，在享受着痛宰英国“羊”的快感时，大清国却日益陷入到了鸦片的包围之中。

东印度公司垄断权的消失，促使英国必须派出外交人员，保护并管理在华的英商。贸易层面上的中英关系，自此从中国行商、英国东印度公司的“半官方关系”，变成了两国政府之间的正式官方关系，贸易不再仅仅是成本与利润的权衡，而掺杂进了更为复杂的国家利益和尊严，最后酿成激烈的冲突。这倒似乎应验了东印度公司之前的担忧：自由贸易仅会增加中英两国政治上的冲突，绝无商业上的利益。

被解放的鸦片烟

1834年3月22日，船长怀特赛德（Whiteside）指挥的英国商船“萨拉号”（Sarah），在广州黄埔港装上了一批茶叶，扬帆开往伦敦。这批茶叶颇有特殊意义，这是第一批不受东印度公司垄断权控制的“自由茶叶”（free-tea），且由“自由船”（free-ship）运往英国。（《广州番鬼录》）

1个月后，东印度公司的垄断权被正式废除，这标志着英国与东方之间的贸易，得到了彻底解放，所有的英国散商们欢呼雀跃。

这些散商，一般被称为“港脚商人”，他们的贸易，则被称为“港脚贸易”（the country trade）。在东印度公司垄断英国与东方贸易的时候，他们就已经开始活跃起来。拥有垄断权利的东印度公司，如同所有其他垄断者一样，对市场的变化并不那么敏锐与快捷，对于该公司来说，最容易的生财之道，就是发“批文”，将自己手中的垄断权力通过分包而变现。于是，“港脚商人”就应运而生，作为东印度公司的“临时工”，获得了特许证，参与航运与贸易，向东印度公司缴纳“份子钱”。

如同任何垄断者对民营企业的歧视一样，“港脚商人”仅仅被东印度公司当作了拾遗补缺的工具，其贸易范围被限定在中国与印度之间，并且主要是单向的贸易，他们只准将印度的商品，主要是棉花输往中国，而不许经营利润更高的中国商品，主要是茶叶。

为了解决“港脚商”的资金汇兑，东印度公司推行了汇票制度，“港脚商”可以将自己在中国获得的货款（主要是笨重的银两），就地存入东印度公司，由公司出具汇票，在印度或者英国兑换。这样的安排，并非垄断者体贴知心的服务，而是东印度公司在中国市场上正需要大量的白银，来应对购买中国茶叶的现金需要，免得万里迢迢从伦敦运送过多的白银。可以说，在东印度公司暴利的茶叶生意中，“港脚商”的定位，基本上就是作为货币缺口的填充物。

然而，资本是逐利的，利润单薄、交易十分不稳定的印度棉花，并不能满足“港脚商”。他们开始投身于另一种暴利商品的经营，那就是鸦片。东印度公司明文禁止“港脚商”违反贸易国的法律，因此，向已经明令禁烟的大清国输出鸦片，也在禁止之列。但在实际操作上，东印度公司对此睁只眼闭只眼——连大清国的官吏甚至军队都从鸦片走私中获利，自己又何苦去断“港脚商”的财路呢？何况，鸦片贸易的暴利，令东印度公司在广州获得了“港脚商”缴纳的更多的白银，日益缩小茶叶贸易造成的巨大白银逆差。

“港脚商”迅速地成为中国鸦片走私的主力军，与他们并肩作战的，是作为贸易伙伴的中国行商，以及作为保驾护航者的中国官吏。“港脚商”的走私生意如此兴旺，以至于他们需要在伶仃洋的小岛上，建立鸦片的囤积仓库，将伶仃洋迅速建设成为全球最为活跃的鸦片集散地。同时，“港脚商”为了抱团取暖，开始成立公司，怡和洋行、宝顺洋行等应运而生，成为推翻东印度公司垄断权、推进自由市场的主力军。

“港脚商”逐利的力量是巨大的，中国的鸦片进口值在1826年达到748万元，首次超过中国茶叶的出口值。在东印度公司的垄断权被废止后，“港脚商”迅速主导了中英贸易。促进利润最高的鸦片业的可持续发展，成为他们更为关注的问题，而英国政府最先感受到了来自于这个群体的压力——如何将中国的大门开得更大些呢?

禁令却成通行证

鸦片这种毒品，对于一向自以为流淌着道德血液的中华帝国来说，实在是无法忍受的，尽管这个号称以德立国的天朝，对这种毒品有着遥遥领先于世界的罕见刚性需求。

天朝最拿手的办法，就是查禁。禁烟在相当长的一段时间内，成为大清国的中心工作之一。据统计，从乾隆四十五年（1780年）到道光十九年（1839年）的60年间，大清中央政府与地方各级政府下发了45道严禁贩运和吸食鸦片的谕旨、文告，旗帜不可不谓鲜明，态度不可不谓坚决。

但是，鸦片的进口量及吸食人数却依然急剧攀升，禁令反而成为鸦片贸易和利润率的激素。这其中的关键因素，在于看似强大的公权力，却往往失控，不仅没有去禁绝鸦片贸易，反而为走私鸦片保驾护航，其寻租空间的大小与禁令的强弱成正比，禁令越严格，空间越大。那位得到了马克思大加赞扬的许乃济，就曾指出：“然法令者，胥役棍徒之所借以为利，法愈峻则胥役之贿赂愈丰，棍徒之计谋愈巧”。

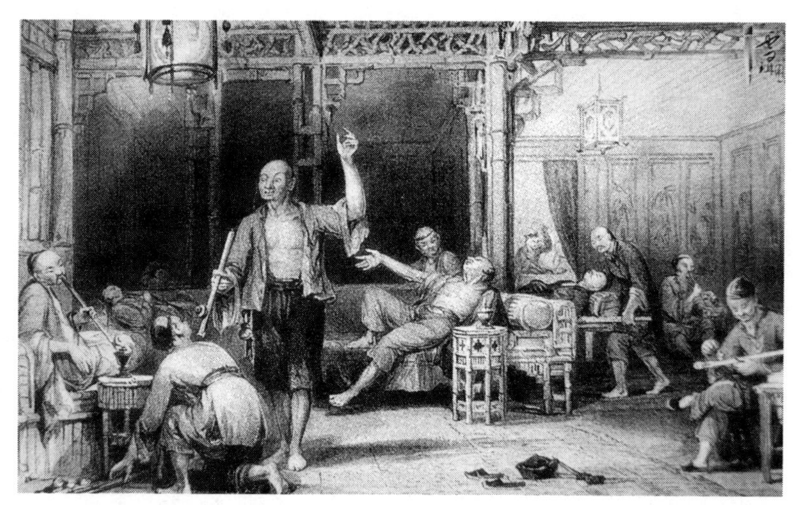

19 世纪英国绘画《中国的鸦片馆》

外商们对此也有相同的看法：“尽管皇帝会查禁这种贸易，并也会一再严旨重申禁令；尽管总督会恪遵上谕发布告示，总督和粤海关监督也会传谕行商慎遵法令；但是总督、粤海关监督、巡抚、提督、知县以及再往下到那些与衙门略有瓜葛的小人物们，只要他们觉得可以从中取利，对于法令的不断破坏也就熟视无睹了。他们发现在禁令之下，使他们可以得到更多的好处，因为他们不但可以征课更大的数额，而且所征款项丝毫都不必列为税收奏报；这些陋规可以毫不费力就从中国买主处征到。”（马士《中华帝国对外交往史》）

权力寻租的市场，交投两旺，不仅走私商人们成立了专门的行贿基金，那些负责查缉走私的水师巡船，干脆直接从鸦片走私中分红。1826 年，猫和老鼠结成了和谐同盟，走私者向缉私者每月缴纳 36000 两（折合如今 720 元人民币）买路钱，缉私者则“放私人口”，为走私护航。广东水师副将韩肇庆“专以护私渔利，与南洋船约，每万箱（鸦片）许送数百箱与水师报功，甚或以师船代运进口，于是韩肇庆反以获烟功，保报总兵，赏戴孔雀翎。水师兵人人充橐，而鸦片（走私量）遂至四五万箱矣”。福建水师则“收受陋规，每船得洋银四百圆、六百圆不等”，水师收入“得自粮钠者百之一，得自土规者百之九十九”。缉私者的收入，居然有99%来自走私的分红，也难怪出现了“海口兵弁代藏毒品”的故事，甚至，“夷船之鸦片一时不能进口，往往寄顿于炮台左近”。

禁烟造成关税停征，却被贿赂代替，而贿赂居然三倍于关税。“非法贸易的扩张，之所以超过为公行垄断权所束缚的合法贸易而驾凌其上，正是广州和沿海口岸官吏们卖放的直接结果。”（马士《远东国际关系史》）

贿赂其实有两种：一种是双方心照不宣、两情相悦的，另一种却是政府官员们“钓鱼执法”，做了个套子让商人钻，而后霸王硬上弓的。随着鸦片走私规模的不断扩大，广东地方官员更爱玩后一种游戏，以攫取更高的权力寻租利润。在几次被“钓鱼执法”后，忍无可忍的行商们，在1821年通知外商，停泊在黄埔水面上的鸦片走私船只必须即刻退出，否则公行将实行抵制。

玩过火的公权力，终于破坏了盗亦有道的潜规则，广州暂时宁静了下来，开始酝酿下一场风暴。

天朝的走私天堂

三桅帆船梅洛普（Merope）号驶进了伶仃洋，一面英国国旗飘扬在它的船头。

根据澳大利亚所保存的海事资料，这艘于1818年建于印度的木船，载重311吨，双层甲板，长27.7米、宽8.23米、高2.83米，其中两层甲板之间的高度有1.6米。（*The Bulletin of the Australian Institute for Maritime Archaeology*, *1986*, *12.2.23-25*, *p23*）

在1821年的初冬，这样的船可算是大船。而它的主人马地臣（Matheson，怡和洋行的创始人），就用它来做当时世界上最为暴利的生意——鸦片走私。

走私了很多年，英国人和中国的官员们，早就结成了利益共同体，虽然还远不到肝胆相照、荣辱与共的地步。待到遥远的北京突然有所振作，要禁绝鸦片，在皇权的巨大压力下，广东那些从鸦片走私中分润多年的官员们，也只好要求鸦片船驶离广州黄埔水面。

与梅洛普号被同时驱逐的，还有同属马地臣的霍格菲（Hooghfy）号、尤金尼亚（Eugenia）号，及一艘美国商船埃米莉（Emily）号。上有政策，下有对策，马地臣命令他的商船，在驶出河口后，就停泊到伶仃洋海面，继续做生意。

马地臣当然没想到，梅洛普号在伶仃洋一呆就是三年，成了这里鸦片交易的海上仓库和浮动市场，甚至成了当地最为著名的“导航”标记；而马地臣更没有想到，自己还掀开了鸦片贸易史上的新篇章——“伶仃洋时代”。

曾令文天祥发出哀叹的这片伶仃洋，迅速地成为大清国的海上走私基地。似乎方方面面都从中获益，除了那个老大的帝国之外。

其实，早在鸦片走私商人到来之前，伶仃洋就已经是广州口外的主要海上枢纽。所有外轮进入珠江内河，必须在此等候大清国引水员前来检查。检查之后，外轮还不能立即进入，要再开往澳门办理入境许可证，而后才有第二批引水员前来，将其带入广州。如此折腾，老外们也无奈，反正地球人都知道，大清国的官僚体系，是以如何造就不方便著称的，否则，各级官员如何获得好处呢？好在大清关税全球第一低，看在钱的面上，忍忍也就算了。

在这漫长的入境等待中，外轮都停泊在伶仃洋面，加上那些无法得到入境许可的护航军舰，伶仃洋哪里还会伶仃，倒是热闹非常，成为大清的“世贸中心”。

这个“世贸中心”变身为走私中心，主要推动力有二：一是鸦片船被驱赶出了广州，聚集于此；二是在大清特色的体制之下，禁令终究只是官员们寻租的工具而已。1821 年开始的严禁，其实所改变的，无非是走私的集散地点而已。

类似这样的世贸中心，或者说走私中心，在明代就存在了，那就是宁波口外的双屿岛。

双屿岛是当年郑和下西洋的补给站之一，但它的确切位置至今难考，据估计应该就是普陀的六横岛。双屿“乃海洋天险”（朱纨语），“为倭夷贡寇必由之路”（顾炎武语）。它的发达，与清代的伶仃洋一样，一靠政策——国家的海禁造就巨大商机，二靠机遇——中外民间无法禁绝的贸易欲望。

朱元璋将这里当作“国家驱遣弃地”，居民被强行内迁，杳无人烟，却成为中外商人的天堂，最终成为一个人口众多、设施齐全，而且无政府的贸易枢纽，日本历史学家藤田丰八将其称为“16 世纪的上海”。

大明王朝禁绝一切海外贸易，因此任何贸易都成了走私，这个“16 世纪的上海”，也就因缘际会地成为全球最大的走私中心。而浙江沿海的人民群众，却似乎并不能与北京的中央保持高度一致，却与这个走私中心大做生意，“愚下之民，一叶之艇，送一瓜，运一樽，率得厚利，训致三尺童子亦之双屿为之衣食父母。”（郑若曾《筹海图编》）官方一般也都是睁只眼闭只眼，正好获取寻租收益。

从明到清，世易时移，但公权力通过扰民甚至残民而寻租的欲望却坚定不移，数百年不动摇。于是，天朝总是要诞生“走私天堂”的。

伶仃洋里不伶仃

1837 年的某天，在福建与广东交界的南澳海面，美国帆船“玫瑰号”（Rose）抛锚停泊。港湾内还有两艘南澳水师的战舰，其中一艘上挂着“副将”的纛旗。

那位副将随即乘坐小艇，在随从的簇拥下，登上了美国船。他先是很威严地宣读了法令，走完了例行公事，而后支开所有的随从，只留下他的书办。美国人随即邀请他们进入船舱，官员劈头就问：“你们船上有多少箱？”

他指的是鸦片。

这艘船上，带了足足 300 箱鸦片，价值 30 万美元。美国人却只报了 200 箱。双方随后就开始谈“金沙”（Cumsha，好处费），一切都按照中国的“老规矩”（old principles）进行。密谈结束，官员又威严地离船。随即，中国买主们开始登船，进行鸦片交易。

这段细节，被记载在 1882 年出版的《广州番鬼录》一书中。其实，广州的鸦片交易场所，早已转移到了以伶仃洋为中心的洋面上。

1821 年，行商们迫于官方压力，主动向官方举报了涉及鸦片走私的四艘外籍商船，其中英国商船三艘、美国商船一艘。官方随即对这四艘船予以强制驱逐。四艘船被迫退到了当时被当作“外海”的伶仃洋，并在那里继续进行鸦片批发交易。

从这一天开始，中国的鸦片贸易进入了所谓的“伶仃洋时代”，一直延续到

清末广州清朝官员父子

鸦片战争爆发。

“伶仃洋时代”的最大变化，就是行商们在鸦片走私中的中介作用大大下降，这导致了官商勾兑程序的巨大变化——外商们越过了华商，直接与官府开始勾兑，用大清海关的美国籍官员、汉学家马士的说法，这“大大提高了行贿的效率”。

马士将鸦片走私的“伶仃洋”时代，分为三段。第一阶段，从 1821 年至 1828 年，伶仃洋逐渐形成鸦片集散中心，外商开始直接面向终端渠道批发鸦片，原先的中介者行商们日渐退出，鸦片的走私量从 1811 年至 1821 年的年均 4494 箱，增加到 1821 年至 1828 年的年均 9708 箱。

1828 年至 1835 年，是“伶仃洋”时代的第二阶段。在两广总督于 1828 年颁布了更为严格的禁烟令后，鸦片交易市场再度向北扩张，到了闽粤交界的南澳。这一时期，鸦片的走私进口量猛增到了年均 18712 箱。

自 1835 年到鸦片战争爆发的 1839 年，伶仃洋时代进入全盛时期。精简了行商这一中间环节后，外商们的利润大大提升。鸦片走私大干快上，年均进口量达到了 30000 箱。

在“伶仃洋时代”，在广州经商的外商们，因为原先的“硬通货”鸦片被禁，无法以货易货，只能将在伶仃洋销售鸦片后的白银，带到广州采购回程的中国商品，多了道程序。但这一来，他们在广州的交易就成了纯粹的采购，而没有把柄可抓。一个“干净”的商人，对一个期待“不干净”的官员来说，就是一笔损失——广州的官员们少了巨大的灰色收入。

同时，因为都在外海进行交易，并与中国的消费终端日渐实现了无缝对接，外商们开始不再将大清国的缉私官员当回事了，他们也如同行商一样被精简，这大大激怒了这批既得利益者。

既得利益的沦丧，令广东的官员们开始真的痛恨起鸦片贸易了，并试图惩罚那些破坏潜规则的人。马士的《中华帝国对外交往史》写道：“现在，外国走私商们把这张从非法贸易征集非法陋规的网撇开了，官吏们体会到他们所贪图的那部分好处竟被掠夺了，他们过去就是因为有这份好处，才愿意闭着眼睛不管的。于是，一场用奏折、谕旨、告示、命令和弹压等为武器的战争开始了。”

精简了中间环节的中外走私商人，分享着伶仃洋里的快乐，他们却不知道，愤怒的昔日伙伴们，正在策划让他们尝尝真正的“伶仃”。

女王的烟枪

英伦鸦片亦泛滥

吸鸦片如同饮酒，并没什么害处，甚至反倒能使人长寿。这是1839年英国人在《澳门新闻纸》上的论调。

文章说："都鲁机（土耳其）之人，食鸦片甚多，人人皆勇壮。在英吉利国之人，食鸦片亦多，并未见变成禽兽。现在英国有一人，可以为证。如威尔吗科吐食鸦片甚多，一生壮健，寿至八十岁。"（《中国近代史资料丛刊·鸦片战争》卷二）

这种说法，在革命史家看来，绝对是"帝国主义者"的疯狂论调。然而，长期占据主流的革命史，却忽视了一个关键的细节——向中国输出鸦片的大英帝国，其国内本身并不禁烟，绝非如我们想象的"已所不欲，偏施于人"。

与中国一样，英国也是鸦片的主要消费国，区别仅仅在于：在中国，吸食和销售鸦片，是非法的，这反而造成了鸦片的高价与暴利；而在英国，这是合法的，鸦片俨然成为人民生活的必需品之一，如同曾被看作是"绿色毒品"的中国茶叶一样。

Martin Booth的专著《鸦片史》（*Opium: A History*）披露，彼时的西方，鸦片被当作医治百病的"万灵药"，而取代了野蛮的杯吸法、放血法和医蛭法，"纵观整个19世纪，鸦片在英国、西欧和美国被广泛地应用，就像今天的阿司匹林或扑热息痛一样。"鸦片被配制成了多种非处方药品，广为销售，甚至还出现了专门给婴儿用的鸦片糖浆，以让孩子们安静下来。"对于一般维多利亚时代的人们来说，服食鸦片就像喝酒或抽烟一样，是生活的一部分……每一个英国人在他们生命的某一段时期都服用过鸦片。"

在等级森严的英国，鸦片大概是不同阶级人群能够共享的少数东西之一。贵族们用它享乐——从这点看，中国的很多鸦片草民都达到了英国贵族的标准——甚至连乔治三世和乔治四世两任国亡，都是鸦片的爱好者；学者们用它激发灵感——20 世纪 60 年代的毒品与流行歌曲，似乎就是这种关系的翻版；而劳工则用它代替酒精，放松或者放纵。

英国本土所消费的鸦片，主要来自土耳其。到 1830 年，英国本土从土耳其和印度两地进口的鸦片，多达 22000 磅（10000 公斤），鸦片在土耳其出口英国的贸易总额里，占了 8% 的份额。

进入英国市场的土耳其鸦片，含量高达 10% ~ 13%，而出口到中国的印度鸦片，含量只有 4% ~ 6%。在英国人看来，中英鸦片消费的区别在于：中国人是为了享乐，而英国人是为了治病。

日本学者加藤祐三在《19 世纪的英国和亚洲：近代史的素描》一书中说：

“英国资产阶级谋求扩张的实质是追求利润，哪怕以本国国民吸毒为代价。相当于每 1000 人口的鸦片消费量，在 1830 年时，英国为 1.62 磅，中国为 3.57 磅；1890 年英国升为 6.32 磅，中国为 17.36 磅；1906 年至 1908 年印度消费量从 6.35 磅增为 6.97 磅；而 1911 年英国则为 8.06 磅，超出中国 1830 年消费量的 2 倍多。”

根据加藤的统计，从 1895 年至 1910 年，鸦片在英国市场的平均价格，每磅（0.45 公斤）0.5 英镑，即 1 英镑可买到约 1 公斤的鸦片。而 1900 年前后，英国工人月平均工资为 50 英镑。由此可见，鸦片的价格低廉，令普通民众都能轻易消费。

英国限制鸦片的行动，到 1868 年才开始，这年制定了《药店法案》（The Pharmacy Act），但并不严格，仅仅要求鸦片等药品在销售时必须清晰标注“有毒”字样。如果从 1727 年雍正皇帝禁止鸦片开始计算，英国足足晚了 141 年。而英国更为严格的禁烟法令，要到第一次世界大战前夕的 1914 年才发布，要求凭医生的处方才能购买鸦片相关制品。

或许正因为英国人自己“吸毒”，所以在他们的眼里，后来的两次鸦片战争并非为毒品而战，而是为自由贸易而战。观念深处的这种冲突，或许才是解读近代东西方碰撞的更靠谱的密钥。

21 岁的大英帝国女王维多利亚

女王原来恨吸烟

1840 年 2 月 10 日，大英帝国女王维多利亚举行了大婚典礼，时年 21 岁。

沉浸在新婚快乐中的维多利亚女王并没有耽搁国务，她签署了一份文件，同意内阁任命 56 岁的懿律为英军司令，准备率兵远赴中国作战，并将配合内阁说服国会，通过对华战争法案。

一个月前的 1 月 5 日，两广总督林则徐，根据道光皇帝的旨意，宣布广州封港，永远断绝和英国贸易，英国军舰“窝拉疑”号则宣布封锁广州口岸与珠江口，中英局势陡然紧张。1 月 16 日，维多利亚女王在国会发表演说，表示自己正密切关注发生在中国的“影响我国臣民利益与王室尊严的事件”。

2 个月后即 4 月份，英国国会经过激烈的辩论，以 271 票对 262 票的微弱多数，同意对华采取军事报复。

第一次中英战争爆发了，英国国内的反鸦片人士，将这场战争称呼为“鸦片战争”，这个名称日后得到了国际史学界的一致公认。

维多利亚女王是在三年前（1837 年）登基的。

当时这位年仅18岁的少女，并没想到，她将在今后长达64年的统治期内（中国皇帝在位的最高记录是乾隆皇帝，在位60年，实际掌舵63年，康熙皇帝次之，在位61年），为“日不落帝国”迎来极盛时期。

己所不欲却施于人的女王

在《上帝保佑女王》的庄严国歌声中，上帝却给自己庇佑之下的维多利亚指引了一条道路：让她去庇佑那个名叫鸦片的毒品贸易。而一个能令所有的中国人都大跌眼镜的史实是：得到神佑的维多利亚女王，其个人不仅讨厌鸦片，甚至讨厌烟草——尽管它们在殖民地印度和加拿大，分别是其不可或缺的支柱产业。

在用坚船利炮狠狠地砸开中华帝国的大门时（1840年），女王还很年轻，只有21岁。

在女王看来，烟草只是一种麻醉剂，吸烟这种毫无必要、毫无愉悦的恶习是令人恶心的放纵，代表着个人意志的薄弱。她甚至认为，对于那些尼古丁成瘾的人，应该将他们送进麻风病院去关禁闭。

女王对烟草的类似病态洁癖的憎恨，成为整个维多利亚时代宫廷内吸烟者的终身梦魇。女王下令，在皇家的温莎城堡（Windsor）、巴尔莫勒尔堡（Balmoral）及奥斯本宫（Osborne）内，绝对不得吸烟，因为她在“一英里之外就能闻到烟味”。

女王的老师兼第一任首相墨尔本爵士（Lord Melbourne，澳大利亚第二大城市墨尔本就是以他的名字命名）回忆说：“我总是因为抽烟而被女王指责，如果女王闻出我身上有烟味，我就得花半个小时去发誓戒烟”。

女王的私人助理亨利（Henry Ponsonby）有次给她送去电报，却被训斥了一番。原来，女王从装电报的盒子上闻到了烟味，亨利果然在此前偷偷地吸了烟。另一大臣海斯菲特（Hatzfeldt）烟瘾上来，就只好把办公室的门锁上，平躺在地上，脑袋则伸进壁炉的烟囱里，以便烟味能排走。不少吸烟的内阁大臣，都备着口香糖，见驾前赶紧吃几颗，去除口中的烟味，至于衣服上的烟味，就只好听天由命了。

女王的一个孙女日后回忆说，爱吸烟的她经常也躲到烟囱里抽烟。住在她楼下的一个女仆，也吸烟，断烟时就请她“救济”，她从窗口用细线绑住香烟，垂挂到女佣的窗前。来访的女宾中有一些吸烟的，为了不触怒女王，烟瘾上来时，只能躲到窗口，头使劲探出窗外喷云吐雾，以免烟味内窜。

尽管女王如此憎恶吸烟，但她的长子爱德华（Edward，即日后的国王爱德华七世）和次子阿尔弗雷德（Alfred）在少年时就开始抽烟，令女王痛惜不已，她试图阻止三子亚瑟（Arthur）加入哥哥们的行列，但最后依然失败了。当维多利亚女王在1901年去世时，刚刚即位的爱德华面对大臣们宣布的第一件事情就是:“先生们，现在能抽烟了。”

在众多烟枪的包围下，维多利亚女王的禁烟态度，也在不断地软化，当她的三女海伦娜公主（Princess Helena）和幼女贝翠丝公主（Princess Beatrice）出嫁时，她们的夫婿都是大烟枪，女王只好在王宫里设立了吸烟室，算是开了禁。等到女王发现孙女们也在抽烟时，她甚至还让她们把雪茄拿给她闻闻，她的结论是:味道太可怕了。

如此痛恨烟草、蔑视瘾君子的维多利亚女王，却成为全球鸦片贸易最为有力的保卫者。在她统治下，大英帝国不仅向中国大量出口鸦片——在第二次鸦片战争确定鸦片贸易合法地位前，绝大多数对华鸦片贸易都是不折不扣的走私；而且，为了拉动殖民地土耳其的经济，英国本土从那里大量进口鸦片。大英帝国本土的鸦片馆和金发碧眼的瘾君子们，其比例并不少于大清帝国。而这一切的动机，只是为了大英帝国拉动内需，促进GDP的发展。不择手段地以经济建设为中心，成为维多利亚时代大英帝国达到极盛的巨大动力。

尽管给帝国国库带来了巨大的好处，鸦片贸易在大英帝国的名声，却并不比其在大清帝国好多少。甚至连东印度公司鸦片代理处经理赛蒙也认为:“鸦片产品摧垮了人民的健康，使其道德沦丧。哪里种植鸦片，哪里的人就吸鸦片，种得越多，吸得越多。”

义律像

说一套做一套的义律

1840年，代表女王陛下打响鸦片战争的大“烟枪”，是驻华商务总监义律。

时年39岁的义律，曾是一名海军军官。27岁那年以上校军衔退役，调往殖民部任职，被派往圭亚那担任“护奴使”，由此成为一名废奴主义者，不断呼吁帝国政府取消奴隶制度。

1833年，32岁的义律跟随驻华商务总监律劳卑勋爵来到中国，出任“幕僚长”，随后职务不断升迁。律劳卑勋爵去世后，总监职务由一位坚定的反鸦片贸易者罗拔臣爵士接任，义律则升任副总监。罗拔臣爵士向伦敦表态说：“无论什么时候，英国政府要我们制止英国船只参与鸦片非法贸易，我们都能够完成。但更确实的办法是禁止英属印度的罂粟种植和鸦片生产。”这种态度，显然是正在追求GDP的英国政府所不愿意看到的。罗拔臣爵士于1836年年底调任后，义律成为总监。

这位日后被中国史书定位为凶恶的帝国主义分子的义律，却与罗拔臣爵士一样，一开始说的是反对鸦片贸易的话。1839年，他在写给外交大臣巴麦尊勋爵的信中说，鸦片贸易是大英帝国的“耻辱与罪恶”，“我将动用自己职权范围内的所有法律手段及我个人的社会影响力，对此予以严厉的打击。”没有任何人比自己“对于在中国沿海进行的这种强制贸易所带来的耻辱和罪恶，抱有更深刻的厌恶态度，我不知道在该贸易与海盗行为之间有何选择”。

今天看来，这些话语与其行为十分矛盾，其深层原因或许是为了给自己的行为找一个台阶吧。

讲的都是漂亮的说辞

林则徐在广州禁烟时，义律发布了措辞严厉的公告，警告那些为暴利而走私鸦片的英国商人们：

> 本首席监督进一步发出通知，警告所有那些在虎门以内的这种帆船、快艇或用其他方式装配的小船中从事上述非法鸦片贸易的女王陛下臣民：如果有任何中国人因任何英国臣民或臣民们严重造成的死亡或任何伤害前来，该英国臣民或臣民们被正式判定有罪后，将受到重大的惩罚，如同该罪行是在威斯敏斯特的女王陛下法院管辖范围内所犯的一样……如果中国政府认为适于捕获并没收那些船只，女王陛下政府将决不进行干涉……对执行搜寻和捕获任务的中国政府官员进行武力抵抗是一种非法行为，而且他们将按照这种方式承担后果并接受惩罚，即如同上述武力抵抗是在他们本国或任何外国反对他们本国政府官员或任何其他外国政府官员一样。

这种夹缝中的定位，令义律左右为难：一方面，以怡和洋行为首的英国鸦片商人们，认为他对同胞太不友善，没有为商业利益保驾护航；另一方面，大清政府的官员们并不愿意与他探讨任何加大两国正当贸易的渠道，却将因鸦片贸易引发的一系列麻烦归咎于他这位“英国钦差”。

1840 年“鸦片战争”的拨火者

1840 年 2 月 10 日，大英帝国女王维多利亚举行了大婚典礼，时年 21 岁。

沉浸在新婚快乐中的维多利亚女王并没有耽搁国务，她签署了一份文件，同意内阁任命 56 岁的懿律为英军司令，准备率兵远赴中国作战，并将配合内阁说服国会，通过对华战争法案。

尽管义律说痛恨鸦片贸易，蔑视鸦片商人，但他却忠实执行了伦敦的指令，在双方不断升级的冲突中，旗帜鲜明地扮演着一个侵略者的角色。如同女王和首相巴麦尊一样，他并不认为战争是为了保护鸦片，而是为了保护自由贸易。这些看似高尚而极有技巧地回避了道义责任的说法，在 1838 年 6 月 15 日巴麦尊发给义律的指令中十分清晰：

> 女王陛下政府不能够为了使英国臣民能够破坏他们前去贸易的那个国家的法律的目的而进行干预。因此，这些人由于更有效的执行中国关于此问题的法律而可能遭受的损失，必须由那些因他们自己的行动造成该损失的人士承担。”甚至，在确定了对中国进行“军事报复”之后，巴麦尊在电文中还是强调：“女王陛下政府绝不怀疑中国政府有权禁止将鸦片输入中国，并且有权查获和没收那些外国人或中国臣民不顾适当制订的禁令而输入中国领土内的任何鸦片。

一个人可以虚伪至如此程度，可谓罕见。

战争双方的主导者均被惩罚

林则徐被道光皇帝“双开”流放，换上了似乎更为“理性”的琦善。经过几次武装冲突之后，并不愿意扩大战争的义律，与同样希望大事化小小事化了的琦善，在 1841 年 1 月签订了《川鼻草约》。这一条约规定，将香港本岛及其港口割让给英国，中国向英方赔款 600 万元，英中官员平等相待，限于当年春节后十日内恢复广州贸易。

这一条约在北京和伦敦都引起了最高层的震怒。大清帝国因琦善允诺割让香港，而将其“革职锁拿，查抄家产”，琦善从此成为中国史书中著名的“卖国贼”。而义律也因放弃了英军已经占领的富庶的舟山群岛，而换了个小渔村的香港，且没有争取到中国全境自由贸易，因此也被英国当作了“卖国贼”，将他痛斥一番后调回本土，改派璞鼎查接任。

于是，互不满意的中英双方再度开战。

维多利亚女王本是将义律当作一杆敲开中国大门的“烟枪”，却没想到义律放了点烟后，就缩了回来。愤怒的女王似乎忘记了自己还在新婚之中，在写给叔叔、比利时国王李尔帕德的信中说：“要不是义律不可靠的奇怪行为，我们想要的可能都得到了，他完全没有遵守指令，只想达成最低的条件。”英国历史学家安达科特认为：“义律奉行调解、宽容和适度战争的方略，并不受到欣赏，英国远征军中的海军和陆军军官们，都对他很有怨愤。”显然，义律挡住了别人的财路，犯了众怒。

有意思的是，在碍事的义律被下岗后，巴麦尊在发给璞鼎查的电文中依然重申：“女王陛下政府对于这件事情（禁止鸦片）不提出任何要求，因为我们没有权利这样做。中国政府完全有权禁止鸦片，如果它愿意的话，从事一项违禁品贸易的英国臣民必须承担这样做的后果。”

对于来自帝国政府的压制，义律显然并不服气。1842 年 6 月 25 日，他写信给新任外交大臣阿伯丁，为自己辩护说：“（他们）指责我太关心中国人，但我坚信，正是出于维护英国长远利益和荣耀的考虑，我们应当保护那些友好且对我们有用的人，令中国南方各省的庞大的商人阶层对我们重拾信心，我们首先就必须培育更多的、更为亲密的社会与商业关系。”之后，他还专门发行了一本小册子，重申这些观点：“如此众多的人指责我太关照中国人，但我必须澄清，为了维护英国长久的荣誉和实实在在的利益，我们一直都更加关照这个无助的、友好的民族……”

璞鼎查成为女王新的“烟枪”之后，驻华商务总监这个职位的年薪突然大幅涨价，达到了 6000 英镑——1 英镑约合 7.5 两白银，1 两白银的购买力约合今日 200 元人民币，总计约合年薪 900 万元人民币。这是义律在任时的两倍，这既说明女王对义律的不满，更说明女王对中国市场更强烈的投资回报期望。

义律在伦敦赋闲了一阵，直到 1842 年 8 月才被重新启用，调往美洲，出任大英帝国驻得克萨斯共和国的代办，不久正式出任总领事，至死都在太平洋各群岛上辗转任职，形同高级流放。

至于义律的中国老对手，比他更惨，林则徐和琦善都被流放，主战派和主和派殊途同归，也是极具大清特色的一大奇观。而极端厌恶吸烟的维多利亚女王，以及看起来厌恶鸦片的义律，其所共同发动的战争，给古老的中华帝国带来了巨大灾难……

中

1900年鹿鼎记

炉火上的李鸿章

最长的一日

隆隆的舰炮划破了凌晨的天空。停泊在海河内的俄、德、法、英四国共七艘战舰，在探照灯（时称“电光镜”）的照耀下，向大沽炮台猛烈轰击，清军的克虏伯海岸炮也进行了英勇的还击。驻扎在此的唯一一艘美国军舰“莫诺卡西号”（Monocacy），根据华盛顿的严格指示，拒绝参与这场对“友好国家”的军事进攻，远远地避开了战场。日军则借口其军舰引擎故障，没有参加水上攻击，却派出了300人，与另外580人的俄德英部队组成联合登陆突击队，与炮台守军短兵相接乃至白刃格斗。

这是1900年6月17日，光绪二十六年（庚子年）五月廿一，对很多人来说，这都是漫长的一天。

经过六小时的激战，天蒙蒙亮的时候，日军敢死队终于将太阳旗插上了大沽炮台。没有人欢呼，因为，更为惨烈的天津攻城战还在等着他们，他们将在这座古老的城市中，领略中国人久违了的英勇。

此时，百里外的紫禁城内，66岁的慈禧太后和30岁的光绪皇帝已经开始办公。这天下午，他们将再度召集王公大臣及六部九卿，举行第二次御前会议，讨论严峻的局势。45岁的端郡王载漪也已经在军机处端坐着了，作为极左派的领袖和义和团背后的最大支持者，他最关心的就是他的儿子、已经被立为大阿哥的溥儁（光绪的内定继承人、类似太子）能否及早即位，而最为快捷的办法，就是让光绪皇帝立马下岗让位。

离大沽和紫禁城数千里之遥的广州城内，78岁的李鸿章也已起身，今天有一位重要的客人即将到访，他的名字叫孙文，江湖上人称孙中山。35 岁的孙中山此时还在一艘从日本驶往香港的法国客船中，即将靠港。一艘悬挂着黄龙旗的军舰安澜号，正从广州向香港行驶，45 岁的刘学询奉李鸿章之命，去迎接孙中山。

在武昌，64 岁的张之洞正在起草密电电文，收件人是他的长子张权，如今正率领一个军事代表团，在日本访问，寻求军事援助，而远在北京的中央政府，并不知道有这样一个代表团的存在。

他们都听不到大沽的炮声，但他们都清楚地听到灾难降临的脚步，他们也都在竭力调整着自己的脚步……

一份假情报

北京城早已陷入了红色恐怖，拥入城内的数十万义和团，在这座帝国都城内掀起一场红色狂飙，到处都是他们“杀！杀！杀！”和“烧！烧！烧！”的整齐呐喊。在庄王府（今和平里一带）门前的广场上，上千颗人头已经被砍落，因为他们是“二毛子”或疑似“二毛子”。

就在昨天（6 月 16 日），前门大栅栏浓烟滚滚、烈焰冲天，义和团纵火焚烧老德记西药房，但他们的法术显然失灵，没能控制住大火向其他商铺的蔓延，甚至烧过了正阳门城楼，蔓延到城内，繁华的北京 CBD 在大火中沦为一片废墟。

就在前门的浓烟下，慈禧太后和光绪皇帝于当天下午召集了第一次御前会议，与会者有一百多人。这次会议上，“左派”和“右派”发生了激烈的争论，以端郡王为首的左派们大占上风，太后则依然是左右持平，一方面表示义和团法术虽不足恃，但人心可恃，因此下令在“开导解散”义和团的同时，将其中的“年力精壮者”招募入伍；另一方面也命令荣禄及其部队，加强对东交民巷使馆区的保护，以消除列强进行军事干预的借口。

但第一次御前会议确定的持平原则，第二天就被抛到了九霄云外。虽然中央还没得到联军在清晨攻占大沽的报告，但慈禧太后却在会上抛出了一份震撼性的文件：联军的最后通牒。这份通牒的主要内容有四点：一、鉴于谣传光绪皇帝被囚，因此必须指定一座特别的宫殿作为皇上的住处；二、中国各级官员过于腐败，应准予各国公使帮助中国政府代为征税，包括海关税及所有国内税收；三、中国军队过于腐败，因此必须准予外国人指导中国的军事改革；四、光绪皇帝必须全面恢复权力。

慈禧太后在会上公布了这份最后通牒，但隐瞒了最后一点。根据与会的史官（日讲起居注官、翰林院侍读）恽毓鼎记载，慈禧太后表现得十分愤怒，声称："现在是他开衅，若如此将天下拱手让去，我死无面目见列圣，就是要送天下，亦打一仗再送！"，"你们诸大臣均听见了，我为的是江山社稷，方与洋人开仗；万一开仗之后，江山社稷仍不保，尔等今日均在此，要知我的苦心，不要说是我一人送的天下。"

但这却是一份假照会，军机处、总理衙门和北洋衙门都没有收到，而之后询问各国使节，所有的人都否认曾发过这样的通牒。根据多种笔记史料记载，这一情报是由江苏粮道罗嘉杰探听到后，报告给荣禄或端王的（但现在有史学考据显示，罗嘉杰与此事完全无关）。

究竟是谁伪造了这个激怒慈禧太后的通牒？截至目前为止的史学发现和推论，指向了三个"嫌疑人"：最大的嫌疑者是端王，这也是史学界普遍公认的，因为他日思夜想的就是让光绪早点下岗，而洋人们却挡着他的道。其次是慈禧太后，她自己伪造了这份通牒，以此加速对洋人的决裂，并为自己今后找个推诿的退路。

而美国作家西格雷夫（Sterling Seagrave）在他那本极为畅销的慈禧传记《龙夫人》中，认为最大的可能是李鸿章伪造此信，以便激怒太后，进而激怒洋人，激发洋人与保守派的冲突，借用洋人的手除去保守派们，为自己返回政治权利的中心铺平道路，并为自己在甲午战争后蒙受的屈辱报仇雪恨。

虽然查遍西格雷夫著作的注解，除了他不断地明示及暗示正是李鸿章的亲信盛宣怀主导着最为重要的信息传递途径——电报之外，并没有发现更多有力和直接的证据，但其在动机——行为角度的分析，还是有相当的合理性。当然，从这样的动机假设来推理，任何可能从洋人与保守派冲突获利的人，如荣禄等，也都有同样的嫌疑。

红顶赌王

在义和团点燃大栅栏的时候，北京给李鸿章发来了急电，要求他火速北上，解决危机。作为经验丰富的政治家，李鸿章并不着急，他还需要再等一等，看一看。

李鸿章帐下主导与推动此事的，是他的幕僚刘学询。刘学询本是广东大儒，考中进士后被分配到了翰林院当了一名“公务员”，并逐渐升到了候补道台的级别。但他并不满足于一杯茶、一张报的机关生活，对自己在仕途上的成绩相当不满意。几年之后，广东官方大兴博彩业，而做“闱姓”赌业最重要的资源便是与“典试官”的关系，作为翰林和著名的笔杆子，刘学询在老家广东贡院内有丰富的人脉资源，便辞官下海，成了“闱姓”承包商。

赌业利润果然可观，刘学询迅速成为大清帝国先富起来且是暴富起来的一批人。他在广州西关荔湾建起一座刘园，奢华无比，还以杭州胡雪岩为榜样，娶了 12 房美妾，甚至在他所选的墓地里都提前为 12 房小妾预留了墓穴。赌王刘学询很快便赢得了“刘三国”的绰号：即“文可华国，富可敌国，妾可倾国”。

闱姓因为寄生于科举考场，赌商们为从中舞弊，自然需要干涉考试结果，如将某人炒作中举，则称“扛鸡”，如将某人强挤出局，便叫“擒蟹”。科举毕竟是大清国培养后备干部和接班人的主要渠道，如此一来，赌商们实际上便深深地介入到干部人事体制的运作。作为赌王的刘学询，俨然成为很有影响力的地下“组织部长”，权倾一时。

如果到此为止，刘学询无非也就是个兼跨红道、黑道的达人而已，但他在大捞偏门的同时，却也离奇地在正道上受到了朝廷的高度重视。事情源于他和同乡康有为的私仇。那是 1896 年，一直在科举场中不顺手的康有为，为了出人头地，决心踩着这位红顶赌王老乡上位，就帮助御史王鹏草拟奏折，弹劾当时的两广总督谭忠麟，罪名就是包庇“巨蠹”刘学询。两年后的 1898 年（戊戌年），康有为再度为御史宋伯鲁起草奏折，弹劾谭忠麟与刘学询狼狈为奸，结果刘学询被处罚 100 万两银子，逼得他逃离广东到杭州避风。

戊戌政变之后，康梁流窜海外，刘学询趁机报复，建议政府刨了康有为的祖坟，两人的仇恨从此便不可解。而康梁流亡之后，在海外发动了一系列针对慈禧太后的抹黑运动，清廷遂将康有为列为头号钦犯，甚至不惜派人出国刺杀。刘学询自告奋勇，表示要“为国除害”。他的办法是说服日本与中国建立同盟关系，这不仅有利于外交，也可以顺带要求日本交出康有为。这个建议，得到日本不少智囊的支持，也赢得了大清朝廷和慈禧太后的高度赞赏。1899 年，刘学询以大清密使身份出使日本，受到高规格接待，拜见明治天皇，还向天皇提交了密电码，专供两国皇室热线通讯之用，但日本一直拒绝对康有为采取任何行动，甚至布置警力加强康有为的保护，且因担心引起西方的警觉，而对两国结盟予以婉拒。

杀康不成，刘学询倒是与另一个老乡孙中山见了好几次。他们俩早在 1895 年就结识，革命党的笔杆子后来辩解说：“刘学询夙抱帝王思想，绝不了解欧美民权学说，故总理（孙中山）相与协议多次，刘均以朱元璋、洪秀全自命，而以总理为徐达、杨秀清。总理以其思想陈腐，势难合作，遂渐疏远之。”但两人关系，一直相当密切。孙中山的多次武装暴动，都仰仗刘学询的财力支持。刘学询的政敌们虽然对此多有怀疑，但每次举报弹劾均被刘用金钱轻易化解。这次青楼会议，议题之一就是请孙中山动用帮会力量，刺杀康有为，孙中山对此一口答应，正因如此，刘的政敌们后来举报他私通乱党，却被慈禧太后一笑放过。而慈禧太后不知道的是，孙刘二人还密谋进行武装暴动，刘表示“若政治革命，可以协力，种族革命，恐其事甚难”。

刘学询日本之行，虽然没有成功，却赢得了朝廷的高度信任。回国不久，开始与失意的李鸿章频繁交往。1900 年 1 月，李鸿章受命署理两广总督，慈禧太后下令，刘学询交李鸿章“差遣委用”，等于是给李鸿章指定了一个助手。当时广东地面上治安不靖，社会秩序十分混乱，作为地方上黑白两道的老大，刘学询成功地协助李鸿章，在短短的一个月内就通过“打黑”等行动恢复了秩序，从而深受李鸿章的器重。

义和团动乱开始后，广东富豪、孙中山的幕后金主何启，就与孙的助手陈少白商议，“借重香港总督之力，劝李鸿章独立”。孙从日本致信刘学询，请他帮助策动李鸿章。刘游说李鸿章，声称自己能设法令孙中山“来粤听命”，李欣然同意。革命党后来在编写党史时，坚称是刘学询主动联络孙中山，而孙中山眼光锐利，“颇不信李鸿章能具此魄力，然此举设使有成，亦大局之福，故亦不妨一试”。

此时，李鸿章也希望通过刘学询的关系，再度与孙中山合作，刺杀康有为，得到了孙的同意，并已经开始制定行动方案，但终于犹豫未决。而此时被激怒了的保皇党，也开始以血还血的报复。北京的荣禄、刚毅，广东的李鸿章和刘学询均称是其暗杀的目标。

梁启超对刺杀刘学询最为积极，他在发给保皇党的准军事机构澳门总局的函件中，明确提出：“刘豚（刘学询）为肥贼（李鸿章，合肥人）军师，必竭全力以谋我。恐其必生多术，以暗算我辈……肥贼刘豚在粤，颇增我辈之阻力，宜设法图之。”在保皇党眼中，刘学询甚至比李鸿章、荣禄还要凶险。梁启超多次指出：“卯金（即刘）富而多谋，今以全力谋我，阻力之大过于荣（指荣禄），不可不先图之。”；“豚子不宰，我辈终无着手之地。”催令不惜代价刺杀刘学询，甚至计划雇佣日本浪人。

1900 年 4 月 24 日，刘学询从澳门回到广州，刚一登岸，就被刺客用手枪击中胸部，当即倒地。刺客向空中抛洒银元，趁人群抢钱混乱之际而逃脱。刘学询被送往医院，幸有内衣保护，子弹仅入皮肉三分，捡回了一条性命。

刘学询养伤期间，依然积极与革命党方面推动李、孙会谈。孙中山在助手杨瞿云和日本人宫崎寅藏、平山周的陪同下，从日本回国，就在联军攻占大沽炮台的同一天（6 月 17 日），他们乘坐的船到达香港。因为孙中山有命案在身，港英当局限制其登陆。李鸿章此时也派遣了军舰安澜号前来迎接，但孙忽起疑心，不敢继续前往广州，而是改派了宫崎寅藏等三位日本人，登上军舰到广州，与刘学询彻夜商谈细节。

“总统”李鸿章

八国联军一声炮响，李鸿章不仅成了孙中山统战的目标，也成了康有为拉拢的对象。

康有为给李鸿章发了两封信，第一封是劝李与保皇党合作“讨贼”，勿抓捕其党人；第二封则是劝李领袖群雄，平内贼，定外交，以救圣主，“天时不可失，人心不可违，变乱之间，差于毫发，成败所决，惟公图之”。这两封信，后来都公开发表在保皇党的机关报《知新报》上，估计从未真正投递给李鸿章本人，成了动员民意的公开信。

一度主张暗杀李鸿章的梁启超，在这时也改了主意，要求其属下“得省城（广州）不必戕肥贼（李鸿章），但以之为傀儡最妙……此举有数利：示人以文明举动，一也；借势以寒奸党之心，助我声势，二也；西人颇重此人，用之则外交可略得手，三也；易使州县地方安静，四也”。

梁启超后来为李鸿章写传记，认为当时李鸿章可有上中下三策，上策是“拥两广自立，为亚细亚洲开一新政体”，中策是“督兵北上，勤王剿拳，以谢万国”；下策是“受命入京，投身虎口，行将为顽固党所甘心”。梁启超事后分析认为，上策“惟有非常之学识，非常之气魄，乃能行之，李鸿章非其人也”。他认为，四十年前围剿太平军时，李鸿章正当壮年，与戈登商讨中国局势，戈登建议他取清廷而代之，李鸿章不敢应承，那时“尚不敢有破格之举，况八十老翁安能语此？”而中策则其时广东实无一兵可用，而且举兵勤王涉及很大嫌疑，“万一廷臣与李不相能者，加以称兵犯阙之名，是骑虎而不能下也”，所以李鸿章最后选择了下策。

同为革命党、曾经在报纸上公开称呼光绪皇帝为“载湉小丑”的章太炎，当时也给李鸿章上书，建议他宣布两广独立，“某等所望于公者，则明绝伪诏，更建政府，养贤致民，以全半壁”。章早在戊戌年就曾经给李写过信，希望他“转旋逆流”，“今世足以定天下者，无过相国”。

至于张之洞、刘坤一等地方督抚，不管真心还是假意，也纷纷表态，要求李鸿章出面，挽救危局，他们愿意听从指挥。一时间，半壁河山一致呼吁，只有李鸿章才能救中国。

与中国人一样，洋人们也在盼星星、盼月亮，盼着李鸿章出面收拾残局。其中最起劲的，就是英国驻香港总督卜力（Henry Arthur Blake）。当时，卜力正在为期三个月的休假中，立即放弃假期，赶回香港，为李鸿章和孙中山的联合牵线搭

李鸿章 1900 年 1 月 15 日抵达广东任两广总督时，在香港和香港总督卜力合影，戴眼镜者为唐绍仪。

桥。卜力的目的，首先就是要将李鸿章留在两广，维持社会安定，因为李鸿章一旦北上，广东的各种会党帮派就会趁机作乱，不仅广东，而且香港也会受到影响，而维持安定团结的大好局面，才是最符合英国在此的巨大商业利益和战略利益（此时英国在南非陷入布尔战争，不愿东方有乱）。而且，卜力认为此时正是“由清国分割两广成立独立国的好机会”，如果自己一手推动了这个“两广国”的成立，新政权当然会与英国站在同一条战壕了，孙中山一眼看出“香港总督之说系扩大英属邻土利益范围至两广之计略”。为此，港英当局向孙中山表态，一旦李鸿章表态同意，港英当局就撤销对他的驱逐令。

在这样的热盼中，在北京接连电催下，李鸿章终于在 7 月 17 日动身北上。不过，他的第一站却是香港，先与香港总督卜力进行闭门磋商。和一个月前一样，孙中山依然兴冲冲地从越南的西贡赶到香港，依然不准登陆，只能待在船舱内，等候消息。

在李鸿章与卜力的会谈中，根本就没提及和孙中山合作的事，相反，他大力劝说卜力，不应该让香港成为阴谋颠覆大清国的基地。根据英国的史料，双方讨论了远比李孙合作更为敏感的话题：谁来出任中国的皇帝。李鸿章认为，在义和团的暴行中，如果只有德国公使被杀，“列强就无权决定谁来当皇帝”，如果所有公使被杀，列强才“可以合法地进行干预，并宣布‘我们要立一个皇帝’”，他推测列强将选择“一个汉族人”。李鸿章再三为慈禧太后辩护，无论其有什么过错，她“无疑是中国最有能力的统治者”，中国不能少了她的掌舵。李鸿章这番话，被英国人解读成了他自己对帝位的觊觎。卜力再三挽救李鸿章，不要北上，可遭到了拒绝。李鸿章登上坐舰后，孙中山的助手陈少白仍不死心，追上船去，请刘学询再次劝劝李鸿章，刘学询很明确地表示，李鸿章已经下定决心，不想卷进这种“南方分离主义的冒险”中去。

推举李鸿章担任两广独立国“总统”的计划，至此完全破产。

革命党和保皇党联手的暴动

两次在香港洋面上等候李鸿章消息的孙中山，其实根本就没闲着。两次他都在船上召集了军事会议，商讨利用北方动乱的时机发动武装暴动。在 6 月 17 日的海上军事会议中，他们商定，由郑士良率人到惠州，准备暴动；史坚如、邓荫南等到广州，成立暴动和暗杀的机构，以资策应；杨瞿云、陈少白等人在香港负责饷械等后勤，“日本诸同志”都留在香港配合。值得注意的是，表面上答应了李鸿章去暗杀康有为的孙中山，其时已经与梁启超开始合作，保皇会的代表张寿波就参加了这次海上军事会议。

7 月 17 日，孙中山在船上等待李鸿章和卜力会谈结果时，又召集了一次军事会议。会议决定，由郑士良全权掌握惠州暴动的指挥权，杨瞿云、陈少白等任务不变，毕永年再赴长江流域联络会党，孙中山本人则转回日本折台湾，寻求日本驻台湾军队的援助，待暴动发起后再设法潜回内地。

孙中山毫不讳言，“北京风云变幻，是一个亟需注意的时机。如果说清政府最终完全丧失实力之时则正是我们成事的好机会，那么我觉得目前的状况正应特别加以注意”。为了赢得英国的支持，他同意两广独立后置于英国保护下；为了赢得日本的支持，他表示将协助平息华南的抗日活动（因日军占领厦门，华南抗日情绪高涨）；为了赢得法国的支持，他愿意接受法国“一切的要求”。

当孙中山合纵连横时，康有为、梁启超等也在忙乎。就在李鸿章与卜力会谈失败的次日（7月18日），保皇党也制定了武装暴动的计划：挑选精干人马进入广州埋伏，首先夺取水师舰船，以舰炮轰击广州城——近代史上，广州几乎每次陷落，都是首先受制于军舰的炮火。同时，保皇党决定在观音山、五层楼（越秀山望海楼）及各城门遍插预先制作的清军旗帜灯笼，布为全城兵变疑阵，趁乱夺城，然后挟制广东巡抚德寿，宣布勤王，传檄州县，夺饷械，募款项，练精兵，安商旅，设民政局，照会各国领事。

就在李鸿章北上，被联军“如一囚徒”或“受到礼遇的俘虏”般看押着，进行艰苦的讨价还价时，革命党与保皇会均有“股份”的“自立军”，按计划应在农历七月十五（8月9日）在七个地区同时行动，但保皇党的军饷拖延，临时决定暴动延期，但在安徽大通的那支人马未得通知，按计划发动，只好仓促举事，旋即被官府优势兵力扑灭，首领逃亡日本。官府方面展开了大逮捕，自立军“总司令”唐才常等在汉口被捕。唐才常是张之洞的学生，也是谭嗣同的湖南浏阳老乡，与谭嗣同并称“浏阳二杰”。他一方面接受康、梁等人的指导，另一方面又遥戴孙中山为“极峰”，左右逢源，军中则完全沿用帮会开山堂的组织模式，亦算是一方枭雄。他被捕后，留下绝命诗“剩好头颅酬故友，无损面目见群魔”，表示自己追随的是谭嗣同的道路，随即与其他被捕者被斩首示众。

张之洞的帝王梦

迅速侦破并处决了自立军首脑们的张之洞，其实对唐才常的地下活动早有察觉，只不过在局势混乱、前景不明的情况下，张之洞一直隐忍不发。

在公开拥护“东南互保”（即南方各省在义和团和八国联军的冲突中保持“中立”，换取列强对南方的安全承诺）的同时，张之洞暗地里走得更远。根据日本学者久保田文次、中国学者孔祥吉前些年对新发现的日本参谋本部情报官员宇都宫太郎的日记进行分析考证，张之洞在此时已向日本人表示，他或许将成立新政府，“目前当务之急乃是厚置兵力”，要求日方派遣军事顾问，并提供军事援助。

同时，他的长子张权及其重要军官们组成了一个秘密的军事代表团，带着15名留日学生（其中就有后来大名鼎鼎的黄兴）访问日本，他的长孙张厚琨也秘密来到日本学习军事。张权的代表团在日本活动长达四个多月，直到张之洞探悉慈禧太后及光绪皇帝安然逃离北京后才被召回国。在这四个月中，张之洞频繁与代表团联络，要求日本提供军援。

派出这样一个涉及军事的代表团，而且将自己的长子、长孙都送去日本，可见张之洞的重视，但其事先事后居然均没有报告朝廷，这对于表面上循规蹈矩的张之洞而言，实在不是个正常举动，更与其公开高喊拥护朝廷的口号相违背。在张之洞加紧与日本联络的同时，他对唐才常自立军的密谋早有察觉，自立军中也有不少张的学生，但他一直不明确表态，拥兵自重、或者拥寇自重的嫌疑十分明显。

自立军暴动于8月9日，张之洞却直到8月21日才开始抓捕唐才常等人。这段时间，正是八国联军猛攻北京的时候（8月14日北京沦陷），张之洞直到确认太后和皇帝逃离北京，才最后下决心对自立军动手，这正是“其心可诛”之处。

当八国联军控制北京后，日本人曾有计划由张之洞出面组织中国的新政府。张之洞闻讯后“骇极”，多方制止，发了标明为“千急”的电报，请求中国驻日本公使钱恂“千万阻止”，“务望托青木（日本外相青木周藏）诸君设法，迅速婉达伊藤（日本首相伊藤博文）。此时总以不离鄂为妥，中外有益，千万要紧。若北上议事，先抛荒鄂事，亦属万万不可，总以在鄂亦得与议为妥”，坚决不肯离开湖广的根据地北上。

范文澜在其《中国近代史》中，认为张之洞在庚子年的算盘是，“如果帝后同亡，或帝存后亡，可以接受拥护，组织傀儡政府；如帝亡后存，或帝后同存，他们深信沙俄势大，清廷统治决不崩溃，则拒绝拥护”。当张之洞发现“帝后同

1900 年冬，孙中山与起义失败的自立军骨干人物在日本东京合影。左起：尤列、唐才质、孙中山、秦力山、沈翔云。

存”后，只能“先发制人，乘唐才常等未及起事，即搜捕得二十余人，仍不敢白日行刑，二更后押到僻静处斩首，香涛老谋深算，自必有此一著”。

孙中山“拥戴”赌王称帝

自立军兵败不久，革命党终于在惠州暴动成功（10 月 8 日），孙中山在台湾遥控指挥，要求暴动者东进闽南。但不到一周，日本内阁改组，稳健派伊藤博文执政，一改此前山县有朋的鹰派作风，严禁日本军人卷入中国暴动，并禁止孙中山在台湾活动。失去日援，暴动不久就被清军镇压。

当日本的援助无法兑现时，孙中山又将希望寄托在既有钱又有野心，同时还有黑白两道关系的刘学询身上。刘学询陪同李鸿章北上，此时停留在上海，孙中山派遣日本人平山周持密函至上海见刘。根据冯自由《革命逸史》记载，孙在这封落款为高野长雄（孙的别号）的密函中，介绍了他在广州下一步即将进行的暴动，表示将拥立刘学询“主持内局，先立一暂时政府，以权理政务。政府之格式，先以五人足矣，主政一人，或称总统，或称帝王，弟决奉足下当之，故称谓由足下裁决”。

当然，他在信中强调，“兵政一人弟自当之，先行攻取土地，然后请公等来会也”，外交方面的人选，他也“自能择之”。需要刘学询做的，“第一要著为厚雄资财”，“故求足下及杨、李同志等，即速代筹资百万交周君汇带弟处，以便即行设法，挽回大局，而再造中华也”，否则革命就会失败，“玉石俱焚，生灵涂炭，列强瓜剖，华夏陆沈，弟固蒙不仁之名，足亦恐难逃奇祸”。

记录此事的冯自由在书中解释道，孙中山“知刘素抱帝王思想，故即以主政一席许之，而自揽兵政，其用意无非欲得其资助巨款而已”，但刘学询显然也不是好忽悠的，虽然平山周“备述总理（孙）推戴之意”，但刘虚与委蛇，平山周没办法，只好电告孙中山。而此时已在台湾无法立足的孙中山，竟然在收到电报的当日即乘坐日本轮船赶到上海，约刘学询到船上相见。刘托故不往，经平山周再三请求，才与孙见了一面，两人“会谈数时，终无结果，自后刘与革命党人遂不再发生关系”。

没人知道孙、刘二人在船上究竟谈了什么，但刘学询从此对政治心灰意冷。

炉火上的群雄

这年冬天，刘学询在杭州西湖边圈地，大建豪宅，此即著名的刘庄。国民党党史权威冯自由指称，刘学询是向达官行贿后获得的建房特权。民国后，刘庄果然被新政府封禁充公，历经折腾。

孙中山则回到日本，总结经验教训，“对日本朋友和他们的援助大感失望”（《大阪每日新闻》1901年1月30日），此时的日本军队，正竭力在北京营建其“文明之师”的形象，积极准备与沙俄之间不可避免的总决战，不想因为支持革命党而惹恼大清政府。

张之洞依然在武汉，使劲给慈禧太后写报告，大表忠心。毕竟，慈禧太后于他，还算有“知遇”之恩。1863年，张之洞参加殿试，金榜题名时本是二甲第一名，但慈禧太后御笔将他改为一甲第三名，即钦点为“探花”，自然比状元和榜眼都更为风光。

李鸿章在京津的严寒中，与列强周旋，讨价还价。按照美国学者西格雷夫的说法，李鸿章利用洋人的手，将自己的政敌们都收拾了，成功地返回了政治核心。次年，心力交瘁的李鸿章就在大口吐血后，累死在工作岗位上，慈禧太后和光绪皇帝给他颁发的谥号，就是“文忠”，表彰他的耿耿忠心。

一千多年前，割据江东的孙权曾经给曹操上书称臣，曹操说“是儿欲踞吾著炉火上邪”。一千多年后，清失其鹿，这炉火便烧得更为通红，群雄们各有一番精彩表演。严复曾在为李鸿章写的挽联中慨叹：

使当时尽用其谋，知成效必不止此；
设晚节无以自见，则士论又当何如？

皇军“仁义之师”？

北京终于沦陷了，恐怖依然，只是换了色。

在此前义和团的红色恐怖中，北京市民可能因一盒“洋火”（火柴）就被指为“二毛子”，而全家绑到庄王府（今平安里一带）门前开刀遭斩。如今，在八国联军的白色恐怖中，北京市民又可能因为穿了条红裤子（当时女性的时尚颜色）而被指为“拳匪”，同样遭受处决。步枪上那带着深深血槽的刺刀虽短，却与古老的大刀片子一样令人胆寒。

八国联军将北京城分区占领。北京人很快就发现，与那些高鼻子、蓝眼睛的西洋鬼子们相比，身材矮小、能写汉字的东洋鬼子，似乎并没有那么穷凶极恶，日本人所占领的东北区（朝阳门以北、德胜门以东），随即成为刺刀下讨生活的北京人最为向往的和平之地。

日军作为“仁义之师”“文明之师”的形象，自此登上国际大舞台。

满城尽披太阳旗

日本人的精细，令西方人望尘莫及。

在八国联军确定了各自的占领区后，仅仅三天时间，不仅日占区，而且整个北京城，似乎到处都是日本的太阳旗。这是日军主力第五师团从广岛出发时就带上的“必要装备”，他们精心准备了数万面小型日本国旗，在那颗红太阳边上的留白处，用汉字醒目地写着“大日本帝国顺民”。如今，铁骑入城，这些“免罪符”被迅速分发给北京的“顺民”们，无论是朱门府邸、四合院还是贫民窟，

八国联军中的日本军队

都挂上了这一新的“门神”，西洋人吃惊地发现：大清国的首都似乎被日本一家独占了。大街上的不少店铺，除了太阳旗外，还挂上了拙劣的英文告示：“Belong Japan”（属于日本），试图阻止西洋兵们的进入。

美国著名传教士明恩溥（Arthur Henderson Smith，著有汉学名著《中国人的性格》，后来推动了庚子退款及清华大学、协和医院等的建立）记载道，北京市民为了表示顺从，出行时手上都会拿着列强们的国旗，而以日本旗为主。但除了日本旗外，其他旗子多是北京人自制的“盗版”，十分粗糙，一到下雨天，旗子上的涂料就掉色，看上去十分怪异。在刺刀之下，英语也得到了迅速的普及，北京胡同的墙壁上刷上了标语：“Pray officer excuse. Here good people”（求求官爷开恩，这里都是好人），甚至在一座曾经作为义和团坛口的寺庙门上，也贴上了“God Christianity men”（上帝基督的子民）。而北京老少爷们最端得出手的一句英文口语是：“Please do not shoot us. We are good people”（别开枪，我们是好人）。

面对各色洋鬼子，北京人迅速地做出了自我调整，曾经满大街的义和团们早就没了踪迹，似乎从人间蒸发，所有人都将自己打扮成了“万恶的拳匪”的受害者，热忱地探试着新主人，“使自己适应新的环境，如同水被倒进容器里那么自然”（明恩溥语）。

“文明”军队

一个名叫川岛浪速的35岁日军翻译，应日本派遣军司令福岛安正的再三请求，在日占区开始指导警务工作。日军设立了“安民公所”，其所长、事务官和宪兵均由日本警官担任，巡捕则雇用中国人，成为新北京的新警察，在最为动乱的数月间在辖区内迅速恢复了秩序，日占区因此成为北京最早恢复市面繁华的区域。

川岛浪速还招收了40名“有文化”的中国人参与“警务速成训练课程”，随后又招收了50人。日本人恢复秩序的能力，和在人才方面实行可持续发展的眼光，给负责留守京城的大清国高级官员庆亲王奕劻留下了深刻的印象。局势稳定后，另一位大清高级官员肃亲王善耆，应日本公使的要求，从清军中精选了240名士兵，组成了“巡捕队”，臂缠白箍，上盖“安民公所”大印，腰间挂着佩刀或马棒，执行巡逻，开创了北京警政的先河。而肃亲王因此与川岛浪速成为哥们儿，其女还拜川岛为义父，这就是日后大名鼎鼎的“川岛芳子”。

日军在占领区内几乎秋毫无犯，严明的军纪得到了西方记者、外交官及军官们的赞赏。美国随军记者、《纽约时报》（The New York Times）的奥斯卡（Oscar King Davis，当时派驻菲律宾，随美军第14团从马尼拉前往北京）为著名的《哈泼斯周刊》（Harper's Weekly）详细报道了各国军队在京津地区的抢掠情况。他观察到，俄、法军军纪极坏，到处烧杀抢掠，而日军与美军恪守纪律，其中，日军的纪律更为严明。他引用一个西方军官的话说：“作为基督教国家的一名军官，我很羞愧，今天我见到一名被我们长期地称为异教徒的日本军官，他说抢掠是不对的，并且绝不允许。我无话可说，因为我的人都在抢掠，而他的人没有。

我无法阻止抢掠，而他却能。”

美国公使康格（Edwin Hurd Conger）的夫人莎拉（Sarah Oike Conger）在其写给美国亲友的信中提到：“中国商人带着货物回到北京时，先是悄悄溜进日本人的辖区，因为他们最信任日本人。后来，这些街道变得拥挤不堪，日本人就要求他们必须到城里别的地方去，他们立刻就涌进了美国人的辖区，挤满了街道，并留了下来。”

在八国联军中，日本是出兵最多的，在天津、北塘、通州等各次战役中，日军几乎都担当了攻坚先锋，伤亡惨重，占到联军总伤亡数的40%左右。美国陆军部的报告称，北塘战役后日军死伤累累，“这充分证明了日军承担了大多数的战斗，并赢得了英美士兵们的尊重和喝彩”。从当事人留下的记录看，在被包围的北京使馆区内，日本军人的英勇作战也赢得了西方人士的好评。

美国外交官小田贝（Charles Denby，Jr，1861—1938）给《哈泼斯周刊》撰文，认为日军在此次军事行动中，向全世界证明了他们是最优秀的军人，“勇敢、智慧、严守纪律，装备精良，召之即来、来则能战”。他甚至认为，“那些在联军中与日军曾经并肩作战的他国军队，今后如果不得不与日军为敌，一定会犹豫再三的”。而一些西方历史学家认为，正是日军的勇敢作战，纪律严明，给英军留下了深刻的印象，极大地推动了两年后（1902年）的日英结盟。

日本人的优异表现和巨大牺牲，为他们自己赢得了极大的尊重。在1900年8月28日的紫禁城阅兵中，日军被安排为第一方阵，只是因为俄军的坚决反对，日军顾全大局，主动放弃了这一机会，而让俄军打头阵，自己作为第二方阵，其他国家的一些军官为此相当不平。

在占领期间，日军也尽量减少与别国军队的冲突，始终“以礼待人”。美军第14步兵团团长达哥特（A.S.Dagget）在其回忆录中说：美军因调动的需要，向管理铁路的俄军要了20节车厢，但有一节车厢被法军军官占据，并且锁上了门，导致美军35名军官无处安置。管理铁路的俄军无可奈何，在美军被迫采取强制措施前，法军开溜了，腾出了车厢，车厢内还有两位日本军官，此时也“很有礼貌地要退出去，但是，我们没让他们退出去，因为车厢里还可以有他们俩的座位”。

日军捕捉了一名义和团团民

优雅的强盗

当然，日军绝非不沾荤腥的猫，只是，与其他军队的涣散相比较，日军更为克制、更有约束，甚至在抢掠方面也更有组织纪律性。

当联军大多数官兵到处为自己寻找发财机会时，日军却在严密的组织下，直插大清国的财政部户部（办公地点在今公安部地址），一举夺走库存白银近三百万两。同时，他们从各衙门抢了大量的文件，其中不少至今尚未公开，成为国际史学界最为期待的宝库之一，以期填补在中国近代史研究中的资料空白。显然，日本人在物质文明和精神文明两方面的抢掠，都得到了大丰收。

除了集团性的抢掠外，日军个人也参与抢掠，但与其他国家军人相比，他们更为“优雅”，而且多是“悄悄地进村，打枪的不要”。《中国与联军》（*China and the Allies*）一书作者、英国画家、作家亨利（Henry Savage Landor）在现场观察到，“日本军队在抢劫时与西方列强毫不相同，显得十分有文化、有内涵”，他们在中国人的房子里搜寻古瓷器，还聚在一起认真欣赏，即使不带走，也轻轻放回原处，“看见日本人以那种优雅的姿势拿起或放下最小、最精密的物品时，实在是一种享受，而美国人、法国人、英国人或俄国人，更不用提德国人，他们除了碰到坚固的铜块、石块之外，没有不打碎、弄弯、弄脏以及损坏的……日本人也抢掠，但他们抢掠的方式是沉默、安静而优雅的，他们不把东西乱扔，不摔碎，也没有任何不适当的艺术破坏。他们任意拿取他们所喜爱的东西，但做得是这样精细，以致似乎完全不像抢掠。”

“好兵来自良民”

日军在北京的表现，缔造了一个“仁义之师”的光辉形象，后世的日本右翼以此为依据，来否定包括南京大屠杀在内的所有对日军残暴的指控。同样是占领中国的首都，为何 1937 年的日本人在南京与 1900 年在北京的日本人的所作所为不同呢？

第二次中日战争（即抗日战争）中的日军著名将领冈村宁次，在其战地日记中对此有深刻的分析。冈村宁次承认，“在这 40 年中（从甲午战争起算），我官兵在战场上的道义，特别是对现地居民的道义，比过去显著降低，则是不应掩饰的缺点。日清战争（即甲午战争）、北清事变（即八国联军战争）、日俄战争当时的日军，无任何掠夺、强奸行为，被誉为神兵，这是为许多外国人写的材料所证实的。然而，同样的日本人，现在却有不少人对当地居民有虐待行为。嘴上高喊‘圣战’，高喊‘八纮一宇’，但事实却与此相反。今昔对比，使人难以想象”。

他总结出，日军的军纪比八国联军时下降的表现是：一、对上级的服从性下降（表现于犯罪统计、言语态度、敬礼等）；二、性道德下降（表现于强奸、随军有慰问妇）；三、公共道德更加缺乏（为图省事，将送往修械所修理的武器弃之路旁，偷盗其他部队的马匹成风，侵占送往前方的慰问品等等）；四、军官有犯强占、收贿罪者；五、有借口处理麻烦而杀害俘虏的野蛮作风。

冈村宁次说：“我们身为指挥官，固然责任重大，但大部分士兵是从内地社会直接到战场上来的，所以社会的责任也很重大……现在大部分官兵并非现役，一般都是应征后立刻上阵，因此，与其说是军队之罪，莫若说是日本国民之罪。”

他还认为，日军的暴行，暴露了日本国民的劣根，如“缺乏公共道德、消息闭塞、对国际事务缺乏理解、缺乏宽容和怜悯弱者的仁义教养等”。

在冈村宁次看来，战争的扩大化、长期化，导致了兵员得不到及时补充，官兵得不到及时的培训，军队整体素质大为下降。而他的参谋长宫崎周一中将则一针见血地指出：“服兵役中的好兵，在家时也是良民。好兵是由良民培养出来的。因而，士兵的非法行为，特别是军风纪的涣散，可以说是国民伦理观念下降和忽视教养的反映。维持严明的军风纪，当然主要依靠部队本身严格切实的指导与监督，但与直接掌握兵员的下级军官的素质，有着重要关系。”

根据宫崎周一的分析，八国联军及日俄战争时，日军官兵都是经过严格训练的现役兵，各级军官也都是长期服役的职业军人，因此，“保存了团结服从以及军风纪各方面的优良风习”。但在二战中，因为战争扩大，军队数量急剧增多，“传统的优良风气越来越少，新建或改变的部队，有如掺水的酒，军队传统的优良风气丧失殆尽。特别是应征的下级军官，除个别人外，在觉悟、信心及知识能力等方面，多数都不够格……”他甚至将矛头直指当时的日本社会风气，认为是日本受到了“资本主义”的严重侵害：“日清（甲午）、日俄之战，是关系到国家兴衰存亡的自卫战争，当时全国军民举国一致，斗志昂扬，成为强大的精神支柱。但是，满洲事变（九一八事变）、特别是中国事变（七七事变）后，随着国家财政的庞大化，资本主义弊端到处泛滥，黑市盛行，社会上好人受难，在这样的社会里要想得到优秀的士兵，无异缘木求鱼。”

平心而论，没有一支军队的指挥官不希望自己的军队能做到令行禁止、秋毫无犯，这不仅是政治上的需要，也是战斗力的重要保证。当日军士兵都敢偷盗司令长官的战马时，冈村宁次也只好叹息世风日下、人心不古，他虽然发布了大量标语训令，却也只能在日记中感叹：“‘讨蒋爱民’的标语到处张贴，但毫无实效。”

日本式的作秀

其实，冈村宁次所没有提及的是，日本军队在1900年的北京与1937年的南京，之所以有如此巨大的形象落差，还在于 1937 年他们并没有观众，而 1900 年他们必须向全世界汇报演出。

早在六年前的甲午战争中，日本朝野就十分注重国际形象的塑造。战前，日本启蒙思想家福泽谕吉发表《日清战争是文明和野蛮的战争》，认为日本是以“世界文明的进步为目的”，因此，这场战争“不是人与人、国与国之战，而是一场宗教战争”。日本另一启蒙思想家植村正久则认为，“日清战争的真正动机，是新旧两种精神的冲突。为了迈入新文明，日本即使在流血，也要扬眉吐气地向天地神明告白我们的国策”。这种认识，成为日本思想界的共识，进而在国家宣传工具的推动下，成为全民的共识，日本给自己赋予了亚洲解放者和文明传播者的光彩外衣。在明治天皇的对华宣战诏书中，就有“求文明之化于平和之治”这样的“导语”，立论上远比光绪皇帝的宣战诏书要堂皇高远得多。日本甚至秘密聘用了西方著名记者，为其执掌外宣的尺度，从而赢得了西方媒体几乎一边倒的支持，“美国公众毫无疑问同情日本，一般认为日本代表着亚洲的光明和进步”（美国《亚特兰大宪政报》，Atlanta Constitutions）。

在甲午战争的初期，日本军方还是秉承传统习惯，拒绝西方记者随军采访，但随后就改变策略，接受甚至主动邀请西方记者随军，并且在欧美各国建立了新闻策划和发布中心。这些努力十分奏效，甚至在日军进行了惨绝人寰的旅顺大屠杀后，西方媒体普遍为其进行辩解、开脱，以至于揭发屠杀真相的美国记者倒成了孤家寡人。日本人也见机作秀，当他们攻陷另一大军港威海卫后，一场日本式的“行为艺术”开始了：日军的战地红十字会给受伤的清军提供医疗服务，并释放了所有俘虏，还给他们发放了两天的食物，欧美记者们写下了这些感人的细节。对于战败自杀的丁汝昌，日本则给予了很高的礼遇，准予北洋军舰康济号在北洋高级军官们护送下，载运丁的灵柩离开威海。美国也有记者怀疑，既然日军如此优待俘虏，为何被日军收容的清军俘虏并不多——当时战场上清军投降者很多，但日军多数前线部队为免“麻烦”，实行的是“不留俘虏”的政策，就地处决，这在当时日军官兵的从军日记中有大量记载，但这些记者的怀疑，被淹没在如潮般的对日本军队的好评中了。

日军参加八国联军行动，甚至细致到了制作和携带有“大日本帝国顺民”中文字样的国旗。整个参战过程，自始至终成为日本向世界展现自己光鲜形象的巨大走秀台。

另有盘算

义和团动乱和八国联军的入侵，本来都是日本所不愿意看到的。

日本才取得了甲午战争的完胜，获取了朝鲜与台湾，需要时间对这些巨大的战利品进行消化、吸收。朝鲜半岛总是被日本人看作指向自己的匕首，而辽东半岛则无疑是这把匕首的刀把，但在以俄国为首的俄、法、德三国联合干涉下，日本却被迫向中国退还了割让的辽东半岛，俄国随后就从中国手中半是巧取、半是豪夺地“租借”了旅顺、大连这一重要的战略要地。在俄国的咄咄进逼下，日本在朝鲜半岛的势力范围，其实只限在朝鲜南部，而在俄国人的煽动下，朝鲜君臣也时时表现出了桀骜不屈的姿态。

台湾方面，日本虽然开始了大规模的殖民建设，但抗日运动依然活跃，并且以福建为基地，令殖民当局头疼不已。因此，日本此时最希望的，就是在它有力量采取进一步行动之前，中国最好能保持安定团结的政治局面和独立完整的国家主权，这也是日本在戊戌年（1898 年）对鲁莽、冲动的半吊子改革者们不给予任何实质性支持的主要战略考量。

在北面的朝鲜和南面的台湾之间，日本将对华关系的重点确定在南部，希望能将福建纳入其势力范围，并进而扩展到浙江、江西，以便能与台湾呼应，获得巨大的战略空间。按照当时日本首相山县有朋的说法（他在 1880 年代就提出了日本的“生命线”和“利益线”），中国东南的这个区域，平时可以作为中日贸易区和日本的加工区，战时则可以轻易扼住台湾海峡这一“东亚的咽喉”，应对任何敌人的挑战。1898 年，日本从中国获得了保证，不会让任何列强染指福建，但当日本在 1900 年初正式提出要求在福建修筑铁路时，却遭到了大清政府的坚决拒绝。

随后，义和团动乱迅速转化为暴力排外事件，而日本驻北京使馆的书记员杉山彬被清军杀死，成为第一个死亡的外交人员。驻扎在天津的日本海军指挥官向东京紧急报告，要求迅速增兵，但日本政府对此采取了冷处理。在内部，他们必须对南、北战略进行权衡，而在外部，他们必须先征询列强的意见，以免无谓树敌。实际上，他们此时的重点依然是南方，军部甚至电令台湾总督，立即做好军事动员，准备随时武力进占厦门。

此时，华北局势日益糜烂，列强们纷纷增派军队，日本的宿敌俄国更是一马当先，在东北地区大举增兵，矛头直指日本。日本看在眼里，急在心中，而与日本同样心急的，还有俄国的第一敌人、当时世界老大英国。英国的军力被南非的布尔战争所牵制，不得不从澳洲、新加坡、香港、印度等殖民地调兵，因此他们寄希望于日本，一是解决北京问题，二是牵制俄国北极熊。

日本人很沉得住气，不见兔子不撒鹰，当英国表态希望日本出兵两三万人时，它依然要求英国驻日本公使帮助向列强征询意见。俄国和德国起初坚决反对，但随着局势日益危急，各国与驻北京使馆的联络全部中断，也只能同意动用日军。英国方面更是起劲，主动表示日本出人、英国出钱。经过这样的千呼万唤，日本才宣布派遣驻扎广岛的精锐部队、陆军第五师团进军中国。在参与八国联军的全过程中，日本人真正是冲锋在前、享受在后，在处理与列强军队、中国政府等各方面关系时，韬光养晦，十分低调，成了个几面讨好的“琉璃蛋”。而保持严明的军纪，展现日本皇军的威武之师、文明之师形象，自然是它的重要措施。

而在南方，日本则大打出手，出兵占领了厦门。但南北两线作战，遭到了以伊藤博文为代表的持重派的坚决反对，当俄国从北京首先撤军并收缩到东北，对日本在朝鲜的势力构成巨大威胁时，尤其是列强也纷纷派出舰队前往福建时，日本政府才下令从厦门紧急撤军，将厦门无条件交还中国，这就是所谓的“厦门事件”。

自此，日本在东亚的战略重点转向北方，四年后爆发了惨烈的、被国际史学界称为“第零次世界大战”的日俄战争。

“闷骚”的尴尬

日本在八国联军中表现得十分低调，除了本身在福建的战略考量外，还有被迫韬光养晦的无奈。此时的日本，正是西方大肆宣扬的“黄祸论”的首要攻击目标，除了英国老大哥外，日本其实已经被西方孤立了。而参与八国联军行动，正是打破孤立的好时机，而关键就在于既要“任劳”，也要“任怨”。

日本此前在甲午战争中的巨大胜利，令西方看到了一种可怕的前景：已经掌握了西方技术的日本，如果团结带领人口庞大的中国进行改革和扩张，则蒙古人席卷西方的“黄祸”必将重新上演。在德国皇帝威廉二世及俄国沙皇尼古拉二世的推动下，“黄祸论”在西方甚嚣尘上。为了分化中日，西方尤其是俄国和德国，对中日采取了截然不同的态度。八国联军时期担任日本首相的山县有朋，在1896年与李鸿章一道参与沙皇的加冕仪式，也先后顺道访问了柏林，李鸿章到处受到国家元首般的礼遇，而山县有朋则只得到一般的接待。

种族战争此时也成为日本人最为关注的话题。日本最有影响的政治家之一近卫笃麿公爵，在日本发行量最多、影响最大的杂志《太阳》上发表文章，题目就是《同人种同盟，附支那问题研究的必要》，近卫写道：“我认为，东亚将不可避免地成为未来人种竞争的舞台。外交策略虽然可能‘一时变态’，但仅是‘一时变态’。我们注定有一场白种人与黄种人之间的竞争，在这场竞争中，支那人和日本人都将被白种人视为盟敌。有关未来的一切计划，都必须把这一难点铭记心中。”

正是在这样的危机意识下，日本向中国发动全面的友情攻势，猛送秋波。1897年，俄、德两国大演双簧，分别夺取了青岛和旅大，伤透了心的大清国，再度转向“同文同种”的日本。两个浴血搏杀的东亚邻居，突然变成一对“欢喜冤家”，并且在军事领域率先进行了全面的合作，而主导其事的正是甲午战争的主要策划者、日本参谋总长川上操六及此前抗日调门最高的张之洞。

自此，中国与日本开始进入为期十年的蜜月期，而当“戊戌政变”后，重新走上前台的慈禧太后亲自拍板，大清国派出了密使，携带专供两国皇室联络的密电码，希望能与日本建立同盟关系。代表团在日本受到了隆重的高规格接待，但是，日本却丝毫没有被蜜月的喜悦所影响，面对西方铺天盖地的“黄祸”论调，对于大清国抛出的结盟绣球，日本最后并没有接受，中日蜜月始终缺乏明媒正娶的堂皇，而只有偷欢的兴奋和惶恐。

当义和团动乱给列强们攫取在华利益创造了前所未有的好机会时，日本却陷入了作为“闷骚”的两难处境：既想浑水摸鱼，又不想引起西方的任何警觉和恐慌，多干少说、甚至干了也不说，就成了唯一的选择。因此，日本不出兵则罢，一出兵则必然是“威武之师”“文明之师”，而且还是“低调之师”，也因此，日本在厦门虎头蛇尾了一番，只是气坏了那位台湾总督，愤怒地向东京的老爷们连递辞呈，想撂挑子不干了。

果实累累

功夫不负有心人，日本人在八国联军这根钢丝上的精彩表演，收获巨大。

经此一战，日本与大清政府和人民的友好非但没有受到影响，而且还得到了加强。日本人在北京占领期间显露出的行政管理能力，给大清国留下了深刻的印象，日本被中国朝野当作了真正的兄弟和效仿的榜样。在逃亡途中，慈禧太后和光绪皇帝发布了全面改革、尤其是政体改革的号召，而日本则成为中国的第一教父，“学习日本好榜样”成为中国的主旋律。

在随后爆发的日俄战争中，作为战场所在地的大清国虽然宣布中立，但实际上朝野上下都是一边倒地支持日军，令日本在此获得了显著的“主场”优势。西方也没有被俄国刻意鼓动的黄祸论吓倒，英国人甚至反唇相讥，认为真正的“黄祸”并非是日本，而是俄罗斯，这大大帮助日本减少了国际压力。这场中日亲善的喜剧，在日俄战争后，因为日本完全继承了此前俄国所攫取的在华特权，戛然而止。大清朝野最后发现：最该当心的还是这位“手儿拉拉、手儿握紧”的“侏儒”兄弟，在“威武之师”和“文明之师”的背后，是丝毫不亚于北极熊的贪婪和冷酷，并在30年后彻底暴露出了野蛮之师、虎狼之师的真面目……

德国“匈奴”闹北京

1900年7月27日，德国不莱梅军港。

军鼓齐鸣，军号嘹亮。在“Hurrah！ Hurrah！”的欢呼声后，7000名德军官兵，向德国皇帝威廉二世（Wilhelm II von Deutschland）及皇后行持枪礼，铿锵有力，动作整齐得如同机器般精确。

这是德意志帝国三十年前（1871年）统一之后，尤其是威廉二世十年前（1890年）亲自掌舵并将铁血宰相俾斯麦（Otto von Bismarck）驱逐出权力中心后，第一次派遣大兵团远征东方，而其作战目标就是中国。

威廉二世亲自为远征军送行，并发表了震动世界、载入史册、日后令希特勒及其宣传机构头疼不已的激情演说。

“匈奴演说”杀无赦

在登舰舷梯的平台上，威廉二世向德军官兵宣布：“我们新生的德意志帝国，肩负着伟大的海外使命，远远超出许多同胞的想象。”

他说，当德意志的国民在海外受到了威胁，帝国军队就有义务去拯救和帮助他们，这种在老德意志民族的罗马帝国无法完成的任务，新德意志帝国必须去完成。

他提到，中国人杀害了德国驻北京的公使，这是对德意志民族的“侮辱”，“这种罪行来自于一个对自己的古老文化感到自豪的民族，这愈发令人发怒”。他号召德军官兵们，“发挥古老的普鲁士民族的勤奋能干的作风，在你们的军旗

八国联军中的德国海军士兵在操练

和武器引导下，在荣誉和胜利引导下，给全世界展现一个范例”。

他号召德军官兵要以一千年前入侵欧洲的匈奴人（Huns）领袖阿提拉（Atila）为榜样，对待敌人要像寒冬般的冷酷无情，用残酷来建立自己的不朽声望，对中国人杀无赦，“绝不宽恕，不留俘虏”，“让中国人在今后的一千年中不再敢小看德国”。

这篇激情演说在德军官兵的欢呼声中结束，而德国的宣传机器却在此后全力阻止这篇演说的蔓延，但这种遏制是徒劳的，这篇演说很快被命名为“匈奴演说”（Huns Speech），传遍了全世界，成为德国外交史上的著名丑闻，无论在德国国内还是在海外，都引发了轩然大波，怀着各种目的的政治家们纷纷谴责威廉二世的不当言论。14年后在第一次世界大战中，39年后在第二次世界大战中，以英国为代表的另一阵营，动用强大的宣传机器，不断地重温这段“匈奴演说”，以此证明德国人正是迫害文明、残害生命的现代“匈奴”，“匈奴”也在很长时间内成为德国人的代名词，令那位将种族荣耀看得重于生命的希特勒尴尬万分，恼怒不已。

后世也有人质疑这或许是英国的阴谋之一。正是来自英国的情报，信誓旦旦地宣称义和团和中国军队已经将北京的外国使节及平民们杀戮殆尽，英国皇室甚至还在伦敦圣保罗天主教堂计划举行盛大的祭奠仪式。这些都再度刺激了因驻华公使被杀而盛怒的威廉二世，在他发表了臭名昭彰的“匈奴演说”后，英国人取消了祭奠计划，更正了他们的错误情报，而德国皇帝已经成了全世界窃窃私语的“匈奴”人，德国军队也带着杀无赦的嗜血命令，开进早已风平浪静的北京。

瓜分中国

德国人的愤怒，似乎是有理由的：在 1900 年动乱的北京城，德国公使居然被中国军队枪杀了。

这位德国公使，中文名叫克林德（Klemens Freiherr von Ketteler）。他是波茨坦贵族，在 28 岁那年（1881 年）进入外交部门并被派往中国之前，一直是位军人。来华后，他曾担任广州和天津等地领事，1889 年调任回国。以后去美国（1892—1896 年）和墨西哥（1896—1899 年）任职，并娶了一名美国妻子玛蒂尔德（Matilda Cass Ledyard），两人相差 17 岁。玛蒂尔德的父亲是美国底特律铁路大王莱得亚（Henry Brockholst Ledyard）。根据美国的家谱谱系考证，莱得亚家族是美国前总统布什父子的直系血亲。

1899 年 4 月，46 岁的克林德回到中国，接替海靖成为德意志帝国驻华公使。

在北京的外交圈，克林德并不受欢迎。意大利公使萨尔瓦葛（Marquis Giuseppe Slavago-Raggi）称他是“十分粗鲁的日耳曼人”，英国公使窦纳乐（Sir Claude M.MacDonald）说他是“爱冲动的人”，幸亏夫人莱得亚人缘很好，弥补了克林德的缺陷。

1900 年 5 月 24 日，为庆祝维多利亚女王 81 岁生日，英国使馆邀请了 60 多人参与庆典。因为德国皇帝威廉二世是维多利亚女王的外孙，克林德和夫人也参加了晚宴。在晚宴上，号称最熟悉中国政治内幕的赫德（Robert Hart）与莫里循（George Morrison）两人都对前途表示乐观，认为中国政府有愿望、也有信心和能力去控制局面。但克林德对此大不以为然。

两天后，在公使团的会议上，克林德坚定地认为中国政府不可能采取有效行动遏制排外势力，列强目前更应该做的，是在中国动乱之后，如何将这个巨大的蛋糕切割瓜分。英国公使窦纳乐忧心忡忡地向伦敦报告说，德国人似乎相信“瓜分中国的时机已经到来”。

5 月 28 日，克林德再次在公使团会议上提出，中国即将崩溃，公使团不应该为如何保护使团这种小事争论不休，而更应该认真考虑如何瓜分中国。法国参赞当都阿（D’Anthouad）在日后的回忆录中说，克林德甚至明确地提出了“剥夺太后的权力”。日本公使西德二郎向东京提交了紧急报告，德国人认为“中国问题的实质是一场革命，公使们应该就如何瓜分中国立即讨论”。意大利公使萨尔瓦葛则向罗马报告，英、俄两国公使都认为克林德因中国动乱而十分兴奋，认为推翻慈禧太后、瓜分中国的机会已经到来，根本就不愿意离开北京。

克林德有一句名言，不断被各国新闻记者引用。他认为对于中国来说，最好的结局就是被列强当做一根德国香肠切碎，再吞掉。当然，切下来的那大片华北要归德国。英、俄、日对这样分割“香肠”当然是极端不满的。

各国被德国公使的激进意见弄懵了，纷纷通过外交渠道向柏林要求确证，英国外交部甚至向德国政府提交了严正的交涉，这令毫无瓜分计划的德国外交部大为震惊。外交大臣布洛（Bernhard von Bülow）十分愤怒，给克林德发来密电，指责他严重越权，要求他立即做出合理的解释，并且警告他，如果中国政府得知他的激进观点，以及因此与其他国家使节的激烈争执，后果将十分严重。

三年前的 1897 年，德国人就曾经在中国成功亮剑，收获巨大，他们借口传教士在山东被杀害，以闪电战的方式，突然占领了胶州，造成既成事实，将胶州作为准殖民地，纳入其势力范围。

德国人在胶州的突然施暴，大大出乎中国的预料，因为，就在甲午战争之后，德国人就十分“仗义”地与俄国和法国一道，向日本施加巨大的压力，包括威胁动用武力，逼迫日本将已经割让的辽东半岛退还给中国。为此，李鸿章在 1896 年借参加沙皇的加冕典礼之际，亲自到俄、德、法三国道谢，并受到了国家元首般的超规格接待。德国人甚至连他喜欢抽的雪茄和喜欢的画眉鸟都事先安排妥当，在其下榻的宾馆寝室内，高悬李鸿章及“铁血宰相”俾斯麦的照片，以示敬重。英国报纸认为，德国人为了拿到中国的大笔军火定单，对李鸿章过于奴颜媚骨，而当李鸿章离开时，并未采购任何军火，这令德国人失望至极，进而转为满腔怨愤，刚刚崛起的德国人实在有点暴发户的轻浮，在世故的李鸿章面前大失脸面。

德国人的脸，说变就变。李鸿章出访后的第二年（1897年），中国政府任命黄遵宪、罗丰禄和伍廷芳分别出使德、英、法，只有德国政府坚决拒绝黄遵宪，而黄遵宪本人与德国并无任何过节，国际外交界对此百思不得其解。英国报纸认为：正是因为德国政府后悔接待李鸿章时礼节过于隆重，担心因此反而被中国人小看，便借机拒绝中国使节，以便“自增其威”。

至于胶州湾事件，梁启超认为，这也是德国人为其“面子”被扫而进行的报复。干涉还辽的三国中，俄国早已在北方得到了好处，法国也在南方得到了势力范围，只有德国，在向清廷索取福建的金门岛时，被“峻拒不许”。梁启超认为，胶州事件中，“三国还辽，而惟德向隅，安有不激其愤而速其变者？不特此也，中俄密约中声明将胶州湾借与俄人，是俄人所得权利，不徒在东三省而直侵入山东也。方今列国竞争优胜劣败之时，他国能无妒之。是德国所以出此横逆无道之举者，亦中国有以逼之使然也”。

德国在远东的强硬政策，其创始人就是德国外交大臣布洛。在1897年12月6日，他在议会发表了日后被称为“阳光下地盘”的著名演说，宣称德国人也应当奋起直追，攫取“阳光下的地盘”，而重点就是东亚地区。正是在布洛的推动下，德国人迅速获得了胶州，随后又获得了加罗林群岛及萨摩亚。

维也纳的《时代报》认为，正是德国强占胶州湾，引发列强效仿，而“这一切的自然结果，就是出现了一个民族自卫的团体（指义和团）”，“中国也举起了它的铁拳”。《前进报》则相信，德皇的演说激化了事态，“这种侵略政策以及对中国民族尊严和民族存在的侵犯行为，其后果已经昭然若揭，中国的大炮向列强作出了清脆的回敬……克虏伯大炮在中国人的手里也并没有丧失它们出色的威力，德国军舰和德国官兵也会很快见识见识德国杀人工业产品的威力。”

“北京狩猎”

尽管德国外交部不愿意首先在中国露出自己的獠牙，那位军人出身的克林德却时时想着亮剑。1900 年 6 月 10 日，义和团大规模开进北京，首都成为一个巨大的火药桶，克林德准备在这个火药桶里放把火。

6月11日，因预计西摩尔（Admiral Seymour）所率领的联军部队能到达北京，一些使馆都派员前往永定门车站迎候，但西摩尔联军已在杨村一带被义和团和清军堵截，并发生激战。一无所获的迎候人员返回北京，日本使馆的秘书杉山彬在永定门外被清军杀害，并被乱刀分尸。次日，头裹红巾的义和团开始在北京内城掀起“红色恐怖”，十余座教堂被全部烧毁，包括英国赫德主管的大清海关税务司。克林德火上浇油，命令德国使馆卫队开始“猎取团民行动”。

6 月 13 日星期五，西方习俗中的“黑色星期五”，“猎取团民行动”开始了，第一个目标居然是一个 12 岁的中国孩子。这天中午，一辆骡车从使馆附近经过，领头的男人头扎红带子、手腕上也缠着红带子，这是当时在北京最髦得合时的装束。很多中国人在红色恐怖面前，纷纷如此打扮，倒未必见得他们都是义和团。这个男人还在用鞋底磨他的大刀，克林德抄起铁头手杖开始攻击这个男人。男人逃走了，克林德从那辆骡车中揪出了一个同样穿红衣的 12 岁男孩，用铁头手杖痛打这位毫无还手之力的男孩，然后将遍体鳞伤的男孩拖入德国使馆，并通知总理衙门，要在两个小时内处决这孩子。

此时，依然在艰难维持局面的总理衙门大惊失色，派出了载澜、英年、崇礼前来交涉，反复说明这孩子并未对德国人采取任何敌对行为，要求克林德无条件放人。但三位部长级官员的面子一点也不管用，克林德此时的理由是，中国政府镇压拳民不利，因此他要帮中国来清理门户了，而那可怜的孩子就成了他的枪下祭品。

德国行刑队的枪声，激怒了中国民众。当天傍晚，数千民众开始包围使馆区。更多的人群则通过哈德门进入北京内城，针对一切卖洋货的店铺，大肆打砸抢烧，一场充满快感的破坏狂飙席卷北京。克林德在激怒民众的同时，也成功地令本就艰难支撑的中国政府，彻底失去了行政控制能力。

冤冤相报的恶性循环开始了。面对愤怒的中国人，惊慌的使馆卫队开枪镇压。这天夜里，一支由五名奥地利士兵组成的警卫队，配备着机关枪，在其驻守的海关附近，向大批涌向海关废墟捞财物的中国人开枪扫射。但是，惊慌的奥地利人将机关枪的标尺调得太高，猛烈的枪声过后，除了电线被击中掉落外，没有造成人员伤亡。这下，义和团刀枪不入的神话得到了“实战验证”，红色狂飙更为凛冽。

克林德的狩猎，显然比奥地利人更加有效。6月14日下午，克林德发现了一群义和团正在操练法术，赶紧集合德国卫兵，悄悄地靠近了他们，突然开火，至少打死七人，打伤二十多人，英国《泰晤士报》(The Times)记者、日后袁世凯的顾问莫理循(George Ernest Morrison)为此欢呼道:“这次潜伏出击干得漂亮极了。”

民众更多地涌向使馆区。英国公使窦纳乐写道:“14日晚上，几千暴民在使馆周围彻夜呼喊野蛮的口号，威胁要杀尽洋鬼子。”而这些愤怒的人群，成为西方外交官、卫兵乃至女士们“狩猎”行动的靶子，武器装备的不对等，造成数百人已经成为洋猎人们的枪下冤魂。而此时，总是想法“顾全大局”的中国政府，依然保持克制，不仅没有下令攻击外国人，相反，军队开始关闭哈德门，以阻止更多的义和团涌入内城进行破坏。

克林德却越战越勇，完全忘了自己的外交官身份，甚至派出卫兵，将居住在使馆附近的大学士徐桐绑架而来，最后在英国人的压力下才释放。自此，徐大学士开始成为义和团最坚定的拥护者。

德国公使“被死亡”

就在克林德率兵大胜义和团的当天(6月14日)，上海的英文报纸《字林西报》(North China Daily News)刊发了一则轰动世界的新闻:在义和团的攻击下，西方驻华公使中已有一人被杀，此人正是克林德。欧美报刊纷纷转载了这条新闻。

两天后，当时十分活跃的拉凡通讯社(Laffan News Bureau)接到来自天津的电报，确认了德国公使被杀的消息，报道同时还援引“一艘日本鱼雷艇得到

1900 年 7 月 15 日，法国《小日报》登载铜版画《德国公使克林德被杀》。

的消息”，说在京其他公使均已成为阶下囚。

德国外交部大吃一惊，紧急致电其驻芝罘（烟台）领事查询，领事馆毫不知情。正当德国外交机构为克林德的下落而紧张焦虑时，德国皇帝十分兴奋，公使被杀终于给了德国最好的机会，可以理直气壮地来领导这场两个种族之间的“亚欧之战”。而“遇难”的克林德本人，正在北京享受着“狩猎”杀人的快感，直到 20 日那天他真的被杀了。

身历其境的美国传教士明恩溥事后分析，这种提前数天就已弄得满世界都知道的死讯，实在是罕见怪事，“考虑到电报线路早在克林德被杀之前就被切断了，由此带来的通信滞后是如此之严重，以至于在北京之外，任何人要想证实这次谋杀，恐怕非得花上整整 12 天不可，尤其考虑到东方的情况，而你却能提前一周知道还没有发生的事情”。

为什么他的死讯会提前六天就公诸于世？如果是报社摆乌龙，为什么正好是克林德，而不是其他公使？这其中，究竟是偶然还是阴谋？这个事件，如同慈禧太后收到的那份迫使她与列强翻脸、而最后却证明并不存在的最后通牒一样，成为义和团与八国联军动乱中，众多极为蹊跷的历史谜团之一。

西方史学界一般认为，这一精准无比的死亡预告，证明了克林德死于中国人有计划有预谋的暗杀。明恩溥相信，克林德对义和团的残酷镇压，导致他成为中国人的刺杀目标。相当多的学者赞同这种说法，德国使馆卫队的滥杀令克林德成为中国的首号敌人。

而当时在海关税务司工作的美国人马士，在其名著《中华帝国对外关系史》中认为，克林德在公使会议上公开提倡瓜分中国，甚至囚禁太后，才是其被杀的原因。华俄道胜银行的总裁波克提洛夫，在使馆解围后写给财政大臣维特的信中则揣测道：克林德提出瓜分中国，被在使馆卧底的中国仆役侦知，中国政府就制定了刺杀的计划。

李希圣在《庚子国变记》中，也认为克林德是被端王下令刺杀的，“太后谕各国使臣入总理衙门议。德使克林德先行，载漪令所部虎神营伺于道，杀之，后至者皆折回。徐桐、崇绮闻之大喜，谓夷酋诛，中国强矣。太后旋命董福祥及武卫中军攻交民巷，炮声日夜不绝”。

克林德如果不是那样狂傲，他本来可以不死。6月17日，列强攻击了大沽炮台，消息传到北京后，总理衙门在19日照会各国驻华使节，“限二十四点钟内各国一切人等均需离京”。当天晚上，公使团紧急会议，认为离京的途中无法保障安全，联名照会总理衙门，要求缓期，并要求9时前给予答复。照会发出后，一直没有等到答复，英国公使窦纳乐回忆道：“绝大多数公使决定再等，因为到总署去坐等有失我们的尊严，但克林德大怒，用拳头猛击桌面。”克林德要求大家集体前往总理衙门，但没有人愿意冒险，耗到了上午8点，他就决定自己独自前往。俄国公使格尔思以及德国使馆卫队队长建议派兵护送，但倔强的克林德不接受，而是自己揣上了手枪，带着翻译柯达士（Herr Cordes），一人一乘轿子，由中国轿夫们抬着出发了。总理衙门设在东单北大街东堂子胡同，当他们走到东单牌楼北大街西总布胡同西口（今外交部街），距东堂子胡同只隔一条石大人胡同时，遭遇了正在巡逻的清军。

克林德与清军发生冲突，被当场击毙，柯达士受伤逃逸。开枪的清军士兵，是神机营霆字枪队章京恩海。有关冲突的细节，主要来自柯达士的回忆，而柯达士既是审判恩海的主审官，又是主要证人，其证词的真实性，相当可疑。多种说法无法相互印证，甚至相互矛盾：有说是恩海受命刺杀，因此一枪毙命；有说是克林德率先寻衅，并试图拔枪，但被恩海快了一步；也有说是克林德率先开枪，清军还击。

总之，已经提前一周“被死亡”的克林德，在这一天终于被击毙，无论真凶是谁，动机是什么，结果是：中国的“鹰派们”终于除去了这个凶狠的“帝国主义急先锋”，以总理衙门为首的“鸽派”完全丧失了回旋余地。内里包含了不少暴徒和地痞的义和团，则终于看到了大开杀戒的机会；

德国皇帝终于获得了梦寐以求的展现铁血政策的“悲情”机会，德国外交部门的持重政策被摈弃，德意志“匈奴”准备亮剑东方；各国公使们终于可以摆脱这种“不战不和不走”的尴尬局面，放弃幻想，准备战斗，也准备“捐躯”了……

西总布胡同的枪声，宣告了一场灾难的完全降临！

瓦德西上任

就在威廉二世在不莱梅军港号召德军学习匈奴人时，德国外交机器紧急行动，谋求德国对联军的指挥权。

自从列强决定联合镇压义和团运动之后，各国就开始积极争夺联军的指挥权。大英帝国是当时的世界老大，但之前由英国人西摩尔率领的远征行动失败，英国人威信扫地，而被南非的“布尔战争”牢牢拴住的英国，此时无法派出精锐部队，难以与庞大的俄、日军队相比。俄国人在日军介入之前，是联军主力，但他们与英国是战略敌对方，因此，俄国不指望自己能获得指挥权，但坚决反对英、日或美国获得指挥权。后期出兵人数最多的日本，则忙于消化甲午战争的果实及筹备对俄的战略抵抗，本就不希望中国发生动乱而打乱它的战略部署，

八国联军统帅、德国陆军元帅瓦德西

而且面对俄、德等国咄咄逼人的“黄祸论”，日本人的策略就是韬光养晦，多干活少出头。其他各国，则或因军力不够或因国际地位不高，难以升任。

德国人此时不仅占着“理”——公使在北京被杀，而且占着“势”——在英俄对抗为主旋律的远东国际政治舞台上，他们既得到俄国支持，也能被英国接受。尤其重要的是，德国也出了“力”——尽管亡羊补牢，德国派出了7000人的远征军，从欧洲本土赶赴中国。

经过一番极为复杂的多边外交，各国终于表态同意。当德国的宿敌、刚刚在普法战争中被迫割地赔款的法国，勉强接受的当天（8月14日），联军已向北京发起了总攻，并在次日攻占了中国首都。

出任世界近现代史上第一位多国联军统帅的，是时年68岁、曾担任德国总参谋长的瓦德西（Alfred Graf Von Waldersee）大将。瓦德西当时已经处于半退休的状态，威廉二世推荐他出任联军统帅，也是帮助他获得更多的野战资历，以便在退居二线前还能再上一个台阶，把军衔升格为元帅。

受命之后，瓦德西立即率领参谋人员，于8月19日离开柏林，赶往中国。此时，联军已经攻占北京，瓦德西这位总司令实际上成为德国的外交特使，他的征程也被媒体戏称为“瓦德西演出”。他先乘火车，拜访了奥匈帝国皇帝、意大利国王，然后从意大利的热那亚乘坐商船赶往香港，会晤香港总督，随后乘军舰在9月21日抵达上海，25日到达大沽口，27日正式进入天津城，担任联军统帅。

瓦德西到任时，大规模的战斗早已结束，京津地区均在联军的占领之下。但是，为了展现"德国匈奴"的冷酷，瓦德西制定了各种方案，要求联军对京津周边地区进行"惩罚性的军事报复"，而各国在不同的战略动机下，附和并参与了其中部分军事行动，于是，京畿地区以及东北、山西、山东等之前已经被义和团暴动洗劫过的地区，再度遭到联军的奸淫掳掠。

根据马士的统计，从1900年12月12日起，到1901年4月底，联军一共派出了46支远征军，有35支完全是德国部队，4支由意大利部队组成，只有7支是由各国混合组成。显然，德国人的"报复行动"并没有得到太多的响应。

在已被联军刺刀控制了的北京，德国军队采取了一次特别行动，捣毁了中国主管外交的"总理衙门"。总理衙门正中的匾额上，题的是"中外禔福"四字，"禔福"就是福安之意，在一个向来自居为中央帝国的政权核心，匾额上不宣示皇恩浩荡、威恩远扬，而只是祈求平安无事，这也是晚清政权心态的真实写照。而吊诡的是，越想平安无事，越是胆小怕事，越是麻烦不断、是非纷来。

10月17日，瓦德西将联军司令部移到北京，联军为他举行了盛大的入城仪式。美军和英军（印度人）骑兵担任入城先导部队，瓦德西之后，是他司令部人员和前来欢迎的各国军官，日军骑兵则殿后。从城门开始直到其下榻的中南海，沿途均由各国联军士兵站岗致敬。瓦德西向德国皇帝报告说，全北京城的西方人都出来迎接了，也有很多的当地华人，北京人再度展现对任何统治者的欢迎和无所谓。瓦德西本人进入城门后，德军在城墙上鸣放礼炮，而这些大炮正是中国所购置的克虏伯大炮。

移驻北京后，瓦德西继续奉行强硬的大棒政策，甚至拒绝接见李鸿章和庆亲王。他在发给德国皇帝的报告中说："对待中国人切勿让步，切勿表露忙态。因中国人对于每种让步，皆视作虚弱之象征。"但他不断的"惩罚式"远征，逐渐成为德国人的独唱，甚至还遭到了美国的严正抗议。

瓦德西在中国"历史"上留下的另一个深刻烙印，就是与"爱国妓女赛金花"的一段风流逸事。中国文人乃至男人的传统，向来是倾向于将失败的责任推给某些被妖魔化的人，尤其是女人，以解脱包括自己在内的大多数人的责任。但偶尔也会毫不吝惜地将赞美和希望赋予少数女性，比如传说中的南宋名将韩世忠之风尘二奶梁红玉，也比如传说中的瓦德西的中国二奶赛金花。瓦德西成为中国八卦的主角，一方面说明中国人在走投无路时对男人们的极度失望及对女人救国的热切盼望，另一方面也体现了有权有势必有二奶的中国式思维。

日耳曼贞洁牌坊

经过艰难的谈判，庆亲王、李鸿章等最后与列强签订了《辛丑条约》，条约的第一款就是中国必须由高级官员赴德国，就克林德公使被杀一事向德国皇帝道歉，并在克林德被杀地点修建一座品级相当的石牌坊，“涤垢雪侮”。

年仅18岁的醇亲王载沣，因是光绪皇帝的亲弟弟，被德国人指定为这一道歉代表团的团长。显然，这是一个吃力不讨好的差事：硬不起、软不得，搞得不好还会和李鸿章那样被人骂为“汉奸”。作为大清国第一个出访西洋的亲王，载沣却展现了与年龄完全不相符的成熟，有理、有利、有节，令本想侮辱中国的德皇，对他也称赞有加，认为他“慎重外交，不辱君命”。载沣把一次谢罪之行，转变成了一位年轻人的“游学考察”，“举凡外洋风土人情，随地随时留心考察”。在王公不得轻易离京的清朝体制下，载沣得以大开眼界，同时也不可避免地大开眼“戒”：在日后掌舵后，他表现出了祖先们无法想象的宽容和豁达。

至于为克林德竖立牌坊，野史说那正是赛金花的功劳，她出面说服了非要帝后亲自谢罪才罢休的克林德遗孀：“君不见贞洁牌坊耶？我国所重者尤在于此。今克林德大人枉死，帝后已令严惩凶手，王公大臣亦有赐死者，是已足矣。我今愿为卿游说，将为大人立碑为记，如此岂不善乎？”总之，德国人同意了在中国首都为自己外交官立下了一座特殊的“贞洁牌坊”，汉白玉蓝琉璃瓦庑殿顶式，碑文用拉丁语、德语、汉语三种文字，表达大清皇帝对克林德被杀的惋惜。

杀害克林德的恩海被德军执行死刑，地点就在克林德被杀处。瓦德西感慨道：行刑现场是闹市区，五十步之外就是商贩的摊子，那些在这里饮食吃饭的中国人，在行刑过程中也不愿意放下杯箸，而一位说书之人，继续演述荒唐故事不绝，其吸引号召听众之力，远胜于执行死刑。

返回德国的途中，瓦德西向德国皇帝报告说：中国的和平稳定和繁荣，才是符合德国的最大利益。

1905年，大清国派遣代表团，出访欧美，考察宪政，他们在德国受到了热烈的欢迎，回国后大声疾呼效仿德国的政治体制。中国开始向德国派遣留学生，学习军事。

1909年，中国派遣多个军事代表团出访德国，中、德、美三国甚至积极酝酿组建军事同盟。中德关系进入了一个稳定的友好阶段，甚至没有受到第一次世界大战中中国对德宣战的影响。

更有意味的是，直到1937年，在上海前线的国军主力，顶着德式钢盔、端着德式步枪，以德国顾问所教的战术动作，抵抗着入侵的日军……

罗马角斗士折戟中国

1900年8月22日，意大利首都罗马。

有着千年历史的万神殿清晨就戒严了，在军警的护卫下，一支豪华车队从市中心Quirinal宾馆急驰而来。来宾在万神殿前敬献了花圈，从花圈的缎带上看，是献给刚刚于7月29日被刺身亡的意大利国王翁贝托一世（Umberto I）。而来宾正是途径罗马的八国联军统帅、德国将军瓦德西。

仪式之后，瓦德西随即入宫，与新任意大利国王维克托三世（Viktor Emanuel III）举行了45分钟的会谈，主题是中国局势。

维克托三世向瓦德西表示："意大利之所以参战，因为意大利是世界大国之一，对于这种列强的共同行动，不应自外；虽然意大利在中国没有重大利害关系，也不应袖手旁观。意大利向中国派遣的军队人数很少，意大利的目的就是向中国摆明一种姿态。"

瓦德西答应意大利国王的请求，将其在华部队集中使用，不担任看管驿站之类的容易遇袭的任务。意大利国王和外交大臣，对于李鸿章与列强各国单独交涉，"以夷制夷"，十分清楚。国王表示，意大利在这次侵华战争中开支的军费约在2000～2500万里拉。

当时，意大利在中国有两艘军舰，瓦德西在写给德国皇帝的报告中，十分自信地认为：意大利将同奥匈帝国一样，同意将海军统一归属他的指挥。

此时，在万里之外的东方，八国联军已经攻占了北京，在16000多人的联军中，奥匈帝国和意大利王国其实只是点缀，奥匈派出了50人，意大利则是53人。

然而，军力虽小，意大利却在导致1900年义和团与八国联军动乱中，起到了关键的作用。瓦德西拜会意大利国王三个月后，伦敦的《双周评论》杂志（The

Fortnightly Review）发表了中国总税务司赫德的长篇文章，回顾义和团事件。这位在中国已经工作了三十多年的英国人认为，此前一年（1899年）意大利在中国的惨败，正是激励中国对列强采取强硬立场，并导致中国仇外的鹰派崛起，最终酿成义和团与八国联军动乱的重要因素。

染指

这是1898年的10月份。

又一位“马可波罗”不远万里来到了中国，不过，它却是一艘全副武装的巡洋舰。

随舰而来的，是意大利新任驻华公使马蒂诺（Renato de Martino）。这是一位老牌非洲事务专家，意大利将他派到这里来，就是为了加强对中国的争夺。

北京的空气中还充满着肃杀的气氛，不久前发生的“戊戌政变”，令一小部分精英发动的“改革”（戊戌变法）化为泡影，这场操切、莽撞的“改革”将绝大多数官员都推到了改革的对立面，并且令各色反对者们形成了统一阵营，力量之大，甚至威胁到了光绪皇帝的帝位。为了丢车保帅，已经退居二线多年的慈禧太后重新出山，用“六君子”的人头作为代价，才避免了局势的进一步恶化。操切的戊戌变法，令体制内的改革力量成为众矢之的，“改革”一词迅速地从主旋律蜕变成为敏感词，李鸿章、张之洞等改革先锋，也纷纷夹紧尾巴。

列强却一刻也没有消停过对中国的分割。日本人在甲午战争中所获得的巨大战争红利，令全世界为之眼热，列强随即掀起了瓜分中国的狂潮。德国强占胶州湾、俄国强租旅顺大连、英国强租威海卫，都在这个时期次第发生。那些熟悉中国事务、并且能说一口流利中文的外交官们，纷纷被本国政府召回，各国不约而同地认识到：瓜分中国不是请客吃饭，不能那么从容不迫，那么温良恭俭让。

新来的外交官们，多是各国的非洲事务专家，处理多边国际事务的高手，北京一跃而成为世界上最为诡异、充满各种间谍和小道消息的城市。而中国本身的政治、经济、舆论，乃至正在酝酿中的、具有爆炸性的民怨，都被列强们忽视了。在他们眼中，中国无非是个黄颜色的非洲而已。

遥远的亚平宁半岛上，意大利也将目光投向了中国。这个“大秦帝国”（古罗马）的继承人，被内政和外交弄得焦头烂额：对外方面，装备精良的意大利军队在阿杜瓦战役（Battle of Adowa）中，败给埃塞俄比亚，随即被迫退出埃塞俄比亚“不敢想象，一个文明的欧洲国家的军队会在一名非洲酋长和士兵的手中遭到如此巨大的灾难。”内政方面，民众与政府严重对抗，政府甚至在米兰向示威群众开枪，酿成“米兰事件”。在双重压力下，意大利决心大力拓展海外殖民地，既转移国内的政治视线，又积极攫取殖民收益。

当时，丝绸工业是意大利的支柱产业，必须依赖中国的生丝供应。而意大利在中国无论是政治影响力还是经济影响力，都很有限。面对似乎即将被列强全面瓜分的中国，意大利制定了自己的目标：在宁波与厦门之间，攫取一个港口。他们的候选目标是：福建的三沙、浙江的台州和三门。这三个港不仅都是天然的良港，最接近中国的生丝产地，而且还远离列强中的那些大鳄。

1898 年的春夏之交，正当中国开始喧闹的“百日维新”时，意大利发生了动乱，军方在米兰向手无寸铁的示威人群开枪，结果导致内阁倒台。派遣军舰“考察”中国沿海港口的计划就推迟到了秋天，却正好赶上了中国戊戌政变，仇外的保守派们全面掌权。

经过一番并不认真的考察，马蒂诺公使和“马可波罗”号巡洋舰舰长，选定了三门湾（Sammum Bay）作为目标。意大利政府随即展开了外交预热：在支持意大利的队伍中，英国并不满意大利插手属于其势力范围的长江流域，但为了离间意大利和法国的关系，在绝不允许对华动武的前提下，表示同意支持意大利；法国、日本则因自己也在争取将广州湾、厦门湾作为各自的势力范围，表示同意；奉行“门户开放”对华政策的美国，没有表态；真正反对的只有德国，可不久之后也转变态度。

于 1899 年 2 月底，马蒂诺向中国正式提交了照会，要求租借三门湾以及入湾处的三个小岛，面积与德国在山东的胶州一样大，其权限利益则参照沙俄租借旅顺、大连湾办理，同时要求准其修筑一条从三门湾通往鄱阳湖的铁路，浙江南部 2/3 均为其势力范围，并声称浙江全省不得租赁给其他国家。另外，照会中还宣称，意大利是欧洲六大国（英法俄德奥意）之一，中国既然已经许权利于五国，也应以同等的权利许于意大利。

碰壁

但意大利人没有想到，当他们还在列强间进行通气外交时，那位同志加兄弟的法国，就将情报透露给了中国方面。早有准备的中国，接到了意大利公使的照会后，干脆拆都不拆，原封退回。

这下子意大利人感觉受了奇耻大辱，马蒂诺暴跳如雷。法国人放了一把野火后，闷声不响，英国人和德国人倒是出面打圆场，认为退回照会的行为毕竟太不符合外交礼节，希望中国政府重新考虑。总理衙门随即应允，派人到意大利使馆取回照会拆阅，同时电令驻英公使向意外交部道歉。但是，大清政府的"礼貌"行为，又被马蒂诺解读为软弱。在马迪纳建议下，罗马决心向中国施加军事压力，加派了一艘军舰到中国。

3 月 8 日，罗马批准马蒂诺的请求，同意他向中国政府提交最后通牒，意方拟定的最后通牒是限令中国在 4 日内接受意方条件，否则意大利公使将下旗回国，兵戎相见。同一天，英国公使窦纳乐再度出面协调，总理衙门答复说，退回照会并非是侮辱意大利，而恰恰是为了维护中意两国的友谊。此时，法国与俄国两国表态，反对意大利武力威胁中国。在外部压力下，罗马决心改变立场，再观察一段时间。

3 月 10 日，正在拟定最后通牒措辞的马蒂诺，于中午接到了罗马的电报，要求他立即向大清政府提交最后通牒；但四个小时后，更正的电报也发到北京，意大利外交部要求他暂缓提交通牒，等候指示。但是，马蒂诺居然搞错了两封电报的序号，立即起轿赶往总理衙门，提交了最后通牒。

次日（11 日），西方媒体纷纷报道了此事，中国总税务司、英国人赫德写信给伦敦的助手，认为意大利的最后通牒令"局势再度危急……其他列强将援例而来，崩溃即在眼前。这并不是中国本身在四分五裂，而是各列强在把她撕成碎片”。

面对各国外交机构和媒体的质询，意大利外交部还一头雾水，发表声明辟谣。但随着媒体将最后通牒的文字发表之后，意大利才知道驻北京使馆自摆了个巨大的乌龙，尴尬与恼怒之下，于12日下令将马蒂诺调回罗马，并令其照会总理衙门，收回最后通牒，声明意大利并无强索之意。

中国驻英国兼意大利、比利时公使罗丰禄，向意大利政府发出照会：“中国政府不能理解意大利政府为何要求在华拥有加煤站或海军基地，意大利在中国的政治和商贸利益尚不足以提出这样的要求。即使意大利在华的利益要大得多，中国也不能理解为何要向意大利提供单方面的好处。”

同时，意大利请英国公使窦纳乐代为照管意大利使馆（实际“代管期”为3月17日—6月26日）。窦纳乐认为，意大利召回公使的举动十分不妥，不仅损害意大利的威望，更助长了中国人的傲慢，对列强都是不利的。但当他的意见辗转传到罗马时，为时已晚，召回马蒂诺的决定已经于14日在议会正式通过。

赫德却对此并不乐观，他写道：“意大利虽然已将其公使召回，但是，显然并不会就此罢休。到了仲夏季节，很可能再来一道最后通牒，使我们处于困境。但是，不管怎样，看来中国人这回宁愿战斗，而不再屈服。而倒霉的是，我们再也享受不到太平岁月。刚刚度过一个难关，马上又陷入另一个困境；刚刚松了一口气，马上又出来一个难题！”

意大利当届政府是米兰事件后刚刚组建的意大利军人政府，十分不得民心。得悉政府在中国大为出丑后，各政党一拥而上，纷纷弹劾军政府。意大利政府迅速破格提拔原任驻华二秘、并担任过临时代办的萨尔瓦葛为新任驻华大使，率领四艘军舰，前往中国，于5月份抵达上海。

得悉意大利加派军舰前来，总理衙门立即指示两江总督刘坤一、浙江巡抚刘树堂积极备战，“与其动辄忍让，不如力与争持。虽兵事之利钝不可知，然即非自我予之，即不难自我争之”。大量的报纸，也开始关注此事，纷纷刊文介绍意大利的情况。媒体普遍认为，意大利实力远不如中国，甚至兵败埃塞俄比亚，即使开战，亦“庶几制胜有期”。流亡日本的梁启超在报章上写道：“意之国情已若此，岂能与列强逐鹿于清之中原哉……”康有为则写下了一首《闻意索三门湾以兵轮三艘迫浙江有感》：

凄凉白马市中箫，梦入西湖数六桥；
绝好江山谁看取？涛声怒断浙江潮。

朝野上下一片鹰啸，要求对意绝不妥协，不惜一战。这种同仇敌忾的情绪，正在中国朝野蔓延。赫德记载道：“意大利提出的要求，似乎没有得到全国的支持。但是，我担心还会发生更坏的事情。俄国人要求把铁路修到北京，中国已经派出一万五千军队到山东去示威了。董福祥的军队已经调回北京附近。他们扬言，6月份要把我们消灭掉。大局不稳，我在考虑，趁目前平静的时候，先把妇女和儿童撤走。”历史证明，赫德的预见非常准确，第二年的6月，震撼中外的使馆攻防战便开始了。

萨尔瓦葛率舰来华途中，经过新加坡，会晤了刚到此地的窦纳乐。窦纳乐明确表示，现在的事态已经关系到西方在中国的脸面，如果任其发展下去，中国将更加“肆无忌惮”。

萨尔瓦葛同意这一观点，到上海后就向罗马提出，应采取军事行动。他在回忆录中先批评了马蒂诺的轻举妄动：“整个事情是匆忙决定的，没有经过准备，执行的情况则更糟。”但是，他认为：“一旦动手，我们就必须取胜，否则我们的尊严就会丧失殆尽。从最坏的打算看，我们占领三门后，就可以和中国人谈判再调整，以便给中国人道义上的满足。”

但是，意大利议会和国民舆论都反对对华动武。在上海和罗马之间，萨尔瓦葛与意大利新任外交部长爆发了一场激烈的电报口水战。当意大利舰队逗留上海之时，两江总督刘坤一派人细致地侦察了其情况，积极备战。

萨尔瓦葛端着架子在上海待了一个月，旨在威慑中国，但中国毫不理会。倒是意大利政府沉不住气了，根据6月5日英文的《北华捷报》转引伦敦电讯，意大利政府发表声明：“无意要在中国推行侵占政策，而只是要推行一种扩展商业的政策。”赫德的助手也从伦敦给他发了一个电报：“意大利议会只支持政府的贸易政策，避免做领土占领及领土扩张，也避免担负军事及财政义务。”

在罗马再三严令下，萨尔瓦葛只好到北京任职。在向光绪皇帝递交国书的仪式上，萨尔瓦葛又耍了个心眼。据他自己在回忆录中说：

“当时外交使团总想开创一些先例，使递交国书的方式接近于欧洲宫廷的礼仪。国书乃至一国之君委派代表、面呈其他国家统治者的证书。而在中国，国书只能呈到皇上面前的御案上。我看了一下御案，由于我个子高，完全可以将国书直接呈递到皇帝的手上。我尽可能地靠上前，没有把国书直接放在案上，而是伸长了胳膊递给了皇帝，同时看了他一眼。皇帝犹豫了一下，笑了笑，伸出了手。庆亲王忙跨上一步，不过已经太迟了……将国书直接交到皇帝手中，是一条重要的新闻，许多同行都来拜访祝贺。我十分高兴，这下开创了一个先例。奥地利公使严肃地说：‘这是在提高外国驻华使节地位方面取得的重要先例。’”

然而，第二天，萨尔瓦葛就收到了总理衙门的特别声明，昨日递交国书的礼仪上出现了差错，下不为例。

在最为关键的三门湾问题上，萨尔瓦葛痛苦地了解到，中国政府根本就没有任何让步的计划，甚至已经做了全面开战的准备，慈禧太后表示，一把黄土都不给意大利人。

此时，中国正在准备与意大利一战。10 月，重建后的大清海军舰队接到朝廷命令：做好南下浙江沿海的准备，要对即将入侵的意大利舰队予以痛击。这年，从英国订购的两艘 4300 吨主力巡洋舰“海天”“海圻”已经加入大清海军，海军共拥有 5 艘新购的巡洋舰。大型主力驱逐舰海天号舰长刘冠雄表示：“义（意）人远涉重洋，主客异势，劳逸殊形，况我有海天、海容、海筹、海琛等舰，尚堪一战。”北洋舰队司统领叶祖珪命令各舰做好相应的战斗准备。在刘坤一和叶祖珪主持下，11 月份还在长江口进行了海岸炮实弹打靶和鱼雷艇攻击演习。

在天津小站的袁世凯也同时接到命令，率领他的新建陆军秘密向山东沿海集结，准备抗击意大利人可能的入侵；山东巡抚毓贤下令全境严防任何意大利人以任何名义进入。甲午战争之后，中国陆海军第一次动员起来，准备打一场国土保卫战。

意大利当时只求一个体面下台阶的机会，而不愿意动用武力。罗马最终通知萨尔瓦葛，全面放弃在华的任何殖民活动，尽力向中国争取租借到一个小小的加煤站，就可以对国内外有个交代。其海军当局也表示，面对中国的军力，意大利没有能力开战，甚至将主力巡洋舰“马可波罗”号也撤离了中国。列强们也纷纷与此事件进行“切割”，意大利陷入孤家寡人境地，10月份，意大利外交部最后严令萨尔瓦葛放弃任何进一步的行动。

更令意大利人颜面丧尽的是，在谈判中，萨尔瓦葛向中国方面强调意大利不仅是文明的摇篮，而且是现实欧洲政治的一支重要力量，是“欧洲公会”的重要成员，但他们的翻译却将“公会”翻译成了“剧场”，中国代表们自然是听得一头雾水，《泰晤士报》驻京记者、澳大利亚人莫里循却将这一丑闻刊登到了报纸上，并嘲讽意大利人在整个三门湾事件中的表现果然是一场“闹剧”。

翻本

这场“闹剧”最后以中国的几乎完胜而告终，包括北洋海军在内的军事动员与反威慑，在其中发挥了重要作用。而此次胜利，彻底断绝了欧洲众多小国想跟在列强身后从中国龙身上咬一块肥肉的念头，阻止了中国外交环境的进一步恶化。赫德也记载道，当时丹麦也要派出一些巡洋舰来中国捞个港口，后作罢。当时在大清国海关任职的汉学家马士写道：“爱国的中国人士的心里，不胜洋洋得意之感。”

不久之后，排外的义和团运动在山东、直隶一带迅速蔓延，英、法、德、美四国公使结为同盟，发布联合照会，指责大清中央镇压义和团不力。萨尔瓦葛在发给罗马的报告中认为，中国政府在对待列强的态度上，日趋强硬，就是因为其在三门湾事件中大获全胜的缘故；中国曾经屈服于英、法、俄、日、德的压力，却在对抗意大利方面取得成功，这造成了巨大的后果。他的这种认识，在北京的外交使团当中相当普遍，外交官们相信，三门湾事件令中国政府更为“傲慢”。为了对抗这种傲慢，列强只能不断地施加更大的压力，包括军事威胁。

为了走出失败的阴影，萨尔瓦葛主动要求加入英、法、德、美四国公使的行列，向中国政府施加压力，提交了第二份共同照会，与中国政府就如何发布镇压义和团的上谕，发生了激烈的争执。

此时，英国在南非卷入了布尔战争，并且连战连败，在华的不少外交官认为，这比三门湾事件更强烈地激励了中国政府对列强的蔑视。如今，已经不只是意大利一家在关心“面子”游戏，英国人也开始更为强硬地来维护自己的权威。英国公使窦纳乐坚信，英国在南非的失败，是造成中国政府日益强硬的关键因素。同为英国人的赫德也说：“中国人在背后偷偷地耻笑我们，如果这些英国人连布尔人都打不过，我们为什么要怕他们呢？”

五国公使联盟甚至向各自政府要求，采取适当的武力行动，处罚中国政府在镇压义和团方面的不作为。

三门湾事件后，梁启超曾在报上论述道：“意大利政府之更迭也，为索三门湾不得也，索不得而政府遂不能安其位，意人之心未熄也。”的确，灰头土脸地留在北京的萨尔瓦葛并未死心，他不断地要求罗马，放开手脚，对中国进行军事威胁，重振意大利在华的雄风。他在报告中说，“不幸的是，意大利在华的威望已一落千丈……所以，国王陛下在华的使馆对来华的工业家和投资者已不能提供任何帮助，中国对我们的要求只会嗤之以鼻”，只有军舰才能奏效。

在萨尔瓦葛的坚持下，4 月中旬意大利批准了军事威胁行动，萨尔瓦葛有权调动在中国海域的两艘军舰。但中国依然不屈服，英国公使窦纳乐十分恼怒，继续翻旧账。这次，他不再认为是因为英国在南非的战况（此时英国已经开始获胜）激励了中国人，而依然是“去年意大利人在三门湾问题上的失败”。他说：“意大利军舰来到中国，观望了一阵，悻悻地离开。而且公使也被召回，这令猪尾巴们（指代辫子，即中国人）大获全胜。”

在中外相互之间的持续误读和敌对中，局势越来越坏。但对萨尔瓦葛来说，却成了一种解脱。他在日后的回忆录中写道：“关于三门湾的谈判，是我们历史上悲惨的一页。但幸运的是，由于接着而来的围攻外交使团的事，让人们很快就将它忘了。这是在北京被围困的暗无天日的日子里，让我感到欣慰的是，当时我觉得不会活着出去了。”

6月11日，传言西摩尔率领的联军即将抵达北京的马家堡车站，萨尔瓦葛极想成为首个欢迎联军进入北京的人，就悄悄地带着卫兵，没通知其他公使，到车站去迎接。但西摩尔联军已经受阻，无法抵达。在去车站途中，萨尔瓦葛一行人就差点与清军发生冲突，侥幸逃脱。而比他晚些离开车站返回使馆的日本公使馆书记生杉山彬，却被清军逮个正着而剁成了肉泥。

使馆围攻战开始后，奥匈帝国使馆的卫队指挥托尔曼（Thomann）军衔最高，出任使馆联合保卫的指挥官。6月22日，处于使馆区边缘的意大利使馆受到了猛烈的攻击，托尔曼不顾意大利人的反对，下令放弃使馆。他们一离开，使馆就被义和团占领并放火焚烧，成为第一家被烧毁的外国使馆。

据当时在现场的意大利记者 Luigi Barzini 的记录，意大利人在肃王府激烈的战斗中，表现得非常英勇，甚至还能常常搞点小插曲出来。比如他们发现，义和团在夜晚都要突然鸣放枪炮，但只要意大利兵开始整齐鼓掌、发出某种特别的呼喊，义和团就立即沉默了。

在西摩尔联军中，也有数十名意大利士兵，他们在晚上负责站岗守卫关键的火车，却擅离职守，聚众打牌，结果被清军偷袭，五人被杀。

到了联军攻入北京、划分占领区时，意大利人分到了内城区西北的一小块，“给我们的，当然是别人不想要的地方”。

意大利人在北京的占领，并没有留下太多的印记。唯一例外的是，一位美国传教士在报纸上公开指责意大利军队在通州强奸、抢劫，但被瓦德西的最高指挥部否认。随即，意大利人在报端开始反击，声称这位传教士是为了报复意大利军队将其从肃王府中驱逐，而其在肃王府中大肆倒卖物品。另一件令意大利人感觉很受挫折的是，他们曾经将紫禁城里的铜狮子打包，想运回罗马，安放在皇宫里，但被联军最高指挥部扣下。

战争结束了，借着列强刺刀的保护，意大利不仅在庚子赔款中捞到近3300万两的巨款，而且在天津获得了梦寐以求的一块租界地。由于天津城较好的地块都已被更强悍的列强们占领，意大利只好选择了人烟稠密区。为此，与李鸿章就居民的拆迁和安置问题，不断讨价还价。谈判还没结果前，意大利就派兵圈地，开始自行收税，并开始了基础建设。李鸿章去世以后，新任直隶总督袁世凯只能承认既成事实，并于 1902 年 5 月 2 日正式签订了意大利的租界，总占地面积为 771 亩。

有意思的是，天津的意大利租界在招商引资等方面并不成功，平时也十分低调，但因十分注重城市规划，生活环境很好，成为达官贵人隐居的天堂。意大利对这块几经“屈辱”才得到的宝地十分重视，派遣了驻军，在法西斯政党执政期间，墨索里尼还特意在全军中挑选精锐，组建了“东方远征军”，驻扎天津，直到二战结束。

进军北京：澳洲开国第一仗

1901 年 1 月 1 日，八国联军占领下的北京，张灯结彩，却不是为了庆贺阳历元旦，而是为了庆贺在世界的另一头诞生的一个新国家：澳大利亚联邦。在这个南半球的巨大岛屿上，六个英国殖民地组成了联邦国家，在这一天举行开国大典。

驻扎在北京的两千多大英帝国军人，在这天举行了大阅兵，庆祝又一个新国家的诞生。伴随着《上帝保佑女王》及进行曲的铿锵节奏，包括澳大利亚军队在内，各种肤色的士兵在米字军旗的带领下，荷枪实弹，列队行进。这其中，也有不少黑头发、黄皮肤的华人士兵，他们分别来自新加坡、香港及威海。

在北京冬日的朝霞下，一个年轻的国家诞生了，欢呼声响彻在另一个古老的国家的废墟之上。由此，八国联军的中国之战，不仅成为澳洲殖民军（作为英军一部分）的首次亚洲之战，更是澳大利亚联邦的首次海外军事行动。

澳大利亚的年轻旗帜，飘扬在了北京的上空……

“英国妈妈”紧急求援

1899 开始，义和团运动在中国风起云涌，迅速占据各国媒体的主要版面。但对于澳洲大陆的六个英属殖民地来说，他们更关心的是即将水到渠成的联邦成立。

经过多年的政治角力后，1900 年 3 月，澳洲各殖民地代表齐聚伦敦，进行联邦成立前的最后磋商，联邦宪法草案随即于 7 月份提交英国议会审核。

此时，北京形势迅速恶化，中外对立局面日趋严峻，大规模的流血冲突一触即发。6月4日，法国公使提出建议："凡有舰队在中国沿海一带的各国公使，应立刻通电本国政府，要求下令给各国海军统帅，在北京被封锁而排外运动占上风的情况下，立刻采取必要的营救办法。"6月16日，为抢占军事先机，各国联军向大沽炮台中国守军发出最后通牒。次日凌晨，经过惨烈的战斗，大沽炮台失守。

作为列强中的带头阿哥，英国此时面临两难选择。远东局势糜烂如此，为维护英国利益和权威，其势不能不出兵；但号称日不落帝国的大英此时却无兵可调。英军的主力部队被牵制在南非，正在那里与荷兰人鏖战，史称"布尔战争"。布尔战争也吸引了澳洲人的注意力，澳洲各殖民地向南非投放了2500人的常规部队和3500人的民兵（Citizen' s Bushmen），来自南非的伤亡消息占据了各大报的版面。

作为最为成熟的殖民地之一，印度军队也已被大英帝国调往世界各地，以填补英军主力开赴南非后留下的防卫空虚。此时东亚告急，英国只能转向其他殖民地挖掘军事潜力，连刚刚组建不久的威海卫"华勇营"，也被征召前往京津地区参战，与香港军团、新加坡军团及若干印度军团一道，组成英军主力，参与八国联军攻打天津和北京的战斗。

澳大利亚，作为亚太地区的唯一"白肤色国家"，是大英帝国的真正子弟兵。英国政府征询了澳洲各殖民地的意向，各殖民地政府痛快地表示，只要"祖国召唤"，他们将立即派兵参战。

组建水兵部队

澳洲其实也已无兵可派：陆军主力已于1899年10月悉数开往南非，仓促之下，不可能再招募并训练一支足够的新军。唯一的办法，就是组建和动用水兵（Bluejackets）开赴中国。英国传统上本就重视使用既能提供运能、又能提供战斗力的水兵，经常动用他们参与陆上军事行动。1885年，澳洲各殖民地的水兵就曾联合组建过“澳洲苏丹部队”，崭露头角。

与组建陆军相比，建立一支赴华水兵部队，兵源更是有着相当基础。澳洲当时已经建立了几支初具规模的海军部队。

1854 年，克里米亚战争爆发，英俄两国兵戎相见，澳洲各殖民地第一次感受到来自北方的威胁，担心俄国舰队会挥师南下。而英国皇家海军在澳洲的力量却十分薄弱，只有一艘小炮艇、一艘测量船和四只小船。

为了对抗俄国的威胁，英帝国于 1859 年开始组建皇家澳洲舰队，专司澳洲水域防卫。而有着“新金山”之称的维多利亚殖民地（Victoria，首府墨尔本），则开始自行组建海军，其从英国订购的维多利亚号（Victoria）轻型巡洋舰，直到 1865 年都一直是澳洲本土海军的唯一军舰。

1860 年代，随着英国军队逐渐撤离澳洲，建立并扩大澳洲本土军队便日益紧迫。1865 年，《帝国殖民地海防法案》（*Imperial Colonial Naval Defence Act*）要求各殖民地组建本土海军。在澳洲军事史上，这被视为本土海军走向“蓝海防御”（Blue Water Defence）的肇始。除了维多利亚之外，另两个殖民地新南威尔士（New South Welsh，首府悉尼）、昆士兰（Queenland，首府布里斯班）也开始组建海军。这三支本土海军逐渐积累了一批经验丰富的军官。

6 月 27 日，大英帝国殖民部向南澳（South Australia，首府阿德雷得）殖民地总督发出紧急电报，并由其转给其他殖民地总督，希望能从澳洲紧急征调三艘可在中国的长江等水网地带行动的舰只。从澳洲征调只需三周，从其他地方调集则需六周。帝国政府希望从帝国直辖下的皇家海军澳洲舰队抽调两艘，从澳洲预备役舰队中抽调一艘，后者的经费由澳洲各殖民地与帝国政府共同分摊，根据法律规定，调动其军舰到澳洲之外区域，必须经过殖民地联合会议同意。

6 月 29 日，维多利亚殖民地政府首先同意，并表示自己的 200 人左右的部队可以在一周之内整装待发，且将自费承担这支部队的开支。随后，各殖民地政府纷纷表态支持。

最大的殖民地新南威尔士建议，各殖民地可自行武装一艘或多艘预备役舰只，开赴中国直接参战，但费用应由帝国政府承担。新南威尔士政府甚至希望承揽帝国军队在华行动的军粮供应，为此，新南威尔士总理还立即下到乡村进

新南威尔士殖民地水兵

维多利亚预备役海军

行粮食状况调查。但显然，与维多利亚殖民地自费承担军费的提议相比，新南威尔士的建议并没有吸引力。

几经周折，澳洲各殖民地与大英帝国政府最后确认，由新南威尔士、维多利亚两个殖民地各组建一支水兵部队，由南澳殖民地提供一艘作战军舰，开赴中国直接参战。

7 月 11 日，维多利亚部队组建完毕，成员多数为水手，平均年龄为 35 岁，3/4 的人已婚，这与开往南非的陆军部队平均仅 22 岁且多为未婚形成对比。维多利亚殖民地给予士兵的工资为 7.6 先令 / 天，远高于新南威尔士殖民地的 5 先令 / 天标准，凸显其拥有金矿的财大气粗。维多利亚部队甚至还给每人发了些卡其布料，预备到香港后可以找到裁缝添置新军装。

新南威尔士部队也在 7 月底遴选完毕，除了水兵外，他们还从本为南非战场准备的一支陆军部队中抽调人员，加强了赴华部队的陆上攻击能力。这些陆军士兵虽然愿意到中国为国效力，但表示不想转入海军建制，而这又招来水兵们的愤怒，他们也表示不希望与陆军为伍。最后，这支小分队只好折中命名为“新南威尔士海军陆战队轻步兵”，把陆海军特点都体现出来。

英帝国派遣了撒拉米斯号（SS Salamis）运兵船前来运送澳洲军团。7 月 30 日，维多利亚部队在墨尔本举行盛大武装游行，在当地民众欢呼声中，誓师出发。

澳洲部队从悉尼登船，此地现为悉尼歌剧院。

8 月 4 日，撒拉米斯号到达悉尼，在当地也举行了音乐会等劳军欢送活动，随后，新南威尔士部队登船，两军会合。8 月 7 日，撒拉米斯号在盛大的欢送仪式后离开悉尼港，灯塔给他们挂出信号："一路平安"，他们则向灯塔回复旗号："再见澳大利亚"。

随后，撒拉米斯号停靠在杰克逊军港，次日起锚开赴中国。

8 月 10 日，南澳殖民地所派的军舰护卫者号（Protector）也离开杰克逊军港。

澳军装备在香港更换一新

撒拉米斯号载着新南威尔士部队和维多利亚部队，于 8 月 16 日穿越赤道，8 月 26 日，终于到达香港，停靠在维多利亚码头。

此时，北京情况已经发生巨大变化。八国联军于 8 月 14 日攻入北京，慈禧

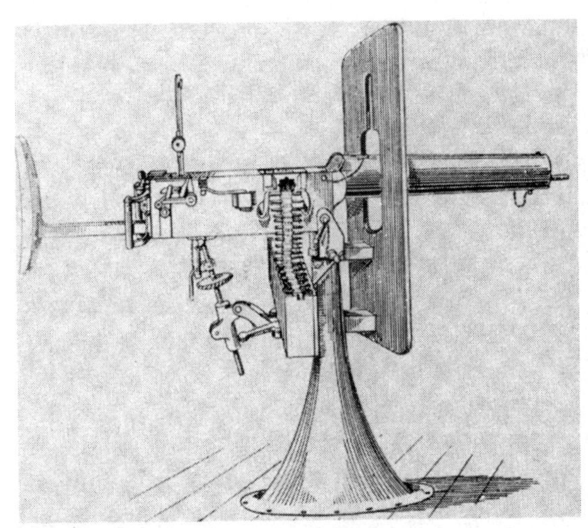

配置给澳洲征华部队的马克沁点 45 机关枪

太后和光绪皇帝逃离京城，整个华北一片混乱。

英国军队在华北主要依靠有色人种组成的雇佣军，只有从香港派出的皇家威尔士燧发枪兵和皇家骑兵炮兵是白人部队，但香港总督急需这两支“子弟兵”尽快回防香港，应对可能出现的中国人的骚乱或暴动。在八国联军中，大多数国家动用的都是本土军队，因此，尽管缺乏实战经验，澳洲军队的“纯英国血统”还是令英国指挥官十分兴奋，而将澳洲军队迅速替换到华北前线成为当务之急。

香港基地将澳洲军队的落后装备更换一新，甚至还给他们配备了最新的马克沁点 45 机关枪。这些武器都属于临时“借用”，澳洲军队在执行完任务后必须归还。

8 月 29 日，英军司令部确定将澳洲军队由撒拉米斯号继续运送到天津，编入“中国野战军大英军团第一军”（*First Brigade*, *British Contingent*, *China Field Force*）。次日，新的武器装备陆续搬上撒拉米斯号。同一天，澳洲军队在码头上见到了庞大的德国远征军在瓦德西带领下从欧洲远道赶来，德国人的杀气腾腾令澳洲军队感到震惊。

8 月 31 日凌晨，撒拉米斯号驶离香港，沿福建海岸迤逦北上，第三天进入吴淞口。澳洲军队的主要军官们去拜会正在上海访问的英国海军司令西摩尔，

英国海军司令西摩尔

并接获最新的命令：前往大沽口担任警戒任务。这令澳洲军队很失望，不仅因为大沽港生活条件很恶劣，而且他们可能将无缘战斗。

9月4日，驻扎在吴淞的英国海军克拉克舰长（Captain Clarke）给澳洲军队做了动员，他细致地警告澳洲人要注意：不可喝生水及小心所有蔬菜，中国卫生很差，容易得病。这位自诩为中国通的英国军官鼓励澳洲人说："千万要记住，你们是为女王和国家在服务。虽然大家都叫你们'澳洲军团'，这是个很好听的名称，但请记住，你们其实就是来自澳洲的英国军团。"

终于踏上了华北大地

9月8日上午，澳洲军队抵达大沽口，加入了足有130多艘船只的各国舰队的行列。他们并没有受到管理港口的联军军官的欢迎，因为多国军队的复杂调动，令港口管理十分艰难。

澳洲军团得到了新的命令：维多利亚部队驻守天津，新南威尔士部队则将继续进军北京。

9月15日，澳洲军队终于踏上了华北大地。他们在日记中，对这片肥沃土地因战乱而荒草遍野大为感叹。从塘沽到天津的路上，凡是由俄国人占领的河东地区，几乎每个村庄都被毁灭，每间房屋都失去了屋顶，俄国人强拉中国苦力，却在他们完工后就地枪杀，或赶入河中淹死。而由日本、美国和英国联合占领的河西区域，房屋基本完好。澳洲随军记者韦尼（Wynne）写道，中国人似乎并不为满地疮痍而担心。

当天晚上宿营，澳洲军队遭到了中国蚊子和各种小昆虫的猛烈进攻。第二天下午一时，他们终于到达天津国际跑马场的营地。

为他们张罗营地的是一位澳洲老乡奇亚夫上尉（Captain Keogh），他还为澳洲军队搞到了帐篷，使他们不必露宿。奇亚夫是昆士兰人，在报考新南威尔士征华部队时落选，索性就自费到了中国，得到英军驻天津司令坎贝尔（Lorne Campell）将军的赏识，成为其参谋，专门处理人事。奇亚夫此后还担任了警察长（Police Magistrate），下辖 120 多名澳军、40 名德军以及一些印度和中国警察，每天要处理很多案子。因为在司令部工作的关系，他有机会参与了多次大的军事和警察行动。

被俄国人愚弄

9 月 16 日，刚安顿下来的澳洲军队接到战斗命令，维多利亚部队和新南威尔士部队联合派出 300 人，参与联军对水陆要塞北塘的攻击。

临出发了，英军才发现俄国人控制下的铁路，只允许德国人使用，遂只好改用驳船从水路行进。天气十分炎热，而且大雨滂沱，每人却只带了三块饼干和两盎司的罐头肉，走在前面的锡克士兵不断因中暑而倒下，全军饥饿难耐。行进了十个小时，终于在傍晚六点抵达了俄军的一家战地医院，却发现就在一小时前，拒绝他们使用铁路的俄国人已经抢先占领了目的地。

又乏又恼的英国军队只好就地宿营，却难以找到足够的食物以及干净的饮用水。唯一令英国人幸灾乐祸的是，中国军队主力早就撤离北塘，却留下了一些射击手，给俄国军队造成很大伤亡。当俄国人终于攻下清军阵地时，只发现了四具尸体，而俄军自己却有十多人阵亡、三十多人受伤。

澳洲军队的首次军事行动，就因联军内部的钩心斗角无果而终。

澳洲军队在天津的生活相当艰难，蔬菜和面包得不到保障，新南威尔士部队的一名列兵则死于流感，成为第一个牺牲者。整支澳洲部队约有 1/4 的人罹患流感、痢疾、发烧等。

违纪情况也比较多。大多数的违纪是酗酒，比较严重的是两起对中国洗衣妇的敲诈勒索，且受到了法国军队的指控。主管纪律的新南威尔士部队副司令康讷（Connor）对这些做了详细记载。

10 月上旬，新南威尔士部队奉命开赴北京城，维多利亚部队留守天津。分开前，他们共同接受了联军统帅瓦德西的检阅。这次检阅因联军内部出现了沟通的问题，令澳洲军队连着三天整装前往火车站迎候，却一直到第三天才见到这位德国统帅，士兵们在日记中抱怨腿都站酸了。

北京开杀戒

10 月 10 日，新南威尔士部队开赴北京，接替即将返回香港的皇家威尔士燧发枪兵。

他们雇佣了大量的中国帆船，载着行李，以及为北京的联军部队携带的三万件军毯，沿北河的纤道由一大群中国苦力们拉纤前进。上尉斯班（Spain）带了相机、海军候补少尉摩宁（Midshipman Murnin）则为此次行动记录了详细日记，令后人得以回顾京津之行动。

两天后，他们到达杨村，遇到美国海军陆战队的一个哨所。这是澳洲军队第一次在战地遇到美国兵，澳洲人从美国兵手里买到不少好东西，如罐头装的水果、牛肉、香烟等，很多价格甚至比悉尼市场还便宜，这令大家喜出望外，也对美军的丰富供应感慨万千。

途中，他们还遇到一个掉队的意大利士兵，他刚被中国人抢走了步枪。随同新南威尔士部队一起赴北京的四个孟加拉枪兵，立即追入高高的青纱帐，几

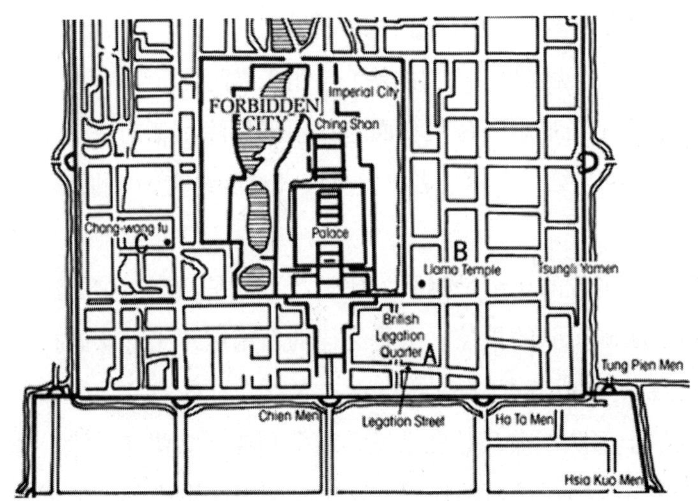

澳洲军队在北京的三个据点：A 为英国使馆，B 为喇嘛庙，C 为庄王府。

经搜索，抓住了抢枪的中国人。澳军军官对中国人的处罚，是命令他们帮助扛着马克沁机枪的沉重架子，几小时后就释放了他们。处罚如此之轻，令那几位被抓的中国人大为吃惊。

摩宁在日记中说，星期天宿营后，百感无聊，就闯到村庄里去收寻古董，可除了供奉着神像的庙宇外，没有什么值钱的东西，最后从一些人家的墙上摘了些书画当作战利品。

经过十天行军，新南威尔士部队到达位于北京东交民巷的英国使馆。部队被分为三部分：一名军官及五十名士兵驻守使馆负责警卫，三名军官和六十名士兵被派到喇嘛庙警卫，其他的人则在庄王府建立司令部。庄亲王载勋曾在府内设坛，成为义和团的指挥中心。

离开澳洲以来，他们第一次可以在屋子内住宿了。

在北京，澳洲军队终于开了杀戒。

喇嘛庙的澳军指挥所与一间丝绸库房很近，一天，指挥所与库房之间的一所民宅被人纵火焚烧。澳军抓住了纵火的中国人，却正是被烧房子的主人，翻译官证实说那是个义和团成员。这位勇敢的义和团成员，事先将家小送走，然后焚烧自己的房子，希望能火攻澳军。次日早晨，五名澳洲士兵组成了行刑队，对这名义和团成员执行了枪决。这是新南威尔士部队在中国的第一次处决。

又有一次，六名中国人“偷”回了被澳洲军队征用的他们自己的毛驴，被当作“小偷”，半小时后就全被枪决了。

新南威尔士部队在北京参加了多次对义和团成员的枪决行刑，瓦德西到任后，为了威吓中国人，命令对捕获的义和团员一律采用斩首方式处决。澳洲军队觉得这太不人道，从此就不再出任行刑任务。

“强奸成了一种消遣，屠杀则成了一种娱乐”

《悉尼先驱晨报》（Sydney Morning Harald）曾刊登了新南威尔士部队的一名士兵发自北京的来信，描写了中国首都的悲惨生活真如人间地狱，大街上成千的野狗像狼一样地在啃咬着中国人发臭的尸体，而夜晚则枪声不断。

在北京的各国军队，普遍纪律很坏，抢劫几乎受到了所有国家军官们的默许。正如西方史学家所说，当时列强军人在北京，“强奸成了一种消遣，屠杀则成了一种娱乐”。

澳洲军队曾经奉命袭击了一所据说是义和团首领所拥有的大宅，宅内的家具被搬到英军司令部使用，剩下的东西被洗劫一空，珍贵的皮毛、丝绸和瓷器等不久被拍卖，所得约350墨西哥元，被众人瓜分。但在瓜分后，上级却下达了命令，要求他们物归原主，原来，他们因情报错误，误攻了目标住宅的邻居。

澳洲军队也参与了对中国人的掠夺行动。

一次，驻守喇嘛庙的澳军得到中国线人报告，说在北京北面20英里的长辛庄，义和团埋藏了大量财宝，估计值20万两白银。英军负责战利品管理的图鲁奇（Tulloch）上校十分兴奋，立即带了25名俾路支士兵（西南亚人）及转达情报的澳洲军官布莱克（Bertie Black）前往征讨清剿。

到达目的后，他们开始挖地三尺，那位中国线人则表示自己可以到下个镇子高丽营去确认是否还有更多的财宝。结果，这个华人在高丽营被愤怒的同胞所杀。

澳洲军队在庄王府

在长辛庄一无所获的图鲁奇上校，立即带他的人马杀奔高丽营，遭到了冷枪的射击。他们遂将当地的头人和最富裕的典当行老板抓来，以英军遭到攻击为理由，要求交出 35000 两白银的“罚款”，否则夷平整个镇子，并将此两人抓为人质。

当高丽营开始筹款时，图鲁奇听说有大群义和团赶来集结，就调集了更多的士兵对高丽营进行了攻击，杀死了四十多人，半个镇子被摧毁。

消息传回北京，英军司令加斯利（Gaselee）将军大为震惊，命令图鲁奇立即返京。英军撤退得十分匆忙，连大多数赎金都来不及带走。加斯利下令严禁此类行动，除非有确切证据表明那些地方有敌对行为。

但 1901 年元旦后，加斯利将军却亲自下令对高丽营进行了又一次讨伐，以收缴上次索要的赎金。这次由 100 名日军、350 名俾路支士兵和锡克士兵、26 名新南威尔士部队士兵组成了一支大部队，计划如拿不到钱，就将镇子摧毁。

这支“讨债军”在大雪中艰难跋涉到目的地后，却发现镇子里的居民早就跑光了。联军挨家挨户地彻夜进行搜查，也查不到任何宝藏的下落，只好捣毁了镇上的佛庙泄愤。澳洲随军记者韦尼写道，这种肮脏的“军事行动”，其唯一目的就是摧毁和劫掠，镇压义和团无非只是一个借口而已，这令“渴望一个值得的、对等的战斗”的澳洲军队日渐不满，他们开始想家。

1900—1901 年的华北，就这样被打着各种借口的人所劫掠着，先是义和团，而后是官军，再就是各国联军。《悉尼先驱晨报》曾直接引用美国报刊的话：“进军北京就是一次洗劫的狂欢。”显然，迟到的澳洲军队不仅错过了建功立业的好机会，也错过了洗劫的最好机会。

建设“文明新北京”

在北京，新南威尔士部队还承担了大量警察功能。他们曾试图禁止中国人聚赌，并且多次冲击赌场，抓了一些赌徒，但最后不得不承受收效甚微。在卫生防疫方面，他们组织中国人清扫大街，对乱扔垃圾者处以鞭打 50 的重罚。

被枯燥的警察工作困扰着的澳洲兵，因没有足够的啤酒，便开始学着喝中国的烧酒。几杯烧酒一下肚，澳洲兵“就疯狂”了，事故不断。最后，英军明令禁止饮用烧酒，并警告中国人胆敢再卖烧酒给澳洲士兵就将被鞭打。

担负治安责任的澳洲军队，还任命了几名军官出任法官，专门处理中国人之间的纠纷。有一次，一位中国基督徒前来状告另一位中国人利用权势欺诈他，后者曾是李鸿章的仆人，而这个仆人却反控这位基督徒利用外国势力敲诈。澳洲军官认为两人都很明显地在撒谎，最后下令各打 50 鞭。

在随军记者韦尼发回给《每日电讯报》（Daily Telegraph）的报道解释道，鞭打李鸿章的仆人，是要让他知道，他的主人现在保护不了他；而鞭打基督徒，则是要告诫他不可滥用信仰牟取私利。

李鸿章的仆人被打后，居然给澳洲军官磕了三个响头，他原以为落到洋人手里，可能会被处决了。

1901 年的元旦，在北京的英军各部队两千多人举行了大阅兵，庆祝澳洲殖民地组建联邦。

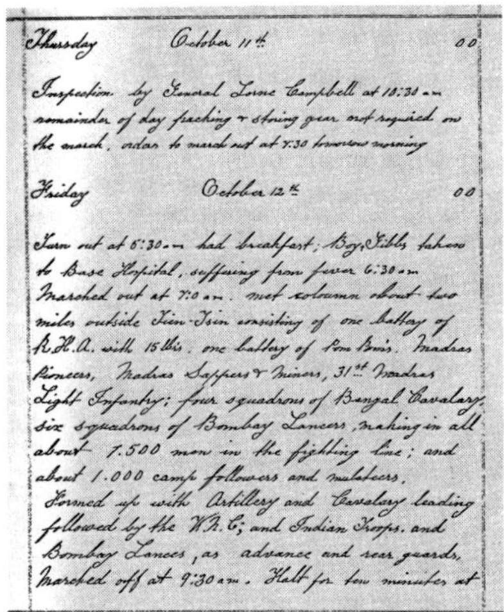

Thursday October 11th 00

Inspection by General Lorne Campbell at 10:30 am
remainder of day packing & storing gear not required on
the march, orders to march out at 7:30 tomorrow morning

Friday October 12th 00

Turn out at 5:30 am had breakfast; Boy Tibbs taken
to Base Hospital, suffering from fever 6:30 am
Marched out at 7:0 am. met column about two
miles outside Tien-Tsin consisting of one battery of
R.H.A. with 15 pdrs. one battery of Pom Poms. Madras
Pioneers, Madras Sappers & Miners, 31st Madras
Light Infantry; four squadrons of Bengal Cavalry,
six squadrons of Bombay Lancers, making in all
about 7.500 men in the fighting line; and
about 1.000 camp followers and muleteers.
Formed up with Artillery and Cavalry leading
followed by the W.B.C.; and Indian Troops. and
Bombay Lances, as advance and rear guards.
Marched off at 9:30 am. Halt for ten minutes at

伯徒托的日记详细记录了保定府战斗情况

肮脏的报复行动

留在天津的维多利亚部队，参加了1900年10月对保定府的战斗。这次行动从10月12日开始，共用了25天。八国联军共派出了7500名士兵参战，维多利亚部队出动了150人。据澳洲军队的战时记录，因乡村基本被破坏，行军异常艰难，给养供应不上。当地一头奶牛误闯澳军行军行列，给维多利亚部队送来久违了的牛肉大餐。

一等水兵伯徒托（Bertotto）的日记记载，他们曾行军到一个名叫五阳湖的地方，从村庄内搜罗了一些鸡、蛋及玉米等，美餐了一顿，这是他们从登陆华北以来最好的一顿。次日，他们又在沿途搜查了一所大宅子，想找到些银子，但没有成功，却在另一幢房子里找到一些金叶子，终“因体积太大也放弃”了。

军粮供给相当困难，澳洲军队每人每天只能配给两只玉米面饼，这一困境到10月20日才得到缓解。当天他们到达十八洲，从一所民宅中找到大量的小鸡和鸡蛋。这房屋的主人早将家小送到安全地带躲藏起来，自己则为澳洲军队忙前忙后生火张罗，搬运柴禾。伯徒托还注意到，房屋主人将孩子们的衣服悄悄藏起来，担心澳军可能会对孩子们不利。

10 月 21 日，联军到达保定，但中国守军已经投降。维多利亚部队负责看管那些据说是对虐杀传教士和西方商人需承担责任的“罪犯”，这些人被移交给德军处决。德军命令囚犯们自己挖好坟墓，然后排成一行枪决，尸体就滚入自己挖的坟墓，然后掩埋。其杀人工作的严谨和细致令澳军惊叹。随后，维多利亚部队又负责看管城里的满人，整晚上担心会被劫狱，这些满人则被法国军队枪决。

征伐保定府，其实在军事上毫无必要，而是针对中国平民的残酷报复。德国人因其驻华公使克林德被清军官兵杀戮，而推动发起了这一报复行动。

从出发之日到 11 月 7 日回到天津，维多利亚部队“一路上根本没有见到敌人，更不要说与敌人作战，所见无非都是洗劫、纵火和处决”。

跟随澳军行动的奇亚夫上尉，事后不仅指责德国人没有根据计划准备好交通工具，也指责法国人故意给澳洲人分配了最漫长艰难的一条线路（行动由法国将军统一指挥），以助法国军队拔得头筹，这与北塘战役中俄国人故意不提供火车以便自己抢功是一致的。当《悉尼先驱晨报》的记者问奇亚夫，为什么联军之间的合作会这么差，他认为唯有“我们不列颠人”遵守规则的，其他国家都各行其是。

英俄差点爆发战争

征伐保定府之后，维多利亚部队的住宿大为改善，终于可以从帐篷搬到屋子里住，以度过难耐的冬天。

11 月 14 日，伯徒托执行了一次护送中国基督徒的艰巨任务。他和另一位澳洲士兵每人携带 300 发子弹，在一个向导和一个翻译的陪同下出发。途中又有两名日本士兵参加进来。这 6 名不同肤色的人，晚上就挤在一个房间里休息，这令伯徒托感慨很多。次日傍晚，他们找到了那些即将被义和团围困的中国基督徒，将 55 名妇女儿童、4 名商人、两名中国官员送回天津，那些脱离了危险的中国人对他们千恩万谢。

英俄士兵近距离对峙

维多利亚部队参与的最重要的行动，是对抗俄国军队。1901 年，在联军占领的天津，英军根据工程师金达（C.W.Kinder，曾任中国关内外铁路总局总工程师）的建议，准备在京津唐铁路边建一条岔路，受到俄国人的阻挠。俄国人说岔路所经过的土地是给他们的新租界，英国人则坚决不认可。双方越闹越僵，剑拔弩张。位于冲突第一线的是锡克兵及香港军团，维多利亚部队受命前往增援，新南威尔士部队也从北京紧急抽调了 60 人赶往天津。与俄军布下的 6000 人马相比，英军只有 1900 人，明显处于弱势。英国从香港紧急调派大量援军，精锐的皇家威尔士燧枪兵再度被征召到华北。经过多方外交斡旋，英俄之间总算避免了一场武装冲突。

作为联军占领地区的警察，维多利亚部队必须经常面对纪律败坏的各国军队。曾经有一次与法国军队发生摩擦，法军居然上起刺刀进行攻击，导致澳洲士兵多人受伤。

南澳军舰“壮志未酬”

与新南威尔士部队、维多利亚部队不同，南澳殖民地所派遣的护卫者号军舰，

护卫者号在航行（1885 年水彩画）

到达香港后正式编入英国皇家海军，并将南澳殖民地海军的蓝色军旗换成了皇家海军的白色军旗，由英国海军派人出任舰长，原先的舰长则成了幕僚长。护卫者号军舰先后被赋予了攻击山海关和秦皇岛的任务，但都因故被取消，他们更多地承担了人员和给养的运送和护航任务，平静地度过了在中国的岁月。

11 月 2 日，英国海军命令护卫者号返回澳洲，其在由华北往香港的途中遭遇了大台风。11 月 24 日，该舰队在香港从皇家海军中正式退役，回归澳洲海军建制，返航南澳。12 月 18 日，他们到达悉尼，并在此一直待到新年之后，参加了 1901 年 1 月 1 日举行的联邦成立庆典。

在海外五个月，护卫者号没有参加过一次战斗，官兵们对此耿耿于怀，澳洲舰长克莱尔（Clare）在接受《阿德雷得观察家报》（Adelaide Observer）采访时，认为自己的部队是在华英舰中最优秀的之一，病患率为零，而其他军舰基本都有 15% ~ 20% 的病号，舰只保养也很好，没有进行任何修理，却一直没有让他们参战，成为最大的遗憾。

回家，回家

1901 年 3 月，澳洲军队开始撤离中国，防务由香港调派的皇家威尔士燧枪兵全面接管。有 17 名新南威尔士部队自愿留在华北，接受了高薪，负责警卫英国控制的铁路线。

就在回国前，新南威尔士部队的一等水兵本耐特（Bennett）因精神疾病开枪自杀。

3 月底，新南威尔士部队和维多利亚部队先后移交防务，在天津集合。3 月 29 日，英军派遣运输舰清图号（Chingtu）运送澳洲军队离开大沽港口。澳洲兵几乎每人都装着或多或少的中国"纪念品"，而整个军团则带了两件大的纪念品：一件是一尊西班牙铜炮，另一件则是一座当时就已有 300 年历史的铜钟，这座钟至今仍保存在澳大利亚首都堪培拉的战争纪念馆中。

清图号 4 月 5 日离开香港，踏上返乡途。20 天后，部队到达悉尼，进行了严格的隔离检疫。5 月 3 日，澳洲官方在悉尼为军团举行了盛大的欢迎仪式，两支部队都在悉尼著名的环形码头（Circular Quay，现歌剧院附近）登陆，接受检阅和民众欢呼。随后，维多利亚部队就从悉尼的红番（Redfern）车站乘坐专列返回墨尔本。

1903 年，两支部队的所有士兵被大英帝国政府授予"中国战争奖章"（China War Medal）。

北伐中国"居安思危"？

对于"子弟兵"们在中国的行动，澳洲媒体给予了高度重视，不断发表随军的两名记者从中国发回的报道。

1901 年 4 月 26 日，《悉尼先驱晨报》采访了在天津英军司令部担任参谋的奇亚夫上尉，发表了题为《海军归来》（*Return of the Naval Contingent*）的长篇专访。

奇亚夫对记者评论了各国军队。他表示，很欣赏德国军队的年轻、健壮，

八国联军各国士兵合影

行军路上一路唱歌，很有修养，纪律很好——其实，在八国联军中杀戮最狠的，就是他所欣赏的这支德国军队。赴华作战，对于德国军队来说也是第一次参加国际行动。

对法、俄军队，奇亚夫显然很不以为然。他说，没有谁真把法军当回事，连法国的盟友俄国也只在需要利用的时候才亲近法军。当英俄因天津铁路发生危机时，法国人虽然嘴里不断喊“俄国万岁”，但都只是嬉笑着在边上看热闹而已。法国人最不守纪律的是巴黎连队，军官似乎对士兵失控了。至于俄国人，奇亚夫说“干脆该叫他们石头”，因为“太笨重了”。他注意到俄国士兵经常被军官毒打，居然也能忍受，照样会跟着军官拼死作战。

至于奥地利和意大利士兵，则擅长长途行军，意大利人不大会打仗，喜欢躲在英军翅膀底下，但瓦得西到任后却把意大利人调去和德国人一起作战。

奇亚夫认为英军犯了一个大错误，就是不该将印度的卡哈尔族（Kahars）人调去中国，这些人在印度做做苦力还行，但在寒冷的中国没有用处，派他们运输军需，经常要派重兵掩护，被其他国家嘲笑。而一个中国苦力往往能顶一打（12个）印度人，价格只有印度人的一半。

奇亚夫很自豪地告诉记者，印度士兵也和澳洲士兵一样第一次参加多国行动，有机会对列强军队进行比较观察，印度人最后得出结论：还是“英国主人”最好！

日本人在奇亚夫眼中，是一群套着制服的小矮人，从他们的脸上就能看出笑容和斗志并存。日本人能吸收西方文明中的好东西，同时又保持他们自己的优秀东西。奇亚夫认为日本人很虚伪，即使今天在与中国人打仗，明天照样可以勾着中国人的脖子称兄道弟。他认为，日本是大英帝国在远东最好的朋友，俄国人在外交上犯的最大错误就是在中日战争（指甲午战争）中去干预这群小矮人。

至于美国人，奇亚夫认为那绝对是“我们的兄弟”，美军的军需供应做得最好，穿着的军服也是整个联军中最整洁和漂亮的。大英帝国在远东只有美国和日本两个朋友。

奇亚夫告诫澳洲国人，列强中总有人想抢夺“我们的”贸易，这迟早会威胁到澳大利亚宁静的海岸。所以，澳大利亚要居安思危，时刻准备制定周密的计划保卫自己的海洋和陆地。

爱国主义战胜内部纷争

其实，在一片赞歌声中，澳洲出兵中国之事也在内部遭受到了很多质疑的，只是这些质疑在澳洲不少“主旋律”的历史著作面前多被自觉不自觉地忽略了。

这些质疑主要是以下几方面：

一是经费方面的现实考虑，比如，南澳殖民地派出的小军舰护卫者号，就因为南澳殖民地、帝国海军部等为了费用问题相互扯皮，几乎没能成行。南澳抱怨说同样是殖民地，加拿大完全不用自己承担任何防卫开支，而澳大利亚不仅要自己承担，还要再去援助母国。

二是能力问题，质疑者认为，弱小的澳大利亚应该把国防力量放在防卫本土上，没有能力去帮助帝国打仗。

三是必要性问题，质疑者认为，虽然殖民地应当在母国遭遇危机时给予协助，但中国的义和团事件并未严重威胁英帝国的利益，就近派印度军队去就可以，澳洲军队没有必要参加。

从中国掠得的西班牙古炮安放在悉尼

四是军力分配问题，当时英帝国在南非也遭遇了很大的危机，并且随后爆发了布尔战争，澳大利亚又向南非投放了更大的军事力量。

五就是程序问题，部分殖民地的总督未经议会就自行向帝国国防部表态参战，引起议会的不满和杯葛。

当然，最终是“爱国主义”和“大局意识”占了上风。

在支持出兵中国的意见中，主要是显示帝国内部的团结、维护英帝国的巨大利益，也有一种是纯粹的种族主义考量：出兵中国不仅能惩罚侵害基督教的中国人——西方普遍将八国联军干预看作有相当浓厚的宗教卫教战争，保卫“文明”，更能有效地遏止“黄祸”。所以，不能只依靠同为亚洲人的印度军队，而必须有更多的白种人参战。

澳洲政客们则达成了共识：来自中国的真正威胁，不是中国本身，而是列强会在瓜分中国的过程中反目为仇。那时，澳大利亚本土就将遭受危机，因此，必须未雨绸缪！

澳洲军队在中国虽然没有经历什么重大战斗，但在澳洲的军史家们眼中，这不仅是澳洲军队的第一次海外行动，也是这个殖民地第一次睁眼看世界，令他们认识到了世界是不太平的，列强对中国的争夺，迟早会影响到看似遥远而宁静的澳洲。

在天津英军司令部工作的澳洲军官奇亚夫，当年告诫其国人：中国人是“最不凡（most extraordinary）”的，他们能在自己的财产、生命遭受危难时，还像一个哲人般坦然面对，看着洋鬼子们夺走他的粮食、衣物和一切，看着家园被焚毁，看着妻子儿女被迫逃命，他却照样带着微笑注视着敌人，即使损失会依然惨重。他的心中一定在酝酿着下一轮对洋鬼子的抗争！

澳洲军队从中国带回来一个特殊纪念品，献给这个刚刚诞生的国家：一尊古老的铜炮。这尊铜炮由西班牙人于1595年制造，并作为献给中国皇帝的礼物，被不远万里地送到了北京。

这尊铜炮至今仍然安放在悉尼的皇家澳大利亚海军戈登岛造船厂（The Royal Australian Navy’s Garden Island Dockyard）的正门口……

（本文在采写过程中，得到澳大利亚联邦国防部的帮助，在此致谢！）

为八国联军奋战的中国士兵

1901年8月28日，早晨7时30分。盛夏的朝阳明晃晃地照耀着，大清门内广场（今天安门广场的一部分）一片肃静。穿着笔挺制服的八国联军集结在此，等候检阅。

随着铿锵的军乐声响起，检阅开始，各国最高指挥官们来到各自方队前，各种语言的敬礼与回礼口令声此起彼伏，随后是分列式，各国军队正步前进，整齐的脚步踩在紫禁城的石砖上，砸出了沉闷的节奏。

大英帝国的士兵们列队而过，不同的肤色、不同的军服，都一起被米字军旗引导着前进。其中，数百名黄皮肤、黑头发的华人士兵，格外引人注目，他们身材挺拔、个子高挑，精神抖擞。这就是为八国联军浴血奋战、与自己的同胞厮杀的"华勇营"——英国在山东威海组建的雇佣军，清一色的山东棒小伙。

三天后（9月1日），英国人在上海最早创办的英文报纸《字林西报》，热情地赞美这支华人雇佣军，认为他们的卓越表现足以推翻人们对华人无能的偏见，"威海卫华勇营的历史证明了中国人所需要的只是（优秀的）领导人而已"。

《字林西报》拥有庞大的由西方在华政界、宗教界和商界的知名人士组成的撰稿人队伍，主要发行对象是外国在中国外交官员、传教士和商人，是当时在中国影响最大的英文报纸。它对华勇营的评价，已经上升到了对英国殖民政策及中国民族进行评价的层面，并视华勇营为英国殖民政策成功的典范例证。

以华制华的创举

设立华勇营建制，是英国人在威海卫的创举。

据英国外交档案记载，英国强租威海卫作为海军的远东基地后，其陆防相当空虚。当时，遍布全球的殖民地分散了英国的陆军力量，而且，与荷兰后裔“布尔人”在南非争夺殖民地的战斗动用了大量军力，连从澳大利亚等殖民地也专门征召军队前往南非。在这种情况下，英国政府决定把他们在印度的经验搬到了中国，组建雇佣军担负威海卫的防务。

此举自然遭到了清政府的强烈反对。英国人辩称这是一支警察部队，维护治安而已，不用于租借地以外的军事行动，从而蒙混过关。有意思的是，多年后，当八国联军交还天津时，根据《辛丑条约》规定，不准中国在此驻军，袁世凯既要遵守条约，又不能放任津门只有外国驻军，应对之策就是将北洋新军一部改造成警察部队，钻了《辛丑条约》的空子，堂而皇之地进驻了天津，解决了国防与外交的一大难题。

1898 年 11 月，从香港和上海招募译员、号手等专业军士后，英国陆军部就开始在威海卫正式组建华勇营。

英国人显然没料到军人在中国社会中的低下地位，这个古老国家历来就有好男不当兵的传统，何况穿洋衣、扛洋枪、出洋操，无异于出洋相。《中国与八国联军》(*China and the Allies*，作者 Arnold Landor，纽约 1901 年版）一书，记录了组建这支雇佣军的艰难：直到 1899 年初都没有一人应征，到 1899 年 3 月才招募到了 10 名士兵。

德国人的遭遇也类似。1899 年的 9 月和 10 月，德国人在其驻扎青岛的海军陆战队第三营内设立了“华勇连”，但 200 多个报名的人当中，可用的只有大约 70 人，历尽艰难才达到了 120 名步兵和 20 名骑兵的规模。而在德军中负责组建华人连的冯·法尔肯海上尉，曾担任过清军顾问，并参与过威海卫英军华勇营的组建工作。

随后，英国人和德国人都发现，他们所面对的最大问题，是这些农民士兵的散漫。据英军的资料，华勇营士兵的父母经常会来驻地把他们带回去，“这些士兵

八国联军华勇营士兵

们似乎没有个人主见”，开小差、退伍现象很普遍。德国华勇连也一样，逃兵不断，而且扰民事件时有发生。德国人评价说：“他们的行为更多的是起了伤害作用。”

比德国人明智的是，英国人随后又调整了策略，发动“高饷”攻势，将招募对象由单纯的农民转向了清军的退役官兵，成效显著。据《中国与八国联军》记载，这些退役军人比一般农民拥有更好的战斗素质、体能和纪律性，而且“没有家庭牵累，随时能为金钱卖命”，这些穿上洋装的清军老兵不久就成为“最优秀的士兵”。

英国人的高军饷及带兵中的“廉洁”，相比当时普遍实行低饷、并且“喝兵血”贪污成风的中国军队，大大提高了军人的社会地位，“好男”亦可当兵。这也让中国有识者看到，新式军队之新首在制度之新，厚饷可起“养廉”作用，“饷薄则众各怀私，丛生弊窦；饷厚则人无纷念，悉力从公”（袁世凯《上督办军务处原禀》，《新建陆军兵略录存》，卷1）。后袁世凯编练新军，亦效仿洋军，不仅高薪，而且设法杜绝军官克扣，发饷一律绕开了各部队的主官，由粮饷局会同各营粮饷委员，出操时公开点名发放，后世皆以为这是袁的北洋军拥有强大战斗力的关键因素之一。

到 1900 年 5 月，英军终于建立了一支人数 600 多、年龄在 23 ~ 25 岁之间的华勇营。该部队编制齐全，设置长枪连、机枪连、炮队和骑兵队，以及乐队、译员、卫生队。英军不惜投入，尉级以上军官从英国正规军中调任，并配置精良装备，清一色的马丁尼—亨利式来复枪，甚至还有当时最先进的马克西姆机枪，这在当时的西方正规军中，亦未能成建制装备，可见英国对该支雇佣军期许之高。

此批用高饷精选出来的士兵，体格强健，平均身高 5 英尺 7 英寸、胸围 35 英寸，在当时华人中亦属高个。带兵英官评论他们“坚忍、耐心、聪明”，是“十分优秀的行军者和挑夫”，能“吃很少而走很远”。所有士兵签约三年，同意可被派往全球任何地方执行任务。士兵们每天训练达四五个小时，军事素质迅速提升，尤其 600 码射击成绩十分优秀。《中国与八国联军》一书感叹道：“考虑到这些士兵此前的素质，英国人能在短期内将他们训练成一支劲旅，的确是天才。”

威海卫英军华勇营之所以比青岛德军华勇连留下更多史料，要得益于英军军官巴恩斯（Arthur Barnes）的有心，他在华勇营服役期间记录了大量日记，并在 1902 年出版了回忆录《服役华勇营——中国第一军团 1900 年 3 ~ 10 月在华北地区的作战记录》（*On Active Service with The Chinese Regiment: A Record of The Operation of The First Chinese Regiment in North China from March to October 1900*）。在这本现已成为古珍本的回忆录扉页，巴恩斯留下的献辞是“永志不忘”（LEST WE FORGET），可见巴恩斯对华勇营的推崇与怀念。

在巴恩斯回忆录中，通篇充满了对这支“勇敢的军队”的赞颂，而且不断地表白其赞颂是“绝对客观公正的”，“尽管华勇营背叛自己的同胞、皇帝及本国军队，在异国官员的指挥下，为异国的事业而战，但他们毫不逊色地承担了自己的义务，不应该再受到诋毁”。

英军华勇营在短短 8 年内，表现“卓越”，获得了西方媒体的极大关注和高度赞赏。《泰晤士报》在 1901 年的一篇评论中说：“无论将来如何，谈及华勇营的积极战斗精神时，他们当然会拥有勇敢无畏的口碑。”

大刀向同胞头上砍去

华勇营成军后，最早的军事行动便是镇压威海当地的抗英斗争。英国强租威海引发当地民众激烈反弹，冲突不断。1900 年 3 月 26 日，华勇营首次出击，武装驱散姜南庄村崔寿山组织的抗英集会，并逮捕了崔寿山等三名抗英领袖，而此次集会的情报，就是由华勇营士兵卧底获得的。

随后，英国勘测划界队伍与当地民众发生冲突，华勇营奉命出击，在 5 月 5 日、6 日报信村和垛顶山的冲突中，华勇营“毫不犹豫地向自己的同胞开枪”，共打死 29 人。

当时留守在道头村的华勇营第四连被三千多名当地农民包围，此时一个当地老汉、华勇营一名士兵的父亲，用扁担担着全部家当，跑到华勇营的阵地上，对自己儿子和其他士兵说，成千上万的当地人决心要扫平这里，赶快逃跑吧。据巴恩斯回忆，老汉的儿子却告诉父亲：即使这里会打仗，他也愿意在这里。老汉无奈，只好放弃带儿子离开的想法。

第四连还有名士兵，其父随当地民众进攻华勇营营地，被华勇营打死，他还是“坚守岗位”，留在了部队中。

第七连有两名士兵被当地村民抓住，派一个小孩看管他们，在他们央求下，那孩子将他们放了，他们却并不逃跑，而是设法捕获了该村村长，带回部队交给英军军官。

此类证明华勇营“忠诚”与“勇敢”的事例，充斥着巴恩斯的回忆录。对此，巴恩斯的骄傲之感溢于言表：“华勇营在战斗中毫不逊色地承担了自己的责任，他们为和自己的威海老乡对抗感到骄傲，这无疑证明他们完全可以值得信赖。”威海英国行政长官道华德在写给英国驻华公使窦纳乐的信中则称：“在 5 月 5 日、6 日的两次攻击事件中，华勇营表现得非常出色，我们为他们的英勇行为感到钦佩。”《中国与八国联军》一书也对华勇营在镇压同胞的巨大压力下，依然十分沉着冷静，给予了“高度评价”。

英国陆军部战史记载，这两天的流血冲突后，当地农民迁怒于参与勘界的中国专员李希杰等人，将他们扣押。山东巡抚袁世凯遂向英军请求救援，亦是华勇营派兵，在英国水兵协同下，进行了成功解救。

华勇营与同胞的对抗，激怒了当地人。华勇营不少士兵的家属都受到了恐吓，士兵们要求英方在必要时需给其家庭提供庇护，但华勇营军心依然稳定。德军在青岛的华勇连，也面临同样的问题，“中国敌对的政府官员对这些士兵的家人进行了压迫和恐吓，如果这些人不马上离开这支部队的话，他们将遭受最严厉的惩罚。”与英军华勇营不同，德军的华勇连没有扛住这一压力，遂不断瓦解。

“英勇”平息义和团动乱

威海英军华勇营的“出色表现”，令他们赢得了英国军方更大的期许。在义和团运动爆发后，兵力上捉襟见肘的英国，只能从澳大利亚、印度、新加坡和香港抽调殖民军或雇佣军来华，参与八国联军行动。此时，华勇营正式纳入英军建制，并换上了陆军军装，按照英国当时以组建地为部队命名的惯例，华勇营从此也被称为“第一中国军团”（the 1st Chinese Regiment）。

1900年6月22日，华勇营192名士兵和10名军官乘坐英舰“奥兰多”号，于凌晨5时抵达天津大沽口。此前一天，英舰“恐怖”号已将第一批香港皇家炮兵（炮手多为印度兵）和香港军团（由华勇和帕坦人Pathans组成）的382人送到。需要提及的是，在当时参加八国联军的英军中，华勇营、香港军团和新加坡军团中的华勇们构成了英军的重要力量。在英国陆军部情报处（Intelligence Department，War Office）编写的战史《1900—1901年在华军事行动官方记录》（*Official Account of the Military Operations in China 1900-1901*，伦敦1903年版）中，充斥着这几支部队如何协同作战的记录。

6月24日中午，香港军团和威海华勇营各两个连共四个连，护送海军提供的12口径大炮及弹药增援联军。道路泥泞，华勇营基本承担了“苦力”工作，负责拖曳大炮，并安放在僧格林沁 40 年前为抵挡英法联军而修建的濠墙（Mud Wall，即天津人说的墙子）上。当他们冒着弹雨进入法租界时，受到了联军守军的欢迎，但也有人对这群“中国人”进入自己的阵地表示不满和担心。

这种担心很快一扫而光。6 月 27 日，华勇营协助俄军对清军驻守的东局子军火库（天津机器局东局）进行攻击。当 12 口径大炮引爆弹药库时，天空出现了几百米高的蘑菇云。随后，德国租界的一些商铺发生火灾，华勇营两度受命灭火，数据没有明确记载其是否与德军的华勇连在此有遭遇。

7 月初，华勇营和香港军团的主要任务是清剿渗透到租界附近的清军和义和团狙击手。在一次战斗中，香港军团受到清军炮火的猛烈压制，二死三伤，在华勇营紧急增援后才得以脱身。

随后，华勇营新驻地受到清军猛烈的针对性炮击，造成极大的恐慌。华勇营的布鲁斯少校（Major Bruch）带队携炮出击，但不敌清军炮火，布鲁斯少校头部和肝脏中弹，华勇营另有二死五伤，协同作战的英国水兵也有五人重伤。

7 月 9 日，联军发起了一次大规模攻击，由 1000 名日军、950 名英军、400 名俄军和 200 名美国海军陆战队员参加。是役，直隶提督聂士成中弹身亡。华勇营的任务是护卫和协同香港炮兵，向西局军火库（海光寺军火库）发起炮击。在他们的掩护下，日军迅速攻占清军阵地。转移阵地时，华勇营必须拖曳笨重的大炮穿过被清军火力覆盖的小桥，一不小心大炮就会滑落桥下。桥上缓慢移动的华勇营受到了清军猛烈射击，驻守濠墙上的美国海军陆战队则进行了还击，压制了清军火力。事后，美军军官在答复华勇营感谢信时说，只要是女王陛下的军队，不管什么肤色，美军都把他们看作亲密战友。过河后，酷暑和体力透支摧垮了香港炮兵中的印度士兵，只有华勇营还继续拖曳大炮向预定阵地集结。事后，英军司令对于华勇营给予了高度的评价。《每日画报》（The Daily Graphic）对此次行动进行了报道，但把功劳都归于那些中途放弃的印度兵，令华勇营的英军军官们耿耿于怀。

7 月 14 日，华勇营协同日军敢死队，终于攻破天津城墙，“光荣地成为参加最后攻击并占领天津城的英国军队的唯一代表”（巴恩斯语）。

占领天津后，华勇营奉命为北京远征军征集船只。他们的种族优势在此时得到充分发挥，沿着北河，居然收集了将近一百条大船和相应的船工。巴恩斯很得意地说，华勇营对当地百姓礼敬有加，赢得了民心，不少人愿意为这支英军而不是其他“洋鬼子”提供服务。不过，巴恩斯也承认其中一些百姓是要“施加点温柔的压力”才加入的。

8 月 4 日下午 2 时，联军向北京开进，华勇营抽调了 100 人护送香港和新加坡皇家炮兵部队。次日，华勇营和香港炮兵协同日军进行北塘战役，由于日军推进过于迅速，英军的炮火不少都落在了日军队伍中。

如此一路攻击前进，到8月 15 日晨，华勇营终于开进了前门。在自己的首都，华勇营进行的最后一场战斗是将大炮拖上城墙，协同美军攻击紫禁城，得到美军的欢呼。

攻占北京后，华勇营的任务主要是发挥种族优势，在英占区站岗放哨，又干回了警察部队的本行。当时八国联军中，不少国家出动的多是殖民地雇佣军，如法军实际是由越南雇佣军组成。因此，在局势基本稳定后，看各种肤色的洋兵便成为北京一景，只是大多数人不知道，最强大的英军士兵实际多是自己的同胞。

大抓“军民共建”

紫禁城阅兵后，华勇营便根据联军的统一部署，分别进驻京畿的几处军事要地。在有“津门首驿”之称的重镇河西务，华勇营英军军官巴恩斯负责统一指挥联军各部队，其中 134 名英军中，就有 70 人来自华勇营第四连，他们成为这个“京东第一镇”的主力部队。

巴恩斯有意识地发挥华勇营的特性，大抓“军民共建”，因此河西务一地比八国联军的其他驻地更早地进行了战后恢复。

令英国人最为得意的是，华勇营在该镇运河畔的哨卡旁，恢复了一个农贸集市，允许当地人在此摆摊，销售鸡蛋、家禽、水果、蔬菜和杂货等。这个市场成为战后最先恢复之处，天气好的时候，摊位能有两大排，聚集 500 人以上进行交易。巴恩斯并不讳言，在战争的恐怖气氛下，中国人之所以敢于来此，就在于他们将这个由华勇营看守的地区当作“自己人”的地盘。

对于这个市场，华勇营视若禁脔，不容其他军队插手，全力维护着秩序。有几次，出来溜达的德国兵随意地从摊点上白拿梨子或葡萄，华勇营就会出手干预，德国人只能乖乖地付钱埋单。

而酗酒的日本士兵也被华勇营“修理”过两次。第一次，华勇营撕下他们的肩章，扣留军帽，日军马上派了一名翻译来道歉。第二次，一名日军骑兵再次扰乱市场，在被华勇营撕下肩章、扣留军帽后，华勇营军官将日军派来索要军帽的翻译赶了出去，要求日军军官亲自前来道歉。日军军官奉命而来，按照巴恩斯的说法，其道歉态度诚恳得让他都有点不好意思了。

华勇营在河西务镇的表现，显然吸引了战乱后当地百姓的关注，另一个离此十多英里远的镇子，还专门派了个“庞大的代表团”，来请求将自己的镇子纳入华勇营的保护范围。

收割时节，华勇营得到指令，尽力劝说躲藏在外的河西务镇农民回家收割庄稼，以应对战后可能的饥荒，并答应保护当地人免受他们最害怕的俄军的侵害，但在华勇营控制范围之外，俄军照样杀戮无辜百姓，大大影响了“劝农”的效果。大量的高粱烂在地里，巴恩斯只好自嘲说：好在这些没收割的高粱地能继续成为当地妇女躲避俄军的最好隐蔽所。

同样的，驻守在通州的华勇营第五连也和当地民众“打成一片”，甚至有村庄主动要求华勇营派兵长驻，以防止频繁的土匪骚扰和劫掠。

8 月的一天，华勇营一部从水路行进换防时，一名中国士兵失足落水。当时已是深夜，且水流十分湍急，英军军官惠泰克（Whittaker）冒险跳下水去，救起了这名士兵。事后，惠泰克被皇家人道协会（Royal Humane Society）授予铜质奖章（该会第 31195 号事例）。皇家人道协会是一家官方慈善机构，专门表彰奖励英帝国内拯救他人生命的见义勇为者，至今仍活跃在包括澳洲在内的英联邦国家。

因为在天津战役中的“勇敢善战”，英国陆军部特别以天津城门为图案，为华勇营设计了军徽，镶嵌在帽子和衣领上；并在威海卫树立了一块刻有 23 名阵亡官兵姓名的纪念碑；1902 年，又挑选了 12 名官兵到英国参加爱德华七世的加冕典礼。爱德华七世向华勇营官兵颁发了勋章，以表彰他们在平定义和团战争中的牺牲，这是英国历史上最早为中国人颁发的军事勋章。

英国本土的媒体，纷纷对华勇营给予了好评。1900 年 12 月 4 日出版的《每日快报》（The Daily Express）附和了《字林西报》的观点："毫无疑问，在欧洲军官的训练和带领下，只要树立了勇气的榜样，中国人就能成为优秀的军人。"

不仅是奋战在英国旗帜下的华勇营，即令被华勇营所镇压的、被西方普遍视为恶魔的义和团，也令西方人看到了中国人崭新的一面。当时的英国驻华公使馆牧师罗兰·亚伦（Roland Allen）在其《北京使馆被围记》（*The Siege of the Peking Legation*，伦敦 1901 年版）一书中，对义和团所表现出来的战斗热情大为感慨，他认为，这种热情"在中日战争中闻所未闻，恐怕在太平天国起义以来也是见所未见。这再次证明，中国人为了自己的事业是能够打仗而且愿意打仗的，而在他们不信任的军官的率领下，为了他们不理解的事业，他们是不愿意打仗的。"

与英军威海卫华勇营相比，青岛德军海军陆战队第三营中的华勇连则因为时间短、"表现"不理想，没能留下更多的文字资料，尽管德国方面十分重视，当德国亲王海因里希访华时，还专门检阅了这支中国连队。参加远东特遣队的另一支华勇连，也似乎只在德国军史上留下了一个番号、博物馆的皮带扣以及军史爱好者在德语网络论坛中的专业小众话题。

同样在山东招募和训练雇佣军，英、德两军成效反差巨大，德国人的无能成为英国人的嘲讽对象。1900 年 9 月 22 日出版的《宽箭报》（The Broad Arrow），将英、德同在山东半岛组建的这两支雇佣军反差巨大的表现做了对比后，认为保守、僵化、不够独立的德国人在民族性方面不如英国人，这证明了"英国教育体系"的胜利，并且否定了德国人比英国更注重责任的说法。1901 年 1 月 12 日《每日画报》认为，只有英国人才能将华人训练成战士，德国人在这方面很失败。1901 年 7 月 17 日的《泰晤士报》则说，英军华勇营的成功证明英国人在训练殖民军方面的能力是独特的。

1900 年底，德军青岛海军陆战队华勇连已经有一半人做了逃兵，只剩下 56

名步兵和12名骑兵，他们随后被改编为青岛的第一支警察队伍，连队番号被取消。至于在德国远东特遣队中的华勇连，军史中没有留下任何记录，消失在了茫茫史海中。

1902年，英、日缔结同盟条约，英国得以将军事力量更集中于西方，加上不少议员对威海卫华勇营年耗巨资不满，在经过激烈辩论后，决定予以裁撤。华勇营的解散，并非如中国大陆一些历史研究者所言是由于逃兵严重，而是出于远东国际形势的变化和英国殖民战略的调整。

1906年6月，华勇营正式解散，部分士兵转往南非、香港当警察，部分士兵留在当地充任巡捕或加入中国军队。加入香港警队华勇营士兵，其警员号码均以英文字母D开始，被通称为“山东汉”。

随后，华勇营的历史也因为种种原因，在中国大陆销声匿迹了许久，虽然在遥远的英国，其军史上还详细地记录了他们的经历。至今，威海还存有当年华勇营的旧址，古老的欧式建筑在诉说着这段复杂的历史……

八国联军大拆迁

一个喜庆、祥和、安乐的春节，对于天津百姓来说，似乎成了一个奢望。

连天的炮火早已停歇了半年，来自八个国家的军队，依然在这座城市内外巡游。军事行动几乎停止，八国联军开始了大规模的建设，要在这古老帝国的津门留下自己的形象工程。

大拆迁即将展开，首当其冲的就是古老而坚固的城墙，那令数千各国士兵喋血异域的城墙。

城墙之毁

这是 1901 年 1 月 21 日，光绪二十六年腊月初二。一张告示张贴在天津的大街通衢上：

“为出示晓谕事：照得津郡街市地面窄狭，于各商往来运货甚为不便，兹本都统等公同商定，所有周围城墙全行拆尽，即以此地改筑马路之用。其靠城墙各房间，仰各业主速行拆去，其砖瓦木料等项准各房主领回。为此示谕各民人等知悉，仰即凛遵勿违，切切。特示。”

这是一张官府的告示，而那加盖其上的依然殷红鲜艳的关防大印，却是一个在大清朝的政制序列中难以查到的新机关：“暂行管理津郡城厢内外地方事务都统衙门”，简称天津都统衙门。

这是一个“洋衙门”，即八国联军在天津设立的军政府。

此前一年的7月14日，八国联军攻占天津。两天后，联军指挥官开会协商城市秩序恢复问题。经过多方斡旋和博奕，在7月18日召开的第二次会议上，各国达成妥协方案：由当时派兵最多的俄、英、日三国各委派一名军官担任委员，拥有同等权力。7月30日，临时政府正式设立，俄国的沃加克上校（Konstantin Wogack A Wogack，曾担任驻华使馆陆军参赞，参加过1898年旅顺口战役，任关东军参谋长）、英国的鲍尔上校（Hamilton Bower，此人以在威海招募和训练"华勇营"著名，1901年12月后改任北京公使团警备司令）和日本的青木宣纯大佐（Aoki Norizumi，1884年即派驻中国，是日本军部第一个"中国通"；1897年任驻华使馆武官；1901年4月后任日军参谋长；1913年后任旅顺要塞司令。退职后任袁世凯军事顾问）组成三人委员会，共同主持有关事务。

临时政府的中文名称最初被称作"总督衙门"，半个月后正式确定为都统衙门。这一中文名称的选择，体现了八国联军的"良苦用心"。清军入关后，八旗兵"驻防"内地十八行省各要津，专设将军、都统、城守尉等职官统率。其中，张家口和热河等处设都统，官阶与将军一般，为从一品，其官署称都统衙门。都统不仅是军官，也是地方最高行政长官，同时兼管民政。八国联军取都统衙门为名，在其发布的中文告谕中，也称临时政府委员为"都统"，精确表明其"军政府"性质，也表明了其时列强已经深谙"中国特色"的官场称谓。

天津都统衙门成立之初，当时军队数量不多的德、法声明，临时政府的这种组成只是暂时的，今后他们在军队数量增加后，也要委派临时政府成员（"都统"）以求公平。于是，同年11月，随着联军人数增加，都统衙门又增加法、美、德三国军官，扩大为六人委员会，并保持到最后解散。

都统衙门初建时，管辖区限定在老城以及城外土围墙以内地区。1901年2月，都统衙门宣布扩大管辖区，整个天津县以及宁河县所属新河以南地区，东至渤海边，西到天津城以西大约25公里处，均纳入都统衙门管辖。这可以说是天津最早出现的城市行政区体制。

美国军方的历史学家路易斯·伯恩斯坦（Lewis Bernstein）认为，都统衙门在天津的城市发展史中的影响和作用，自1927年以后被忽视和遗忘了。在其所著的《沦陷之后：外国占领下的天津，1900—1902》（*After the Fall*：*Tianjin under foreign occupation, 1900-1902*）中，他认为都统衙门在西方和中国关系史中作用重大：一方面，都统衙门改变了天津的城市外观；另一方面，都统衙门向清政府示范了“现代管理方式是如何令城市成为赚钱机器”；再一方面，这是罕见的西方军队占领、治理中国城市的例子。

从1900年7月30日临时政府成立，到1902年8月15日将政权归还给清政府代表袁世凯为止，都统衙门一共召开了329次委员会会议和四次特别会议或专门会议，平均大约两三天召开一次。会议讨论通过的所有议案，制定的各项法规、法令等皆以法文一一记录在案，最后汇编为几大本《天津临时政府会议纪要》，在直隶总督袁世凯代表清政府收回天津主权时，这些会议纪要作为法律文件移交清政府。

拆除城墙的提议，是在1900年11月26日都统衙门第74次会议上提出的：

“基于军事目的和卫生的原因，本委员会决定报告联军各国司令官，请求下令拆除天津城墙。并请瓦德西伯爵阁下在以后中国与列强进行协商谈判时，加入下令今后永不再修建城建的条款。”

在公开宣称的“军事”与“卫生”两大因素中，军事显然是最为主要的。在刚刚结束的战争中，坚固的天津城墙和勇敢的聂士成武卫军，令八国联军死伤惨重，拆毁天津城墙，不仅将解除天津的一大防卫，更能为中国人留下一个永久的教训，如同当年英法联军焚毁圆明园一样。

各国军队指挥官一律表示赞同，都统衙门随即责令属下的公共工程局上报拆墙方案。公共工程局的方案是：12月31日从西侧动工拆除城墙，首先试拆20米，以便搞清楚城墙的结构，待掌握确切情况后，便可签订全面拆除合同。都统衙门测算了此次大拆迁的直接成本：“政府支付现金10000元和大米10000袋作为拆除城墙的费用。拆墙所得整砖归承包商，碎砖及其它物料和地皮归临时政府所有。”

都统衙门的汉文秘书、精通中文的丁家立（Tenney Charles Daniel，北洋大学即今日天津大学的首任校长）随即草拟了拆除城墙的告谕，广而告知。吊诡的是，这一油水并不算小的工程，分别承包给中国商人和日本商人，最有武力后盾的西方商人却没有染指。至于这些商人是如何获得这一项目的，在官方纪要中没有任何记载。

五千年中国历史上前所未有的拆城运动拉开了序幕。天津率先进入了大规模城市改造时期，拆迁成为都统衙门会议的经常性主题，千年城墙被夷为平地，代之而起的，是沿城墙基址修筑的四条马路，即现在的北马路、东马路、南马路和西马路。城墙之外，更多的有形与无形的东西被拆毁，都统衙门宣布同时进行大量的基础设施建设（如电车、电话、电灯、公共厕所、城市排水系统等），并以严厉的手段规范中国人的文明习惯，大搞“文明城市建设”。比如，澳洲军队就曾在自己的辖区内规定，对乱扔垃圾者处以鞭打 50 的重罚，据说效果还挺好。而这种本是基于军事和政治目的的拆迁，却似乎并没有受到大清国“爱国者”们的任何反对。

天津开始越来越在面貌上和心理上远离北京。当天津在对城墙大拆迁时，北京却在大力抢修在战争中损毁的城墙，刚刚结束流亡返京的清政府，充分发挥了能够集中力量办大事的制度优越性，仅仅由袁世凯奉旨监督的正阳门重修工程，就从 1902 开始耗费了整整五年和四十万两白银，还聘请了德国建筑师。当然，昔日的旧影无法掩盖现实，为了铁路的修建需要，北京的城墙却再也不可能回复到此前“金瓯无缺”的地步，永定门西侧、东侧的城墙先后被扒开了口子，而前门火车站的建立，干脆导致前门、崇文门等内城南门的瓮城城墙被拆毁，紫禁城之外，实际上已经没有完整的城墙了。

天津城墙的拆除，在当时的世界似乎也是一种时髦。世界各地的城市发展，都在自觉不自觉地力图摆脱城墙的束缚。此前最著名的榜样，就是 18 世纪中叶拿破仑三世时期的巴黎，当时的巴黎市政长官欧斯曼主持著名的巴黎改建工程，大规模地拆除城墙改建环城路，令巴黎成为当时世界上最先进、最美丽的国际大都市。欧斯曼也成为城市规划的奠基人物，尽管在其去世 130 年后的今天，不少法国人还在声讨其对巴黎老城的“屠杀”，认为他是一个毁坏了无数历史文化遗产的蹩脚规划师，但后世很多“拆迁派”却将他奉为圣贤。

在拆除城墙方面，中国人表现出了罕见的“开放”精神，如果说天津城墙多少还是在刺刀下被迫拆除，但随后其他中国城市就开始自觉地甚至急迫地要破墙而出：

1906 年，在汉口绅商的强烈要求下，湖广总督张之洞同意拆除同治年间为抵御捻军修筑的城墙堡垣，并在原址基础上修筑一条后城马路。

不甘落后的上海绅商，拆毁上海城墙的要求却是屡受磨难，在经历了 12 年的“上访”后才于 1914 年获得官方批准，这年，上海人终于过上了第一个没有城墙的冬天。

再之后，长沙、广州、梧州等地亦纷纷仿效，城墙在中国如多米诺骨牌般被纷纷推倒……中国人以这样特殊的方式，表达自己向“文明”和“现代化”大跃进的勇气和决心。

“文明”拆迁?

八国联军的城市建设，并不仅仅局限在拆墙开路上，而且开始了一定范围内的旧城改造。

无论修公路，还是修军事堡垒，都涉及民房的拆迁。吊诡的是，都统衙门这个真正从枪杆子里打出来的占领军临时政权，在拆迁方面却出乎意料地选择了放弃本已获得的威权。

出于军事的需要，英国占领军司令坎贝尔将军曾要求都统衙门在城内东南军械所附近设置一个靶场。都统衙门却答复说：“如不付给房主赔偿费，本委员会无法让居住在那一带的居民搬迁。”（1900 年 12 月 12 日，第 81 次会议第 2 项）很难想象，就是这同一个洋衙门，对违反枪械禁令的华人几乎杀无赦，而且均采用西方人认为相当残忍的斩首处决法，在那几本厚厚的充满了斩首命令的会议纪要中，居然也会出现这样的“弱势政府”才有的“无奈”之词。

在这个洋衙门对中国的反抗势力进行无情镇压的同时，它也开始了对战后混乱的私有财产的登记整理工作，向能够出示财产证书的人发放房产证，并颁布了契约注册办法。

毋庸置疑，尽管是占领军政权，它还是将西方的契约精神带到了这个军政府的运作之中。1900 年 11 月 19 日，在都统衙门的第 70 次会议上，明确宣布“凡因修筑道路需拆迁民房，均须提前一个月通知房主”。

三天后，都统衙门会议确定要从日租界北界至御河桥建造一条沿河马路，需要该地段住户全部搬迁。会议明确要求，将向拆迁户支付赔偿费并可另拨地皮；同时，责成路政官列出搬迁的全部名单，以便进行公共工程规划。

随后，都统衙门在第 73 次会议上，专门讨论了拆迁的征用费问题，责成公共工程局局长、丹麦工程师林德（Linde，A. de）就沿河房屋提交估价报告，并由汉文秘书、司库和司法部长组成的小组委员会先行审核该估价报告，尔后再提交都统衙门委员会。

这次会议还通过了房屋拆迁的补偿办法，规定同时给予每位房主三方面的补偿：一是房屋价格，按都统衙门综合专家分析确认后的房价执行；二是各类宅基地皮均以每亩 75 两支付征用费；三是在其他地区免费划拨同等面积的宅基地。

实际上，这是一种土地置换性质的拆迁，除了置换相同面积的土地外，拆迁户还可以获得房价补偿和每亩 75 两的征用费补偿。而当时，因中国贸易出超，白银大量外流导致银贵钱贱，75 两白银具有很强的购买力，相当于五品官的一年俸银。

经过一番准备后，1900 年 12 月 3 日，都统衙门正式发布了告谕：

照得本衙门现拟由闸口河边起至铁桥止，建造马路一条，计宽六丈，所有应用地段内各项房屋，均限一月内自行拆毁迁移。其房不日即定一官价发给业主收领，其地本衙门另有地亩互换。为此示仰河沿一带各居民知悉，尔等务宜早日遵照办理。特示。

在实际拆迁过程中，沿河马路一带部分业主向都统衙门提交了请愿书，一是要求不在冬季搬迁，二是希望能告知所置换的新宅基地位置，以便提前搭建临时住房准备过渡。都统衙门经会议研究，驳回了第一项要求，但认为第二项要求十分合理，遂下令路政官将划拨给搬迁户的地皮尽早通知房主。

与此同时，公共工程局提交了拆迁房屋的估价报告，并上报了准备用以置换的新地皮的清单。值得注意的是，这些新地皮是从原先中国政府所拥有的土地也就是官地中选择出来的，实际上就是用官地置换了公建设施用地。

1901 年元旦刚过，都统衙门就派主要官员携带有关沿河马路的资料和文件，亲自到现场进行察看，审核估价报告，并监督拆迁户的登记造册工作。为求完全，登记的同时均通知拆迁户、地保及有关人员到场。

都统衙门将所需拆迁房屋逐一绘出平面图，并注明房主姓名、房屋面积等等，一式两份，房主和都统衙门各保留一份。这大概是中国最早一批根据西方制图要求绘制的房地产平面图。都统衙门随后把划拨出的宅基地按照约定条件，逐一通知有关房主，分批进行分配。

在高级官员审定了沿河房产估价报告后，都统衙门下令发布新告谕，通知拆迁户领取补偿金。一个月后，又向这些拆迁户发放了交换地皮证书，该证书由公共工程局签发、汉文秘书登记。

从都统衙门所留下来的会议记录看，几乎所有的公建项目，包括天津城墙拆除建路，其拆迁户的补偿和安置都是照此程序进行的。

都统衙门的会议记录还记载了这么一件事情：在天津火车站以北有六名华人，因持有都统衙门的执照，却被联军士兵阻挠翻建房屋，就向都统衙门进行书面投诉，都统衙门责成秘书长处理。虽然文件中没有记载最终的处理结果，但在一个被外国军队武力占领的地区，其百姓为了房屋翻建敢于投诉占领军士兵，而且占领军当局还认真受理了，这或许的确有点超出我们对于这段历史的想象。

更为吊诡的是，在结束占领、向中国政府移交天津的时候，都统衙门所提出的若干项先决条件中，第一条就是要求中国政府承认都统衙门所制定的各项法令，以保证根据这些法令所获得的私有财产的神圣不可侵犯，以及政策的连续性。这些条件，由中国政府的代表袁世凯完全接受，天津的“有产阶级”避免了政权更替中几乎必然伴随的“反攻倒算”。

“太君身边的人”

八国联军在枪杆子的护卫下，在天津大搞文明建设时，他们自身也必须面对来自被占领者的严峻“挑战”——有的时候，这种挑战是“糖衣炮弹”。

1900 年 12 月 20 日，时值岁寒，正是京城中王公高官们收取“炭敬”的繁忙时节。这天，都统衙门召开第 84 次会议，除了讨论发放救济、变卖旧子弹、逮捕义和团、民教冲突等事项外，还有一项专门议题：研究关于当前一些华人向政府部门成员赠送礼物的问题。

几乎没有什么争论，都统衙门就形成决议：

> 本委员会认为此举应当严加制止。同时也相信，政府所有成员都不会接受华人除水果和鲜花以外的任何馈赠。

这段以法文记载的文字，精确地表明了中国式潜规则的坚强生命力，也表明请客送礼这一中国式伟大文明，已经到了都统衙门必须给属下的洋干部们猛敲警钟的地步。

尽管八国联军似乎在军事上和大多数民政管理上都所向披靡，甚至还能清醒地认识到“拒腐缩蚀、永不沾”的重要性，但他们却难以攻克中国人的一座坚固堡垒：赌博。

作为联军的警察，澳洲军队在北京曾试图禁止中国人聚赌，并且多次冲击赌场，抓了一些赌徒，但最后不得不承受收效甚微。而在天津，都统衙门多次开会讨论禁赌问题，再三犹豫后，考虑到中国人民对于赌博有着坚韧而强烈的爱好，都统衙门最终放弃了全面禁赌的打算，而改为给一些赌场发放执照，对在赌场内的赌博予以保护，对赌场外的予以取缔和打击。

在为八国联军服务中，一些华人尤其是那些“假洋鬼子”翻译官，利用联军的威势，大肆扰民。胜者通吃本是中国式的显规则，而八国联军似乎不近情理地对这些“自己人”进行惩罚。

1900 年 9 月 28 日，都统衙门获悉，有些翻译趁随军出征示威演习之机，在胜芳镇非法获得白银一万两，并存入天津汇丰银行，便下令汇丰银行在查清此款的合法主人之前禁止支付此款。

英军总司令部参谋部翻译、福音堂的斯利蒙（Jaslimon）向都统衙门写信举报，两名华人谢某和梁某在一些村庄以保护为借口，骗取金钱。1900 年 10 月 13 日，都统衙门责成巡捕局长下令逮捕并审判这两名被告。

1900 年 11 月 16 日，在都统衙门任职的俄军上校沃罗诺沃（Woronow，P P）报告说，发现有一名姓孙的华人翻译在东机器局附近的一个叫宜兴埠的村庄向中国人勒索钱财，要求都统衙门务必逮捕此人。都统衙门将此案转交巡捕局办理……

这类“太君身边的人”丑闻发生太多，以至在 1900 年 12 月 28 日的会议上，都统衙门干脆下令发布告谕，称以临时政府或军事当局名义征敛钱财实属诈骗。要求大家检举揭发，以便给予那些人应有的惩罚。这篇告谕在 1901 年 1 月 1 日元旦张贴到了天津的大街小巷：

> 为出示晓谕事：照得现闻有人假充本衙门之人或充练军勒索钱文，准该民人等前来本衙门指名禀控，派兵查拿严办。为此示仰诸色人等知悉。特示。

在联军的统治下，对枪械实行了严格的管理，从都统衙门的会议纪要看，发现有私藏、携带枪械的华人，几乎都被判处公开斩首。有一名叫梁瑞堂的华人，向联军举报了枪械，受到了都统衙门的嘉奖，获得奖金 50 元。外籍警官工作一天才 2 元，而华人二等巡捕日薪才 0.10 元，这笔奖金等于华人二等巡捕近两年的薪资。同时，都统衙门还发给他一张准许搜查其他武器和“拳匪”的证书，相当于“联防队员”，虽然此证有效期只有 50 天，而且逮捕工作只能由巡捕进行，但也足以给予这位举报者足够的权力了。十天后，此人被联军当局逮捕，起因是其将“联防队员”证转让给他人，而这些人拿着这张特权证件扰乱治安被巡捕抓获。

联军占领期间，天津的“教民”（信教的华人）完全摆脱了义和团时期那种“老鼠过街、人人喊打”的局面，其中一些便禁不住要狐假虎威起来，利用自己和上帝的“海外关系”渔利。

1900年11月20日，一个叫王家沟的村庄向都统衙门投诉，有两名华人基督徒声称受都统衙门的委派，在村里为教堂征集赔偿损失费。都统衙门立即批示，将这两名嫌犯送交司法部。

实际上，这两名教民是受“美以美会”（American Methodist Mission，美国的一个基督教教派）传教士们的指示到村里索取赔款的。王家沟的反抗，激怒了教会，传教士们带着美国士兵抓捕了当地士绅，民教冲突迅速恶化。面对这一曾经长期困扰大清地方官员的棘手问题，都统衙门倒是干脆利落，毫不偏袒，巡捕局长严词指控“美国传教士煽动”，并要求对“传教士的行为”进行约束。在民教矛盾方面，洋人们此前为了各种目的，自觉或不自觉地偏袒教会一方，而到了八国联军自己执政的时候，为了打造“和谐社会”，反倒一碗水端平，“法律面前”人人平等起来了。

1902年，八国联军将天津交还大清政府，拆走了大沽炮台的大炮，作为纪念品。他们给天津、乃至中国留下了难以磨灭的痕迹，被八国联军生生拆除的，不只是区区城墙，也包括中国人的心里的长城。

“广德者强朝万国，用贤无敌是长城。君王若悟治安论，安史何人敢弄兵。”（杜牧诗），可惜的是，这依然只是孤独的吟唱，大清帝国虽然失去了很多建筑意义上的城墙，却依然孜孜不倦地想法营建起别的更多的城墙，为未来的历史打造更多的令后人慨叹的“豆腐渣”工程……

下

祭坛上的羔羊

革命投名状——端方

几匹快马从四川资州（今资中）城冲出，融入了初冬的曙色当中。

马上众人，一色的新式军装、头戴大檐帽。为首之人，马鞍上紧紧捆着一个木桶，随着马匹的颠簸，散发着浓烈的煤油气味。

这是一次重要的护送任务，在那个木桶里，盛着一份送给武昌革命党的投名状：督办川汉粤汉铁路大臣端方的首级。

此时，1911 年 11 月 27 日，整个中国、乃至世界舆论将被这个消息所震惊。

元戎惨死

端方是被他一手建立的湖北新军所杀。他带着这支部队到四川，为的是镇压四川保路运动，却没想到，在半道上自己先被镇压了。端方之死，成为辛亥革命的一个新高潮，他也成为在这场革命中少数被杀的政府高官中的第一人。

士兵们杀害端方的理由很简单：为了钱。

当时，四川全省糜烂，而部队的根据地武昌也已发生暴动，端方的部队被阻在资州，进退两难，军饷无继，军心不稳。端方通过多方努力，从成都的银行中借到了四万两，并且张榜公布，军心才稍微安定。但左等右等，银子还是没送来，失去耐性的士兵们发生了骚动。

这一图财害命的版本，记录得最为详细的，就是“梁溪坐观老人”（张祖翼）的《清代野记》，此外，包括上海《字林西报》等国内中英文媒体，及美国《纽约时报》等国际媒体，都纷纷采信此种解释，并感慨于一代改革者死于贪财的军士之手。

这天早上，闹饷的士兵们闯进了端方的行辕，将这位统帅从被窝中拖了出来，推到侧屋，说是要借他的房间开个会。士兵们在统帅的房间中翻箱倒柜，却怎么也找不到他们需要的东西：银子，十分愤怒，便举枪要杀端方。

此时，端方一手培养的鄂军三十一标标统（团长）曾广大出面制止，说："端某非诳人者，彼欲行即听其行，何必杀，如赞成者举手。"官兵们表决，举手者极少数，多数赞同杀了端方。

曾广大还要再劝，士兵们已经开始躁动，说曾广大"有异志，当先杀之"。无奈之下，曾广大大哭而出，到侧屋见端方："曾某不能保护，罪万死，然迫于众，实无可解免矣。"

士兵们赶过来，举枪要发。曾广大又劝阻道："此中尚有汉同胞无数，若满人不过端兄弟二人耳，何为玉石不分耶！"估计当时还有警卫、侍役等陪在端方身边。

众人于是将端方带到行辕大门边的一个小屋内，乱刀砍死。端方的弟弟、在日本学习铁路施工归来的端锦也在军中，被绑了来，他大声痛骂，不肯下跪，也被乱刀砍死。

士兵们将两人的首级砍下。曾广大准备殓尸，被士兵们阻止："是将函至武昌者，不得殓也。"他们找来了一个能密封的木桶，盛满了煤油，将端方的首级浸泡其中，派人飞马送往武昌。

当然，在主流史家的眼中，故事的发生是另外一种版本，只涉及革命意识的坚定性，而无关金钱与利益。

据"辛亥首义同志会"主编的《辛亥首义史迹》描述，那位为端方流泪、"革命意识"似乎十分薄弱的团长曾广大，其实"是富有革命理想的，所以一般官长士兵（此处一串人名，略）都与领导革命的（此处一串人名，略）声气相通"。

这些"革命同志们"积极准备在武昌暴动，没想到四川保路运动发展迅猛，成了武装暴动，大清政府便下令端方带领鄂军开赴四川，进行"剿抚"，这令军中密谋者们措手不及。于是，就相约分头起事。武昌暴动如果失败，则给前线发电"母病愈"；如果成功有望，就发电"母病危"；而如果完全得手，电文就是

“母病故”。显然，他们都希望得到“母病故”的消息。

军队随着端方到了夔州（今万县），听到了武昌暴动的消息，“革命同志们”就开始抗命不前。端方自然是大做思想政治工作，“甜蜜异常”：“许每人发银质奖牌一面，五品军功札子（委任状）一件”，加上圣旨嘉奖，但“革命同志们”“不为所动”。到达重庆后，“革命同志们”商议起事时机，认为大军尚未集结，再隐忍一段时间。等到了资州，大军云集，而武昌暴动的消息早已传得沸沸扬扬，却一直没收到“母病故”的电报，于是，认为一定是端方截留了电报。其实，此时电讯中断，连端方本人也很难收到电报。

“革命同志们”一合计，决心动手，否则进入成都后，“川省同志不明真相，恐起反抗，必须杀掉端方，响应武汉，以明心迹”——也就是说，端方的脑袋将成为“以明心迹”的工具。

端方此时似乎也嗅到了危险，不断与下级军官们结拜，说自己本是汉人，姓陶，原籍浙江，先人在满清入关时入了旗籍。

“革命同志们”开会商量出路，提出了三种方案：一是“曾广大率本部出川，北经陕甘至蒙古独立，扼清廷之背”；二是“星夜赶进成都独立，通电响应武昌”；三是“克日返师援鄂，巩固首义根据地”。大家投票表决，大多数愿意回武昌。

于是，决定杀端方兄弟，众人冲入行辕，将端方兄弟拉到天后宫门前。这时，端方向大家哀告说：“我们都是同胞，素相亲爱，若要关饷，自流井40万银子马上可到。今天饶兄弟一命，将来对各位与国家定有相当办法。”

同志们的答复是：“你今天遭此劫者，是你先人种下的祸根。你先人当满清入关，投入旗籍，献媚敌人，残害同胞，无非想子子孙孙永做大官，你今天受报是天理循环。你知当满人入关，扬州、嘉定的屠杀，及薙发、文字狱等褪残同胞的毒辣手段，无所不用其极。一个读书人误写一个字，轻则坐牢，重则被杀；一个老百姓不愿剃头，就格杀勿论。这笔血债，现在是偿还的时候了。你待我们的私感固不错，但是公仇不能不报。”

此时，端方垂首无言，只喊着：“福田救我！福田救我”（福田是曾广大的字）。寒光一闪，头已经落地了。

无论是“封建主义者”的记载，还是“革命者”的记载，有一点是共同的，那就是端方待下甚宽，他的被杀绝非出于苛刻暴虐。随同其入川的一位士兵回忆：“端方为稳定军心，极力笼络部下：有的士兵生病了，端方派其弟到军营问候；有的士兵亡故了，端方修书哀悼；沿途官民送吃送喝的劳军，端方做出先尝毒的姿态。甚至有的士兵受不了跋涉之苦，端方竟然下令雇轿抬着他。”

端方之死的不同记载，关键的区别在于杀人者的动机：为军饷而泄愤，还是为革命而“大义灭亲”？这成了一个历史谜团。一年后，国学大师王国维写下《蜀道难》的长篇悼诗，内有“朝趋武帐呼元戎，暮叩辕门诟索虏”，为叵测的人心而叹息。

“伟大”的辛亥革命中，罕有清廷高官被杀，包括“瑞澂辈误国殃民，罪魁祸首，竟逃显戮”，一个个平安着陆。时人感慨“独端方不保首领，岂天之欲成其名耶！”。

其实，革命党早欲除去端方，因其能力与号召力，如“使其久督畿辅，则革命事业，不得成矣”。章太炎就曾直言不讳：满人“愈材则忌汉之心愈深，愈智则制汉之术愈狡”，因此“但愿满人多桀纣，不愿见尧舜。满洲果有圣人，革命难矣”。在“壮烈”的革命恐怖行动之中，被列入暗杀对象的，都非贪腐而民愤极大者，却是有能力乃至有操守的官员。根据“革命”的逻辑，“桀纣”是同盟者，而“尧舜”则是敌人，一切都以是否能帮助自己登堂入室、猎取政权为标准。

改革先锋

终年 51 岁的端方，曾经是八旗中的一颗政治明星。

端方当然不是什么“陶”姓汉人，而是根正苗红的旗人，并出身于科举正道，名列“旗下三才子”之一，所谓“大荣、小那、端老四”，都是上级着力培养的青年才俊。荣庆，曾因建议先反腐败再政改而被后世列入“保守派”；小那就是与庆亲王合称“庆那公司”的著名腐败分子那桐，宣统年间的内阁副总理；端老四就是端方，在家排行老四。自 1882 年出道之后，端方进步神速，只用了十多

端方像

年的时间，就从一名普通官员成长为封疆大吏，历任直隶霸昌道、陕西布政使、河南布政使、湖北巡抚、闽浙总督、两江总督、直隶总督等职。

戊戌变法时，还只是道员的端方，被赏加三品卿衔，主持新设立的农工商总局的工作，参与到改革实践之中。戊戌政变后，端方继续受到重用，担任了陕西布政使，并代理巡抚。义和团动乱期间，端方表现出了难得的政治清醒，在他的强力维持下，陕西境内民教和谐、中外相安，没有出现大规模的动乱，这也是八国联军入侵后，慈禧太后和光绪皇帝选择逃难到西安的基本因素。端方在湖北巡抚任上，与湖广总督张之洞并不十分和谐。他的改革步骤、力度远超出张之洞，甚至在政治上表现得十分自由化，包括顶着张的压力，资助湖北的留日学生办报。当然，因为他的旗人身份，没人会质疑他的政治动机。当他在两江担任总督时，“设学堂，办警察，造兵舰，练陆军，定长江巡缉章程，声闻益著”（《清史稿》）。

端方在朝野的口碑都不错，“尤有政治才，在满人中亦不多见”（邵镜人语），

“为近时之贤督抚”（严复语）。当时的留学生，包括那些倾向于排满革命的人士，也与他保持着相当不错的私交。在他的幕府中，人才荟萃，既包括刘师培这样的无政府主义者，也包括蔡锷这样的革命党人。

端方最为主要的履历，是1905—1906年与戴鸿慈、载泽等带团出访欧美十国，历时八个月，考察政治。回国之后，端方等总结考察成果，上《请定国是以安大计折》，力主推行政治体制改革，他们编纂的《欧美政治要义》，成为中国立宪运动的奠基之作。早在出国考察前，端方就是少数坚定地要求进行政治体制改革的旗籍官员。尤其是1905年的日俄战争，“立宪”日本战胜“专制”俄国后，在中俄这两个世界上最大的专制国家内，同时爆发出了政治体制改革的呼声。据说，端方在拜见慈禧时，太后说：“新政都在施行，朝廷该办的都办了吧？”端方立即回答道：“还有一事，尚未立宪。”慈禧问：“立宪又能如何？”端方说：“朝廷如行立宪，则皇上可世袭罔替！”这令慈禧动容沉思良久。

端方深刻地指出，立宪与专制有优劣之分，而君主与共和则只有形式之分，如果宪法受到尊重，君、官、民都只是同一规则下的游戏参与者，而如果宪法就是垃圾，任何人都可能成为国家的破坏者。他指出：“设立政府所以谋公共利益，保全国民之治安兴盛利乐，非为一人一家或一种人之幸福尊荣私利也。”在共和的新装下，“一人一家”或许已无能将政权视为私产。但纵观民国史，“一种人”的小团体却在自我神化之后，堂皇地提出“一个国家、一个主义、一个政党”，党同伐异，成王败寇，赢者通吃。

1909年6月28日，端方被任命为直隶总督后，甚至引起了世界的关注。美国各大报纷纷报道，《华盛顿邮报》（*The Washington Post*）的题目就是“塔夫脱（总统）观察中国，从端方的任命看到伟大的商贸开放”，认为端方出任直隶总督，极大推动大清国改革开放的广度和深度。

但当国内外都对端方出任直隶总督给予热望时，端方却在半年内因“大不敬”“恣意任性”而被革除职务。

1909年11月20日，李鸿章之孙、农工商部左丞李国杰弹劾端方，理由是其在慈禧太后葬礼上“大不敬”，证据有三：葬礼中沿途派人照相；迁奠礼上焚化冠服时，端方的大轿从侧旁“横冲神路”；于风水墙内借行树为电杆（其实是

1905 年，戴鸿慈、端方在美国考察宪政。

为了照明)。据曹汝霖的回忆，李国杰参加典礼后，与农工商部郎中冒广生谈及，冒广生说:“此属大不敬，你为御前大臣，敢弹劾吗？”李国杰经他一激，即说:“为何不敢？”遂由冒广生草奏，由李国杰参劾。

奏折一上，摄政王批示交部严议，而三天后，居然以“恣意任性、不知大体”为由，革除端方职务，另调湖广总督陈夔龙出任直隶总督。

据曹汝霖记载，“伟侯（李国杰）公子好出风头，鹤亭（冒广生）名士喜弄笔墨，而摄政王对于大行皇帝之事特别严重，二人或有揣摹迎合之意亦未可知。余与二人均系熟友，一日我问伟侯，君与午桥（端方）是否有过节。彼笑答，因鹤亭激而出此，想不到午桥竟受到这样的处分，言时有悔意，可见上奏权不应滥用也。”

端方是满汉平等的首倡者，他的女儿就嫁给了袁世凯的儿子，有人认为端方的下台，是载沣为了清除政治上的异己。其实，作为大清“董事长”的载沣与有可能作为“总经理”的袁世凯，本无根本冲突，与袁矛盾很深的，其实是铁良等另一些与袁地位相仿的满洲亲贵。载沣当国，年仅 26 岁，凭借的只是慈禧太后的遗嘱，因此，他只能、也必须执行老太后既定方针。而对于端方的“大不敬”，一旦有人举报了还不处理，载沣就很容易引火烧身。而野史表明，真正动怒的，其实是当时的隆裕太后，西方的媒体报道也认为端方毁在她的手里。后世有人因此感慨，“清有长城如此，而顾以微瑕黜之，此清之所以亡哉”（张祖翼《清代野记》）。

墙倒众人推，不久，御史胡思敬弹劾端方在两江总督任上“贪横”的十条罪状，内阁发交张人骏调查，结论是“尚无罔利行私实情，惟束身不检，用人太滥，难辞疏忽之咎。现在业已革职，即著毋庸置议”。

蜀道艰难

端方被革职后，过了两年的寂寞时光，这对一个年富力强又有丰富从政经验并对国际大势知之甚深的人来说，当然是痛苦的。

铁路国有成为他政治翻身的机会，自从被任命为川汉、粤汉铁路督办大臣后，端方就一头扎进了工作中。然而，正如盛宣怀一样，他们都是久困牢笼的猛虎，放出来后，急于建功，大刀阔斧，雷厉风行。这种雷霆手段，本是处理此类乱麻般纠葛的陈年故事的不二法门，广东、湖南、湖北迅速见效，却奈何川汉铁路四川公司（川路公司）的高管们，为了 300 万两违规炒股的巨额损失，非要朝廷为此埋单，而四川地方官员存了私心，阳奉阴违，导致了湿手抓了面团，成了僵局。

其实，贪腐有道、办事无能的川汉铁路公司内，还是有位能干而且操守良好的官员，他就是李稷勋，四川秀山（今属重庆）人氏，在邮传部担任参议，因丁忧（官员父母亡故需停薪留职回乡守丧）在家，正好赶上了川路大建设，便被就近推举为川路公司宜昌分公司的“总理”。

宜昌在湖北境内，而且宜昌至万县，是川汉铁路中唯一动工兴建的路段，李稷勋可谓川路公司中唯一在办实事的人。他不仅要协调湖北与四川之间、地方与中央之间、官场与商场之间的种种错综复杂的关系，而且他的手下还有近四万名筑路大军，多是四川人，工作地点又多是艰苦的山川地带，一个不留神，就很容易引发群体性事件，压力很大。

端方、盛宣怀乃至整个朝廷，对李稷勋十分看好，认为只有他才能解决川路公司的问题。李稷勋在这年 7 月份从宜昌赶往北京后，却没能见到端方，端方刚刚南下武昌就任川汉粤汉督办大臣之职。李稷勋深悉川路公司的内部腐败，认为如果将之前的商股完全退还，则小民百姓依然拿不到这些投资款，只是白白便宜了那些虎视眈眈的“高管”们。因此，他支持将之前的商股换领国营铁路公司的股票，以便集中力量尽快修好铁路。

但此时，保路运动从索要投资款的经济“维权”，变成了以保路为工具推翻政权的政治活动。李稷勋遭到了川路公司高层的一致抵制，有人甚至向他发出了死亡威胁。为了将事态扩大，川路公司指令李稷勋，立即停止宜昌段的施工，并将宜昌公司的所有款项调回成都。这将激起四万多民工的暴动，导致湖北社会稳定和经济发展的崩溃，而这恰恰是川路公司既得利益者所希望看到的。

李稷勋拒绝了总公司的这一要求，并在川路公司股东大会开幕后的次日（8 月 6 日），接待了端方派遣的查账小组，提交了公司的账目。

在成都方面，据盛宣怀安插在此的眼线周祖佑报告，川路公司股东大会已经被操控，前来开会的股东身份十分可疑，“意在图财者居多、正绅股东少有到者”。这个被操控的股东大会，一致通过决议，怒斥“卖国贼”端方、盛宣怀，其最新罪状就是“藉李稷勋一身为媒介，遂悍然移川路事权于邮传部及督办大臣之手”。股东会责令李稷勋立即辞职，限在十天内办理移交。

川路公司的态度，激怒了端方、盛宣怀及湖广总督瑞澂。他们一致认为，必须坚持绝不能后退，否则铁路国有的既定国策将被动摇，已经进入交接阶段的湖北、湖南铁路也会出现反复，局面将完全失控。端方还注意到，从日本赶回来的四川留学生突然增多，把宜昌开往重庆的小火轮挤得满满的，他提醒朝廷和四川方面，这背后或许有日本人的阴谋和革命党的暗算，必须预作防备，

在盛宣怀的斡旋下，端方与瑞澂联名上奏，要求朝廷挽留李稷勋继续任职，并将李的去留上升到了“路之成败、宜（昌）之安危”的高度，“万乞力任其难”。根据当时相关法律和政策，李稷勋这一级的官员，其任命权在朝廷，而不在于川路公司股东会。

湖广总督瑞徵

此时，四川新任总督赵尔丰十分摇摆，他至少六次拒绝执行朝廷的强硬路线。这其中，固然有他作为第一线当家人的权衡考量，更有他个人希望平安降落的心思在内，毕竟他已经垂垂老矣，不同的年龄、不同的资历、不同的愿望，造成赵尔丰与端方、盛宣怀之间完全不同甚至尖锐对立的定位。

平心而论，朝廷占着法、占着理，其所作所为并没有错误，客观上为国为民，而地方官员则占着情、占着势，希望能因势利导地化解群众运动，也没有错。保路运动最后演变为血腥冲突，这不仅是革命与改良的冲突，也不仅是不同利益团体之间的冲突，更是朝廷与地方的冲突，尤其是凸显了大清政权上下隔阂，令不行、禁难止，其根基早已被淘空。

官场内讧

在关键时刻，急于见功的端方想了个新主意，提出川路公司再闹下去，朝廷干脆宣布铁路另行改线，绕开工程艰难的川东地区，避免与已经相当成熟的长江航线争夺市场，而改走陕西。这一方案本身当然是两利的，但端方在这种时候提出这种方案，无异于火上浇油，给了“保路同志会”更好的理由，以凝聚本已松散的川人。

强势的端方，迅速成为继盛宣怀之后的第二大“卖国贼”。8 月 7 日，特别股东大会举行第二次会议，批斗端方成了焦点。而起因是端方在日前发了一份电报给川路公司，宣布除了股东会之外，禁止其他任何理由的集会。这本是依法办理，不必再做强调，端方此举有点多余，反而在滚烫的油锅中泼了一瓢水。保路派们如获至宝，在股东大会上公开宣读，“顿时会场声如鼎沸，一片认请拿办声、认死声、哭声、喊声，喧沸至极”。

至此，川路公司高层策动的“保路运动”，与政府的对抗进入了僵局，更为激烈的罢市在 8 月 25 日开始。民众纷纷在大街上搭建光绪皇帝的灵位，实际上中断了成都的所有交通，整个成都城仿佛成了一座死城。

8 月 28 日，四川总督赵尔丰和成都将军玉昆联名致电内阁，代奏川汉铁路公司股东会请将借款修路一事交资政院议决。电文中再度强调：“目前迫令交路，激生意外”，“人心一失，不可复收”。当日，端方则参劾赵尔丰已与王人文“沆瀣一气”，“庸懦无能，实达极点”，建议朝廷先派重臣赴川查办，另派袁世凯出任四川总督，要求果断行动。

8 月 29 日，端方再度致电内阁，弹劾赵尔丰，要求另派四川总督。同日，湖广总督瑞澂致电盛宣怀，同意派兵入川，要求朝廷责成赵尔丰采取强硬措施，恢复四川的社会秩序。

8 月 30 日，朝廷要求盛宣怀和端方，将川路公司的纠葛情况妥速清理，明示办法，以释众疑。朝廷认为问题的症结在于信息的沟通，朝廷的处理方案其实未被股东们所了解。但是，他们哪里知道，保路派已经在民众与朝廷之间建起了一道信息防火墙，任何信息只有经过他们的过滤和修改后才可能被传达。

8 月 31 日，端方、瑞澂致电盛宣怀，认为赵尔丰无能，败坏川事，要求立即派重臣前往震慑。此时，罢市已经“南至邓、雅，西迄绵州，北近顺庆，东抵荣、隆，千里内外，府县乡镇，一律闭户，风潮所播，势及全川”。重庆海关的英国籍代理税务司施特劳奇致电北京海关总署，认为商人们“被迫于公众意见和恐吓而宣布罢市”，“官员们看来已丧失了他们的一切影响，事态的控制权已全部掌握在保路同志会手中”。

罢市一周后，见依然僵持不下，保路派们失去了耐心。9月1日，川路公司股东大会宣布开始“抗粮抗捐”，甚至有人提出了拿起枪炮。次日，川路公司干脆在四川藩署内设立股东办事处，专办抗粮抗捐等事，等于夺了政府的财权。朝廷迅速电令端方，带兵入川，协助赵尔丰切实弹压解散。

端方与赵尔丰之间，此时已经势成水火。端方指责赵尔丰“养痈成患、启侮酿衅”，造成四川的局面日益糜烂，甚至担心自己带兵入川后，赵尔丰可能会挑动川民捣鬼。而赵尔丰也指责端方躲在后方瞎指挥，忽左忽右，令本身有转圜余地的工作，日益被动。

赵尔丰的胞兄、前任四川总督现任东三省总督赵尔巽，此时自然是悔青了肠子：本想让自己弟弟就近在仕途上再上一个台阶，然后平安退休，没想倒把他推到了火坑里了。他此时自然无奈，只好多出主意、多想办法。

寻找更多的肩膀一起分担，当然是首选。赵尔巽于是向朝廷建议，提出在目前局势下，断不可再派与铁路有关的官员去，比如端方，去了无用，反而添乱，而应该另派“川人所信仰大员”，先把局势稳定下来。赵尔巽所说的“川人所信仰大员”，其实就是前任川督岑春煊。这其实是一招臭棋，导致多头指挥，更为混乱。

端方虽然在千呼万唤中带兵出了武昌，却依然在湖北境内缓慢前进。盛宣怀等得不耐烦了，在9月13日致电赵尔巽与湖广总督瑞澂，希望联衔会奏，改派岑春煊处理川乱。岑春煊却似乎有意打打太极拳，他致电内阁，提出希望带两广总督下辖的滇军部队入川，同时，提出应先发通电文告，劝谕四川民众要珍惜安定团结的大好局面，或许能起到不战而屈人之兵的效果。盛宣怀对岑春煊调动滇军大不以为然，认为远水不解近渴，他应该立即动身服人。同时，盛宣怀也通知岑春煊，端方已经主动要求在宜昌办公，请岑春煊赶紧入川。

岑春煊却毫不为之所动，继续自己的太极表演。9月18日他从上海发出了第一道给四川全省“道府厅州县武营”的命令，要求官员们对民众“不得妄加捕治”；“其因乱事拘拿在先者”，在地方安定之后，情节轻微的立即允许保释，情节严重的，必须等他到后再行审判，“不得擅行杀戮”；如果“奉行不力，或贪功生事，一经觉察，立予严惩”。这一招，根本就没有与工作在第一线的赵尔丰、端方商量，自行发布后，岑春煊命令各地各电报局，将电文直接送达各州县政府，张榜公示。随同这份命令的，是岑春煊一份煽情的《告蜀中父老子弟书》，温情脉脉，娓娓道来，也要求各地政府立即张榜公示，务使全川家喻户晓。这完全打乱了赵尔丰、端方的此前部署，等于在他们背后捅了狠狠的一刀，将前线将士及政府官员的手脚全部捆了起来。

首先反弹的，是端方。9 月 19 日，端方致电朝廷，认为既然将川事委托岑春煊，在岑到任前自己代理之事实在困难，“必然处处掣肘”，因此，“为私计，只有力请辞让”，而“为大局计”，则似乎应该将川事全权交给自己处理，让岑春煊专门管理粤事。因为，广东虽然表面平静，但一贯是造反的源头，必须由岑春煊这样的重臣去坐镇。这一建议，等于要求朝廷收回岑春煊的任命，而他则情愿将自己的“川汉、粤办铁路督办大臣”的权力分一半出来。

对于端方的这种敌意，岑春煊当然能够感受到。次日（9 月 20 日），岑春煊正好得到情报，说成都之围已解，他顺势请求朝廷收回对自己的任命。吊诡的是，这位似乎处处想维护同僚间和谐的老滑头，却又同时致电内阁，提出应将被捕诸绅释放，这样可望“民气稍平，有所希望不至酿成巨变”，甚至，他提出只有将川路公司的所有用款、包括浮滥与亏损都承担下来，给川路公司足额返还所有的款项，才能从根本上解决问题。

看看朝廷未理睬自己的分省管辖的建议，端方又在 9 月 27 日致电北京，再度要求阻止岑春煊入川，以免两人权限不清，难以合作。而看到自己有关全额发还路款的建议未被采纳后，岑春煊也在 9 月 29 日提出辞职。当然，辞职未被接受。次日，盛宣怀致电岑春煊解释说：从四川的局势看，已经根本不是钱的问题，而是四川的保路派提出不可能实现的要求，即朝廷废除已经签订的对外商约。盛宣怀表态，到了现在这种局面，他本人并不反对完全还款，但此时绝对不能再纠结于这个问题。

岑春煊勉强赶到了武昌，与湖广总督瑞澂进行了会商，但是，瑞澂丝毫也不能同意岑春煊那脱离实际的计划。9 月 30 日，瑞澂致电盛宣怀，认为岑春煊“不办首要、

保路运动几乎令失意的
岑春煊枯木逢春

股款全退”的主张是荒唐的，如果继续让岑春煊负责的话，则“平乱不足，反以长川人之骄，肆其影响，将及他省”。10月2日，瑞澂再度致电盛宣怀，指责岑春煊“持见既偏，又多成执，又不能原谅局中人办事之难”，必须阻止他入川。

岑春煊也感觉到了自己与第一线官员们的巨大分歧，同日致电朝廷，再次请辞，说既然端方已经入川，自己就没必要再去。朝廷已经对他的扭捏作态失去了耐心，尤其是他的取悦于民（其实是既得利益者而已）的办法，乃至他还提出要朝廷下罪己诏，这都远远超出了朝廷的底线及忍耐程度。看看岑春煊自己再度请辞，朝廷当即回电，同意他在休假“养病”，“暂缓”入川。盛宣怀迅速致电端方，催促他“星夜入川”，并转告他，摄政王已经表示，端方目前“有进无退，总须到渝，一切自有解决”。同时暗示，只要他能赶到重庆，就可能出任四川总督。

其实，在朝廷任命岑春煊之前，端方是雄心勃勃要把赵尔丰赶下台的。他倒不是看重了川督的位置，而是瞄准了瑞澂坐着的湖广总督宝座、他曾经的位置。因此，他曾致电朝廷，在痛斥赵尔丰的同时，建议撤去赵尔丰，用瑞澂取代。正是在这种考量下，他在湖北迟迟不动身，甚至明确表示自己与“养虎成患”赵尔丰政见不同，无法共事。但朝廷偏偏就“不解风情”，表示你的职务既然是川汉粤汉铁路督办大臣，当然要入川办公。

据比较可靠的英国驻华公使朱尔典发给伦敦外交部的报告，赵尔丰曾致电岑春煊，说成都危急，盼岑早日入川，而致电端方则说“川事大定”，只有成都之外才有小股匪徒。岑春煊知道了这两封完全相反的电报，大感疑虑。

而就在高官们大玩心眼的时候，就在拖延了近一个月的端方带着湖北军队开进四川的时候，兵力空虚的武昌城内一声枪响，被革命党渗透了的部分新军，在 10 月 10 日举行了武装暴动，史称“武昌起义”，即“辛亥革命”。

局势急转直下，端方也立即随风调头，从坚决要求镇压闹事者，变成了坚决要求释放无辜者，而“川乱缘起”也被他改为“实由官民交哄而成”，并弹劾了赵尔丰等四川官员，朝廷随即下令将被弹劾者革职拿问。

端方一转舵，在“维稳”工作第一线的赵尔丰就落了个里外不是人，他随即多次弹劾端方“济乱”、“诡谲反复”。11 月 2 日，赵尔丰上书朝廷，痛斥端方，说在川路纷争还在合法、和平范围内进行时，端方不断来电，要求采取强硬措施，而等到他将蒲殿俊等保路运动领袖抓捕后，端方却又变了脸，主张应该赶紧放人，认为首要一放，乱事就能平息。

11 月 8 日，赵尔丰再度上奏，弹劾端方“诡谲反复，希图见好于川民谬信讹言，罔究事实”，已经安定的人心，被他又搅乱了，而且他罗织罪名，弹劾官员，弄得官员们人人自危，将领们在前线也不敢用力。赵尔丰指责端方，上任后躲在武昌，天天电报逼迫赵尔丰采取强硬手段，而带兵入川后，却又不顾成都当时正是危急，非要绕道重庆，等到武汉、宜昌失守，已无退路，仓皇失措，不顾国家利害，只考虑一己安危，“川事为之一误再误，不可收拾”。赵尔丰甚至断言：“端方到省（成都）之日，即将为川人独立之时。”

端方大军到了资州后，本可以长驱直入成都，但赵尔丰在半道上陈列重兵，端方狐疑不敢前进。此时，北京失守、朝廷外逃的谣传也传到资州。端方可能的选择是：上策是顺应大势，主导并鼓动四川独立，自己就有了一块巨大的根据地，进退自如；中策是率部退居陕西，伺机勤王；下策则是孤身离军，保全性命。

显然，他选择的是上策，因此派遣了幕僚朱山及刘师培，到成都活动。这刺激了赵尔丰抢先独立。11 月 22 日成都独立的消息传到资州，端方发现赵尔丰已着先鞭，遂计划离军回京。这当然是下策，但他的上策已经被赵尔丰截断，而所率部队是湖北人，在这乱世都不愿大队入陕，指挥不灵，因此中策也不可行。此时，资州地方绅士们出面，挽留端方说，此时率军“反正”，成都唾手可得，众人便可推端方为都督。端方不同意，绅士们又说：“公如虑成都不能容，则即于资州树白帜（指‘大汉国旗’），某等可函至省绅来资州，拥公为主，公幸勿疑。”据“梁溪坐观老人”（张祖翼）记载，此时端方长叹一声：“我果如此，何以对慈禧太后、德宗皇帝（光绪）于地下哉？我计决矣，君等勿为我虑也。”于是，众人“皆太息而散”。

此时，端方如果回京，还是完全可能的。但是，他一方面想等成都的饷银送到，另一方面还要等一名姓周的“土寇”率众来降，结果等到的却是自己的末路。

亲身经历了四川大动乱的郭沫若，日后感慨说，“岑春煊并没有入夔门一步，而入了夔门的端午桥就没出夔门一步”，端方“如果有岑春煊那样的聪明，率性把胡子剃了，一个人改装逃走或许到现在都还活着，他的《陶斋吉金录》或许有再续三续出现了。但是他到底没有这样的幽默”。

这哪里还能说得上“幽默”呢？英国《泰晤士报》、记者澳大利亚人莫理循公开表示：“端方在中国享有广泛的威信。他是满人，但属于满人中之佼佼者……野蛮杀害端方，引起人们普遍的谴责。”

端方的门人、湖南名士左全孝感慨道：“谓天道有知耶，神奸巨蠹多无恙，而持公理、重民权，首倡宪政如我公者，独罔善其终！”

就在端方首级被送往武昌当“投名状”的第二天，他从成都贷款而来的四万两军饷就到达了军中，但一切都太晚了……

末路将军赵尔丰

辛亥年冬至日（1911 年 12 月 22 日）的凌晨，即便是四川盆地的成都，也格外地寒冷。

对于 65 岁的四川总督赵尔丰来说，这个寒冷的冬至，从此将成为他的忌日。此刻，他正被四名强壮的士兵架按着，坐在地上。阴冷的朔风吹拂着他满头的白发，家人已经在地上为他铺了块大红的毡子。闻讯赶来的人群，挤满了明远楼下的空地，荷枪实弹的士兵们，艰难地维护着秩序。

赵尔丰也不挣扎，盘腿坐在毡子上，怒骂道："尹娃娃，你装老子的桶子啊！"

被他称为"尹娃娃"的新任"大汉四川军政府"都督、26 岁的尹昌衡，简短地公布了他的"罪状"，然后，向着围观的看客们问："这个杀人不眨眼的赵屠户，该怎么办？"看客们齐声回答："杀！杀！"

尹昌衡的亲信军官陶泽锟，早已站在赵尔丰的身后，此时手起刀落，在看客们紧张刺激的惊呼声中，在照相机的镁光灯闪耀中，赵尔丰人头落地，并被定格在照相机里，他那花白的头发和胡子被鲜血溅得通红、通红……

封疆大吏

赵尔丰是在年初被任命为四川总督的，接任他的兄长、调任东三省总督的赵尔巽。

按照大清官场的组织原则，前任是可以向朝廷推荐继任人选的，而且这一推荐的分量一般很重，朝廷轻易不会驳回。

赵尔巽没有安排好接班人，其实是导致川乱的重要因素。

此前，官场上的一致预测，是赵尔巽将推荐他的副手、时任四川布政使王人文接任。王人文时年 47 岁，比起已经 65 岁的赵尔丰来说，绝对可算是年富力强。王人文与赵尔巽的关系极好，赵尔巽在 1907 年入川时，将王人文从陕西布政使的任上平调到四川。级别虽然似乎并未调整，但四川与别处不同，只设总督而不设巡抚，所以，在别的省份一般为第三把手的藩司，在四川就是第二把手，王人文实际上成了四川的老二。对于接任老大的位置，他自己也以为是十拿九稳。

却没料到，赵尔巽“举贤不避亲”，密折里保的是自己的胞弟、时任驻藏大臣兼川滇边务钦差大臣的赵尔丰，而王人文只是接任赵尔丰腾出来的川滇边务钦差大臣。虽然从官场级别上说，川滇边务钦差大臣还要略高于一省的藩司，对王人文来说，也算是提拔，但那毕竟是苦缺，要处理最为棘手的云贵川藏交界处的民族事务及边疆事务，而且多在高原苦寒之地。

赵尔丰在那位置上已经干了近三年，政绩十分优异，举朝有口皆碑，而且比王人文足足年长 18 岁，已经是 65 岁的老翁。细思下来，无论论资排辈，还是赏功任能，王人文其实逊了赵尔丰一筹。

王人文对此情绪很大，他发牢骚说，“垂老投荒”，“以素昧边事者办理边事，岂有不鑿枘乎？”据说，在酒酣耳热之余，他甚至还抱怨朝廷：“丧服初满（指为慈禧和光绪服丧），即以巨款制戏具，以官职为市场，国事不纲，于斯极矣。”

此时的赵尔丰，被边防事务纠缠着，未能及时到成都赴任，朝廷下令由王人文担任“护理总督”，官场尊称为“护院”。但这带着情绪的“护院”却不想“看家”了，王人文由自己的官场不如意，进而对整个组织、整个体制产生不满，在关键的政务处置上，出现了严重的不作为甚至渎职，直接触发了全国性的灾难。

当时，朝廷正在推行铁路国有政策，赎买各省因高管腐败而亏损严重的商办铁路公司。其中，最大的困难户就是川汉铁路四川公司（川路公司），其高管在上海违规炒股，导致350万两巨额亏损，急需国家扶持。但该公司向朝廷提出，由财政承担其炒股亏损，这一过分要求遭到朝廷严拒。该公司的既得利益集团，既不甘心炒股亏损无人埋单，又十分担心伴随国有化而来的审计会导致自己之前的腐败案发，于是发起了所谓的“保路运动”，煽动7000万股民，说朝廷要“劫路劫款”，试图以群众运动的方式与朝廷进行讨价还价。

在这涉及众多利益调整的关键时刻，主持四川工作的王人文不仅不在状态之中，而且试图“挟路自重”。对于川路公司的既得利益者打着民意旗号的活动，放任自流甚至大加鼓励。四川的“保路运动”便如火如荼起来，这大大压缩了赵尔丰接任后的转圜余地。

王人文实际上已经与朝廷对着干了，铁路督办大臣端方痛斥他对“保路”群体性事件“专主附和，不加裁抑，颇有幸灾乐祸”。因此，朝廷几番急电，催促赵尔丰尽快到任，务必赶上川路公司约定的股东大会之前，以便及时掌控局面。

赵尔丰直到8月2日，才到达成都。此时，成都城里熙熙攘攘，到处是来自各州县的股东代表，准备出席两天后召开的川路公司股东大会。

被动迎合

赵尔丰对待保路运动的态度，受王人文影响极大。

早在6月份，当王人文为川路公司高管们代奏朝廷时——并非任何人的报告都能进入紫禁城的，没有够级别的地方大员代奏，就只能走“人民来信”的漫长处理过程——去征求赵尔丰的意见，他不仅同意，还宽慰王人文说：“圣明在上，必能鉴此忠悃，况简畀正隆，求去不易，安有获咎之事。”

7月6日，赵尔丰从打箭炉致电王人文，明确说自己将“抱定纯正和平宗旨，毋浮动，毋暴躁，毋使莠民借故扰乱地方。公既主张于前，丰必维持于后”。在这封电报中，赵尔丰强调，作为川路公司的创办人之一，自己对公司“关念尤切”。

川路公司及已经成立的保路运动组织“保路同志会”，也很注重对赵尔丰的工作，多次致电赵尔丰辩白他们是和平争路，“力求维持地方安宁”，请领导放心。

此时的四川官场，因看不透前景，人人自危。成都将军玉崑对于局势就很不乐观，他在写给北京的家书中说，四川官吏“纷纷请开缺”，为“急流勇退之计”，自己最好也是“卸肩”为妙，“支吾一天是一天”。

作为将军，玉崑能够“支吾一天是一天”；作为代理总督，王人文也能“支吾一天是一天”，但作为总督，赵尔丰就没有选择了。8月3日，他与王人文正式办理交接。王人文交印后，立即致电朝廷，解释自己的艰难处境，“既不能不为国家贯彻政策，又敢不为朝廷固结人心”，也表功道：“仰托朝廷威德，地方安静，并未别滋意外事端。”朝廷同意他请病假15天，他虽然还待在成都，但几乎是迅速地从公众视野中消失，远离是非窝。

到任后，赵尔丰至少有六次拒绝执行朝廷的强硬路线。这其中，固然有他作为第一线当家人的权衡考量，更有他个人希望平安降落的心思在内。与垂垂老矣的赵尔丰相比，当政的盛宣怀、端方等，不仅年富力强，而且都是被压抑已久而刚刚回到重要岗位上，急于见功。不同的年龄、不同的资历、不同的愿望，造成他们之间完全不同的定位。

只是赵尔丰没有想到，时代变了，毫无信用、不择手段的痞子运动已经成为主流，他自己则真正应了朝廷的批评，“养虎成患”，最终不仅没能维持住稳定的社会秩序，连自己的脑袋都被当作了革命的投名状。

川边扬名

赵尔丰的确与川路公司渊源很深。

1903 年，他跟从锡良调任四川，第一个职务就是川汉铁路督办，等于是川路公司的第一任“总主管”。这个职位毕竟只是一个企业的主管，而赵尔丰此时已经年近六十，再不赶上，仕途前景并不看好。不久，在锡良的提携下，赵尔丰就调任永宁道道员、建昌道，这是地方实职。

露脸的机会随后就到。1905 年 3 月，西藏巴塘叛乱，驻藏帮办大臣凤全一行五十余人被杀，震惊中外。“巴塘事变”的背景相当复杂，既有改革者推行新政过猛，造成与当地寺庙等既得利益者的激烈冲突，也有民族之间的矛盾，更有英国在西藏加紧渗透的因素。朝廷立即下令平叛，根据四川总督锡良、成都将军绰哈布的建议，派四川提督马维琪、建昌道赵尔丰会同剿办。此时已经 60 岁的赵尔丰，在平叛过程中，手段狠辣，血洗“七村沟”，因此，迅速赢得了一个“赵屠夫”的名头。这也成为日后革命党证明其一贯“与人民为敌”的证据，其实，这和曾国藩所得到的“曾剃头”绰号一样，都是在一个矛盾尖锐复杂的环境下，一个果断刚毅的人的正常反应。

事变之后，崭露头角的赵尔丰留在川边督办善后，1906 年，大清朝廷鉴于西藏局势非常严峻，从国家战略的高度，决定设立川滇边特别行政区，为省级建制，赵尔丰就任首任川滇边务大臣，宦海煎熬 30 年后，终于跃上了副省部级侍郎衔台阶。但代价是巨大的，这位 61 岁的老人，必须常年生活在高寒缺氧地带，处理棘手的边疆民族事务。

赵尔丰作为川滇边务大臣的辖区，东起打箭炉，西至达丹山，南抵云南维西、中甸，北至青海玉树。他上任后，不顾年迈，清户口，查地亩，规定粮税，废除土司，实行了一系列的改革，有效地加强了对这一地区的控制，巩固了国防。1908 年，朝廷任命赵尔丰兼任驻藏大臣，至此，正式位列封疆大吏。赵尔丰展现了卓越的经营边疆的才干，率领军队挫败了英国幕后操纵的西藏叛军，率军顺利进入拉萨，宣布剥夺叛乱的十三世达赖的名号，其因此成为英国政府内部文件中的“名人”。他甚至建议朝廷，“仿东三省之例，设置西三省总督”，四川总督应当移驻巴塘，在四川、拉萨各设巡抚，“藉以杜英人之觊觎，兼制达赖之外附”。

赵尔丰大力推行改土归流，即改土司制为流官制，加强基层政权的控制力度，在西藏和川滇边实行大规模的改革，发展经济、文教、架桥铺路、建厂通邮、编练新军及巡警，成效斐然。时人评介道：“自清以来，治边者无有著功若此者”（尚秉和语），锡良更是高度评价他“忠勤纯悫，果毅廉明，公尔忘私，血诚任事”。

在赵尔丰的努力下，川藏抵抗住了英国的强力渗透，得到了稳定，民国学者李思纯认为：“金沙江以东十九县，尚能归附，皆清季赵尔丰之余威，于民国以来诸边将无预也。”赵尔丰在瓦弄勒卡玛坝子西南角雪山峭崖上，勒石镌刻十个大字“有朋自远方来，不亦乐乎”，每个字大如八仙桌面，与大清政府在中朝边界上留下的“华夏金汤固，河山带砺长”一样，成为中国主权的象征，东西呼应。

“商榷”宣战

然而，赵尔丰对保路运动的怀柔应对，不仅没能解决问题，反而激起了对方越来越强烈的欲望和胃口。

在一连串的罢市、罢课、罢工之后，9 月 5 日，川路公司股东会开会前，已经打入保路运动内部的同盟会，向出席会议的股东们发放《川人自保商榷书》的传单。这是同盟会精心设计的一根导火线，它即将引起一场颠覆整个中国的血雨腥风。

这份商榷书，在描述了国家面临的巨大外患之后，提出了四川的“现在自保条件”和“将来自保条件”。

“现在自保条件”有四条：一是“保护官长”，但怪异的是，并非依靠军警保护，而是要由所谓的“保路同志会”“选定殷实精壮子弟，多至百名”来“保护”；二是维持治安，也是要依靠同志会力量，一旦因罢市出现“乱民乘机肆扰”，“乃兴大兵弹压，迫令解散”，却含糊地没提“大兵”是政府现有兵力，还是另组兵力；三是一律开市、开课、开工，因为罢市、罢课、罢工损害太大，应该另谋办法；四是各项租税由各州县的议会“妥善存放”。

而“将来自保条件”则多达 15 条，除了发展铁路、航运、实业、教育等民生事业外，还提出编练“国民军”、建立兵工厂等敏感建议，直接涉及枪杆子的问题。

更为重要的是，商榷书最后还明确提出，对待反对者，“应以义侠赴之，誓不两立于天地”。换言之，就是毫无“商榷”的“杀无赦”。实际上，在整个保路运动中，对于任何反对过激行为的理性言论，“革命者”都毫无例外地发出了死亡的威胁。

毫无疑问，这份“商榷书”就是脱离中央政府、自备武装的一份“独立宣言”。

当天晚上，四川藩司尹良将提法司周善培等司道官员及驻军司令、陆军第十七镇（师）统制（师长）朱庆澜请到藩司衙门。尹良激动地说：“大家想必都看见自保商榷书的传单了。我早说争路不只是争路，其间定有文章，大家不相信，今天该明白了，再不想法，我们就要被看管起来了。”

从日后的发展来看，尹良的嗅觉的确十分敏感。这份商榷书，正是革命党试图加剧官民对抗、火上浇油、给“革命”创造机会的一次策划。后来的“革命”史家赞赏这是一种灵便的斗争方法，既“激励人民群众”进行武装斗争，又保全了革命党的实力，把保路运动的主角立宪派们和政府一道，逼上了相互对决的绝路。

根据周善培的回忆，尹良说完后，众官员们沉默良久。尹良随即问朱庆澜：“这以后是你的责任了，要你来保护我们了。你的兵能打仗不能打仗，这时候全听你一句话来定办法了。”

朱庆澜在屋里徘徊良久，说：“陆军里的议论都是主张争路的，命令他们打匪，他们一定去打。如果命令他们打同志会，就怕指挥不动。”巡警道徐樾也表示，如果罢市还不结束，警方也就无法继续维持秩序了。

尹良听了，才气馁地坐下。周善培于是提出，事到如今，只能再集体致电朝廷，请收回国有成命，让川路继续商办。众人于是公推周善培起草电文，电文说，考虑到情况危急，如果三天内还收不到回电指示，省里就将“矫旨办理”，以便先稳定大局。

众人都赞同，尹良只是一个劲地叹息。此时已经晚上 10 点半，众人便打电话给总督府，请求赵尔丰立即召见。睡梦中的赵尔丰被叫醒，尹良问他是否看到了《商榷书》，赵尔丰不屑地说：“这不过是在罢市之外，又添一个捣乱的办法，都是办不到的事，不必管它。”

司道们把电报稿给他看，他看到“矫旨”二字，便大皱眉头，认为：“这可不是随便玩的。”周善培就讲了些历史上矫旨的故事，劝说道，如果能把大局定下来，朝廷是能理解矫旨的，并且还会嘉奖，如果这个电文不被采纳，则大局必坏，那时也无所谓什么个人利害得失了。赵尔丰沉思之后，终于点头同意。

成都惨案

次日（9 月 6 日），一切似乎都风平浪静，可平静的后面，暗流涌动。

9 月 7 日上午 8 点，各司道及川路公司高管们，冒雨到藩司衙门开会。这是自从罢市以来，他们每天的例会。但主人尹良却没出现，下属们说他生病了，在上房忌风。众人闲扯了一个多小时，正准备散去，尹良忽然派人来通知，说是已经接到了邮传部的回电，请大家一同到总督府看电报去。

9 点半钟，众人赶到了总督府，结果在客厅里一等就是一个多小时。尹良和赵尔丰都没露面，问警卫，警卫则说总督正在开会。众人无聊，有的打瞌睡，有的抱怨，有的干脆走出总督府到街上买烧饼、油条。

到了中午 12 点，门外却传来了军队跑步前进的整齐步伐声，众人都觉得惊慌和奇怪。十几分钟后，警卫来请司道官员先入内接见。众官员在另一间客厅里见到了朝服整齐的赵尔丰和尹良，赵尔丰劈头宣布：“天天请你们设法请大家开市，你们不肯帮忙，市不能久罢下去，我不得已，已经把闹事的几个人扣留了，以后不劳诸位了。”说完，也不等司道们说话，就送客。官员们莫名其妙地退出客厅，正想各自散去，却又听说总督府已经被闻讯前来请愿的人群围堵，出不去，只好耐心等待。空气骤然紧张起来。

此时，留在原客厅里的川路高管及保路运动领导者，已经被赵尔丰的卫队看管起来。现场被拘禁的共有九人，他们是蒲殿俊、罗纶、颜楷、张澜、邓孝可、王铭新、江三乘、叶秉诚、彭芬。另外，胡嵘则在督练公所被捕，而蒙裁成、阎一士则稍晚自请逮捕，分别关押于巡警道署和华阳县署。

其实，朝廷早已多次发电，要求赵尔丰缉拿保路运动首要，先行正法。从日后赵尔丰与这些人并不恶劣的关系看，他此时实际上只是软禁了他们而已。

有人失望了，他们本来是希望赵尔丰大开杀戒的。既然赵尔丰不开枪，逼他开枪的第二步棋开始启动了——赵尔丰刚刚把人拘捕起来，成千的"民众"就已经包围了总督府，时机契合的就好像是事先排演过的一样。

下午一点钟，赵尔丰再度召集被困在总督府的司道们，愤怒地说："他们消息真灵通，又聚众起来，要求释放被扣的人。一天不开市，这些人就得扣留一天。"众人正说着，警卫进来禀报，人群已经冲进了总督府。

赵尔丰说："让他们派代表，我有话对他们说。"警卫出去，不久即回："他们不举代表，要一齐见大帅。"赵尔丰说："好吧，我们到大堂上去见他们。"

于是，众官员簇拥着赵尔丰一起到了大堂。而此时，赵的警卫部队已经放弃了四道警戒线，人群依然直冲进了仪门，即将冲入赵尔丰办公用的大堂。

赵尔丰下令警卫发出警告，可三通警告都无人理睬，人群冲进了大堂，赵尔丰长叹一口气，下令开枪。据周善培的回忆，死者共七人，五人是冲进来的民众，两人则是总督府的轿班，而同志会宣称共有三十多人被打死。

这就是辛亥革命史上著名的"成都惨案"。

开枪之后，赵尔丰下令成都全城戒严。一直以"离间官民"作为工作宗旨的同盟会，十分兴奋。他们制作了数百张木片，上书"赵尔丰先捕蒲、罗，后剿四川各地同志，速起自保自救"，涂以桐油，投入锦江，号召全省暴动。这就是著名的"水电报"。

更为令人惊奇的是，如同事先排好了时间表一般，开枪后次日凌晨，成都便被十几万的黑帮组织哥老会成员包围，他们不仅打出了"同志军"的旗号，而且连军服（“号卦”）都已经披挂齐整。能在不到一天之内完成如此高效率的准备和动员，实在令人难以相信这是“人民群众的自发行为”。

四川独立

“成都惨案”之后，赵尔丰发现自己已经身陷一个巨大的黑洞之中。一方面，他成了保路运动的头号敌人；另一方面，本来一直指责他过于软弱的端方等人，见大动乱的局面已经形成，突然掉过头来，指责他操切行事、激化矛盾。朝廷接连派出端方、岑春煊等入川，试图临阵换将。这下子，赵尔丰立即成为一枚弃子，处在了里外不是人的尴尬处境。

在各种政治势力有意无意地推动下，保路运动已经演变成一场武装暴动，四川很多州县纷纷宣告独立。而此时，武昌城头一声枪响，辛亥革命爆发。革命后的湖北，以都督黎元洪的名义发出了威胁：如果四川再不响应独立，“将按照对付满洲人的办法对待他们”（英国领事报告）。四川汉州（今广汉）人、同盟会特派员戴季陶，已经从武昌出发，进入四川，指挥军事行动。

外有叛军日益坐大，内有政敌处处相逼，赵尔丰到了必须抉择的关头。最后，他决定释放被捕的保路运动领袖们，这些人此时也发现运动已经失控，他们大声呼吁“息事归农”，但已无人理睬。

经各方磋商，赵尔丰同意四川独立，他在11月22日与四川谘议局议长、保路运动领袖之一蒲殿俊等签定了《四川独立条约》。根据该条约，赵尔丰将民政托付谘议局局长蒲殿俊；军事托付驻军司令朱庆澜，他本人则带兵回任川滇边务大臣。

赵尔丰交权，固然有避祸的考量，但从当时军事上看，他依然手握雄兵，还有继续战斗的实力。所谓的“同志军”，是以黑帮为主的乌合之众，扰民有余，作战不行，“败之数九而胜之数一”。赵的军队已经完全控制成都及周围的十几个州县，完全效忠于他的城防军，有两万多兵力，军饷六百多万元，足以支撑持久战。而新军也还有一万多人及大量辎重，如果他要继续打下去，无论保路

1911 年 11 月 27 日，大汉四川军政府成立庆典。

派还是同盟会，根本难以与之抗衡。政府内部，也有一些人希望继续抗争下去，剿灭“叛乱”，但赵尔丰选择了和平交权。

由咨议局议长蒲殿俊为都督、驻军司令朱庆澜为副都督的“大汉四川军政府”粉墨登场，而赵尔丰则退居二线了。

成都兵变

新任“大汉四川军政府”都督蒲殿俊，上任没几天便不顾劝阻，执意要进行大阅兵。

1911 年 12 月 8 日上午 9 点，大阅兵在成都东校场外如期进行。果然中途发生兵变，站在检阅台上的都督蒲殿俊、副都督朱庆澜仓皇逃离。乱兵从校场中蜂拥而出，在成都城内四处抢劫，“一时遍地皆盗，草木皆兵。其被劫情形，自一而再，自再而三，甚至有被抢五六次者”。其惨状，据说自张献忠屠川以来未曾有过，“锦绣成都，遂变为野蛮世界矣”。

兵变发生后，年仅 26 岁的军政部长尹昌衡飞马而出，急赴凤凰山军营，率领数百名全副武装的军人，进城平乱。而哥老会的“同志军”也大举进城，四处捕杀乱兵，成都城内一时血雨腥风。

在成都最为紧急的时候，人们又想起了那位退位的总督赵尔丰，他毕竟威望卓著，而且手里还有担任他的警卫部队的 3000 巡防军。于是，“商民纷纷诣尔丰环跪，吁请维持治安”。赵尔丰“初以恐涉嫌疑不便干预，绅民固请不已，此心凄恻万分；又闻军队肆扰不休，若不急行设法，更不知伊于胡底”。于是，赵尔丰发布了一张布告，要求所有乱兵必须立即回营，既往不咎，否则就军法从事。布告的落款是“卸任四川总督，现在川滇边务大臣”，没有盖印，只用朱笔画了一个“印”字。

兵变当晚，成都城内的三股势力，同盟会、保路运动首领们及驻军军官们，分别召开了三个会议，商议自己帮派应如何在善后中获得更多的好处。第二天，各派在皇城内至公堂开会。实力最强、腰杆最粗的尹昌衡被公选为都督，而四川咨议局副议长兼哥老会老大罗伦出任副都督，同盟会的董修武则出任任政处总理兼财政部长。

赵尔丰在危机时刻发出的布告，为他带来了极大的麻烦。一些别有用心的谣言，说是他在幕后策动了这次兵变，目的是为了他复辟回任。对此，愤怒的赵尔丰写了篇《辩诬问》，为自己辩解说：“鄙人当大权在手之时，何事不可为，与其破坏于后，曷若不让与先。”

其实，将兵变的账算到赵尔丰头上，是一个巨大连环计中的最后一环。

借头立威

赵尔丰一直没离开成都。

一个大树已经倒下，赵尔丰依然还守着枯枝，这令时人与后人都对他产生了种种揣测，恋栈、图谋复辟，等等。

与他极为亲近的周善培，却认为这只有一个极为平常的理由：赵尔丰的老妻生病了，尽管朋友们和老下属们都说，夫人可以留在成都，由他们照顾，病好后送去，他应该先离开险地。但他告诉周善培："我同内人是五十年的患难夫妇，大局如此，我丢了她不管，她没话说，我实在不忍。"说话间，他已老泪满面。已经习惯了阴谋、并不惮于以最大的恶意揣测的国人们，根本就不会相信这种简单至极的理由，但或许，这就是所谓的真相？

处决赵尔丰的最大理由，据说是他煽动了 12 月 8 日的兵变。无论在当时还是后世，所有的证据都无法显示这位老人试图重新夺回被他自己送出去的权力，相反，证据几乎都指向那些指控他、审判他、并且处决他的人们。

最有可能发动兵变的两个人——26 岁的年轻军官尹昌衡、34 岁的四川咨议局副议长兼黑道老大罗纶，如愿地坐上了都督与副都督的宝座。但是，那位在总督府的高墙深院内武装隐居的老人，令他们感到巨大的威胁。而且，他们实在需要做一件事情，在这个软的怕硬的、硬的怕不要命的、不要命的怕要赖的年代，为自己立威。

依然忠于大清王朝的边防军，在川滇边务大臣傅华封的率领下，正往成都挺进。有人指控正是赵尔丰密令这位老部下回援成都。而重庆蜀军政府副都督夏之时，也带着部队西征过来，觊觎成都这块膏腴之地。还没坐热位子的都督和副都督都感到了莫大的威胁，这年头，谁都可能被随时推翻，并安上一个俯拾可得的罪名，篡位者最怕的就是篡位者同类。

他们决心要借用那位老人的脑袋，让自己坐得更稳固些。而这位老人的实力和影响力，都令他们不敢直接动用武力。

于是，尹昌衡单独去见赵尔丰，名义是晚辈向长辈讨教。谦恭的晚辈咨询了很多行政管理上的问题，然后进言道：大帅身边还有如此多的卫兵，会引起他人不必要的疑虑和联想，不如先将这 3000 人交军政府接管，再以军政府名义下令仍驻原地保护大帅，这样就可以杜绝流言。

经历过无数风浪的老人相信了、或者说是无所谓，手书一道命令，把 3000 名卫队的指挥权拱手交出。这一被谋划者们自以为得意的举措，也恰恰证明了他们对赵尔丰阴谋复辟的指控，只是“革命”的策略和谎言而已。

卫队被调离总督府，在成都南苑集结，大碗喝酒，大块吃肉，丝毫不知道另一支部队已经将他们包围，并且将他们纳入了大炮的射程。如果他们敢于尽忠职守，他们将遭到彻底的毁灭。

另一支部队则在凌晨时分悄悄包围了总督府。管带陶泽锟被委派为敢死队队长，负责关键的擒赵行动，他的收获将会是一个标统的位子，以及他没料到的青史留名。

尹昌衡亲自负责掩护，他从正门入内，说服了剩余的卫队放下武器，而陶泽锟则从后墙翻入内院，冲进了赵尔丰的卧室。尹昌衡告诉老帅，为了他的安全，还是一同到军政府去。四名士兵一拥而上，将老帅架起来，拖到了军政府。这就是被“革命者”们津津乐道的智取赵尔丰。在整个过程中，据说陶泽锟只砍死了试图抵抗的一名警卫人员，也有野史说那只是一个伺候丫头而已。

而在尹昌衡的回忆录中，却说自己完全是“被迫”杀害老长官的。逼迫他的人，既有同盟会、“同志军”的人，也有蒲殿俊这样的“绅士”们。同志军想杀赵尔丰的动机，只是觉得这次造反没有成就，“覆清我首也，伐赵我初志也，首功不赏，初志为酬，奈何即罢？”而蒲殿俊等逼迫尹昌衡，是因为他们自己受到了“士民”的“逼迫”：“不杀赵尔丰，军民无噍类矣！”尹昌衡无奈，拖了几天，实在拖不下去了，这才动手。

在这份漏洞百出的辩解中，至少可以看出，这位下令砍下赵尔丰脑袋的年轻人，并不真正相信那位老人是该杀的。根据这份回忆录，面对突然闯入的士兵，赵尔丰十分平静，走到阶下，问尹昌衡：“能相活乎？”

尹昌衡说：“既此非我意，当语众绅。”

但是，众人的意见都是：“尔丰屠川人，川人死于兵者数十万，死于乱者百万，是夫之肉其足食乎？”

赵尔丰终于成了这场大灾难的最大替罪羊。

据尹昌衡自己说，他还派了士兵保卫赵尔丰的家室，而赵尔丰一个孙子躲在邻宅，藏了七天，确定平安无事后才回家。

其实，要论起私人交情，赵尔丰及其兄赵尔巽，都算是尹昌衡的仕途恩人。

赵尔丰临刑前照片

尹昌衡从日本留学回国后，先在广西当军校教官，因过于激进而被除名。赵尔巽倒是不拘一格，任命他为四川督练公所编译科长兼四川讲武堂教练官。1910年，在新军十七镇成立典礼上，他居然当场驳斥了前来致贺词的赵尔巽，而赵尔巽却因此认为他是个人才，十分器重，尹昌衡从此成为新军中的灵魂人物。

赵尔巽在离任时向继任总督、自己的胞弟赵尔丰做了推荐。赵尔丰到任后，立即任命尹昌衡为陆军小学的代理总办，为其在新军中的发展提供了一个重要的基地。可他绝对没有想到，自己会死在这位着力培养、极其信任的年轻军官手中。

尹昌衡虽然年轻，手段却极其老辣。他依靠着川籍军官的力量，与失意的咨议局副议长罗纶合作，一个动用军方的力量，一个动用黑道的力量，终于成功地赶走了蒲殿俊和朱庆澜，夺得了政权。而赵尔丰的脑袋，也成为他们巩固权力、扬威立万的台阶。

赵尔丰的首级，被挂在长杆上，在成都城内游街示众，这与其说是对“反动旧官僚”的清算，不如说是新政权对一切潜在的敌人的警告，而这种敌人往往是他们内部可能与其竞争的同志兼兄弟。

年轻的郭沫若日后记下了民众对赵尔丰之死的微妙反应：“他病了，全无抵抗地遭了别人的屠杀，尽管在他生前人人曾经以‘屠户’目之。待他一死，大家对他却隐隐有些惋惜起来。”

拿着赵尔丰人头当投名状的尹昌衡，几年后被袁世凯诱捕。赵尔巽自然要为其弟报仇，而赵尔丰之女，又正是袁世凯的三儿媳。多亏尹昌衡还曾经认过段祺瑞为老师，才保住了性命。这位果敢的时代骄子，出狱后就远离名利场，教书写书为生。

赵尔丰之死，给时人留下的最大教训，或许就是当手上还有枪杆子的时候，要紧紧握住，不能轻易予人……

凄惶功狗盛宣怀

一支十名洋人组成的小分队，行进在北京城的夜色中。

其中八人全副武装，却身穿不同的军服，他们分别来自英、美、德、法四国，每国各两人。其余两人身着西装，他们是美国公使馆汉文翻译丁家立（Tenney Charles Daniel）及英国公使馆翻译。

这支多国小分队的目标，是大清国邮传部部长盛宣怀，要将他连夜护送到天津。

这是 1911 年 10 月 27 日，盛宣怀生命中最为漫长的一日，也是中国近代史上极为特殊的一日。

这一天，大清国资政院通过了一项特殊的决议，要求对邮传部尚书盛宣怀“明正典刑”。

堂堂国家立法机构，天天高喊宪政与法制，却越过了立法与司法之间的基本界限，在证据阙如的前提下，以“人民”和“宪政”的名义，以一百多人投票表决的方式，判处一位国家级高官死刑。这无疑是世界议会史上的一个奇观。

消息一出，震撼世界。当天，英国公使朱迩典（John Newell Jordan）、美国公使嘉乐恒（William J. Calhon）、德国公使哈豪孙（Herr von Haxthausen）、法国代理公使斐格威（Francois Georges Picot）紧急觐见大清国总理大臣、庆亲王奕劻，对盛宣怀的人身安全表示极度的关注。

庆亲王保证，朝廷绝不会处决盛宣怀，其生命安全完全有保障。但各国公使根本就不相信，于是，连夜发起了这场国际营救。

终于躲入了天津租界的盛宣怀，怎么也搞不明白，曾经在官商两界的左右逢源，为何成了左右为难，并且惹来杀身之祸……

盛宣怀像

“人民税收”

盛宣怀其实年初刚刚上任，在位正好十个月。

邮传部本就是他的地盘。自 1896 年执掌铁路总公司，到 1908 年，在这 12 年的时间里，他都一直是中国铁路的一哥。邮传部是个大部，综合铁道部、交通部、电信部、邮政部四大功能，但铁路始终是该部最为重要的工作。

但在这个超级大部挂牌的时候，盛宣怀却在内部的权力倾轧中落败，被发配到了上海，以侍郎的身份谈判对外商约。直到 1910 年的 8 月份，他才回到北京，却依然是个副部级，更尴尬的是，正部级的尚书居然是他以前的下属唐绍仪。于是，两人都只好称病。

几经周折，唐绍仪勉强干了几个月，终于离职，而盛宣怀也得以在 1911 年的 1 月份坐上了邮传部头把交椅。

这个自视甚高又久被压抑的人，终于握上了向往已久的印把子，便以雷霆

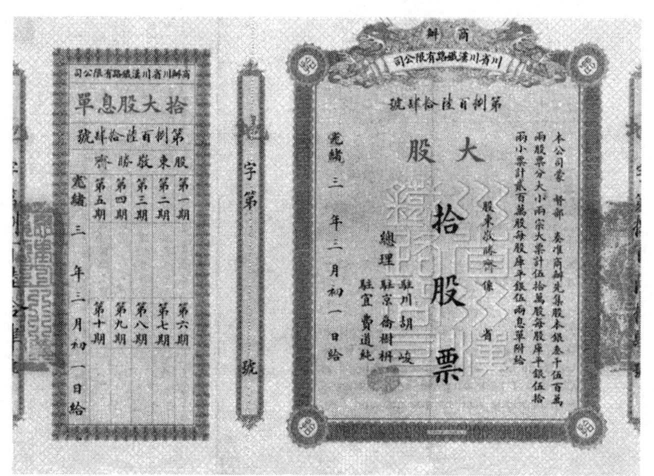

川路股票大股十股票

手段开展工作，刀锋首先指向的便是他所熟悉的铁路。当时全国 17 家“商办”铁路公司，虽然政府放手不干预，并且给予各种特殊政策，包括准许他们通过征收特别税的方式收集股本金，实际上就是用公权力做保障，在民众中强行集资。但是，这 17 家公司却比之前的国有企业更为不如，家家腐败丛生、问题成堆，铁路建设毫无推进，巨额资金倒是不见了踪迹，实际上已经没有一家能够继续维系，不仅大大影响了作为国家战略布局的铁路网建设，而且还弄得民怨沸腾。

这种因建路而积累的民怨，主要源于民众被强行摊派购买铁路股份。所谓的“租股局”实际上成为第二税务局，虽然其无非是商办公司旗下的一个部门而已。但是，这种通过“税收”方式征收的建设资金，因为“商办”的关系，却与商办公司的管理层一样，脱离了政府既有纪检监控渠道的监控——即使这些渠道本已势弱。更为危险的是，在商办公司既得利益集团的成功运作下，这种本应针对既得利益集团的民怨，却被转而针对政府。大清政权以自己的国运为赌注，在铁路问题上充当了一回超级二百五。从这个角度说，大清政权的确腐朽愚昧——居然不会做老大了。

盛宣怀及朝廷一众官员急于挽回这种被动局面，在他主持下，朝廷最终宣布将铁路一律收归国有，对商办公司或给予经济补偿或换发国家铁路公司的股票。

广东、湖南、湖北三省的商办铁路公司，因为完成集资额巨大，高管们实际上在其中已有巨大利益，一旦国有，其利益必将受损，而且之前的花账、坏账、烂账也将在审计中曝光，因此竭力反对。除此之外，铁路国有赢得了绝大多数为路所困、切盼朝廷出手“救市”的省份一片喝彩。而亏损最为严重的川汉铁路四川公司（“川路公司”），其高管在欢呼国有的同时，提出一个附带要求：希望中央财政为他们在上海违规炒股而亏损的350万两埋单。

盛宣怀自然拒绝了这一让政府再当回二百五的要求，他把话说得很堂皇、也很绝：中央财政的钱来自全国人民，政府没有权力动用它去为企业高管的违规行为填窟窿。这或许是中国历史上第一次高级领导人将政府视为人民“管家”的声明，令人耳目一新。川路公司高管们丧气之余，恼羞成怒，加入了广东、湖南、湖北三省商办铁路既得利益者的行列，开始猛攻铁路国有政策、猛攻盛宣怀本人。一时间，帽子满天飞、棍子遍地打。此即所谓的“保路运动”的肇始。

保路运动从湖北发轫。国有政策宣布后不久的5月12日，粤汉铁路湖南公司就在长沙贾公祠召开大会，商议的主题与任何拆迁、反拆迁的拉锯战一样：如何以抗拒为手段，实现利益最大化。

会场气氛是激动的，甚至有点感人。有一个叫贾武的人，慷慨陈词后，居然切下了自己的一根手指，“自言誓不与盛宣怀共戴天”。据说，一时间“满座痛哭，声震屋瓦”。在之后轰轰烈烈的保路运动中，我们能不断发现这种动辄千人、万人的集体哭场景象。那些在铁路建设方面成绩平平的高管们，却在动员民意、操纵集体无意识方面，显露了出色的才华。

最后，湖南方面决议，铁路继续“完全商办，实力推行”，“租股、房股、薪股，照旧收集”——这才是关键所在：这些“商办”铁路公司，主要资金并非商人的自有资金，而是依靠政府给予他们征收特种税收的特权，从田地上征收的就是“租股”，从房产交易上征收的就是“房股”。如此这般，成百上千万的小民因此而“被”成为了股东，成为这些高管们盘剥的对象，也成为被这些高管“代表”以对抗中央的武器。

除了上访请愿外，湖南还决定：对于那些“反对湘路之完全商办、妨碍湘路建筑”的人，“湘人认为公敌，以强硬手段对付之”。这是近代史上首次公开地因经济问题而诉诸“强硬手段”的人身威胁，支持铁路国有的著名人士、湖南人杨度，就遭到同乡们的围殴，险些丧命。日后川路公司也如法炮制，只要不如自己心愿，他们就以“人民”的名义向对手发出死亡威胁，从北京到成都，不少支持铁路国有的人士，都受到了这种“革命”恐吓。

信息不对称下的群众动员，效果很好。5 月 16 日，长沙、株洲一带铁路工人一万余人，“一概停工”进入长沙示威游行，“沿途声称，如抚台不允上奏挽回，商须罢市，学须罢课，一般人民须抗租税”。湖北的情况也类似。在革命党的暗中鼓动下，湖北多次举行千人集会，革命党人詹大悲主编的《大江报》发表社论，公开呼吁天下大乱，他们社论的标题就是《大乱者救中国之药石也》《亡中国者和平也》。里程最短、筹资最顺利、铁路完工最多的广东省，本来受铁路国有政策的冲击很小，但他们也站出来对抗朝廷，以便为自己赢得更好的谈判地位，甚至也喊出了“有劫夺商路者，格杀勿论”的杀气腾腾的口号。

爱国盾牌

光为了自己的利益而对抗朝廷，这显然令各省铁路公司有点害羞。

不久，一个极好的“抓手”出现了：国有诏书发布 11 天后，清朝政府与美、英、法、德四国银行签订了借款合同，引进 1000 万英镑的巨额外资，投入铁路建设。几家商办铁路公司的高管欣喜若狂：这下子可以上升到“爱国”还是“卖国”的高度，来和中央讨价还价。

这笔外资的引进，是张之洞生前未能完成的任务。张之洞从比利时人和美国人手中收回粤汉铁路改为商办后，爱国荷尔蒙没多久就被各省商办铁路公司纵欲般的腐败与低效消蚀殆尽，“幡然悔悟，不护前非，仍拟借款筑造，乃向英、德、法三国银行订定借款草合同”。1909 年 6 月 6 日，张之洞与英、德、法三国银行，签订了 550 万英镑的贷款协议，年利率五厘，专用于建造湖广境内粤汉与川汉铁路。但此协议在朝廷最后批准前，发生变故，“美国援案插入，暂缓陈奏”。而“张之洞旋即病故，此事遂一搁至今”。

修建铁路的劳工，与承受租股的小民一样，永远是沉默的大多数。图为清代四川铁路建设现场。

张之洞去世后，本来一直被他压制的两湖绅商，终于失去了制衡，势力大涨。此时，大清国又在大力推进政治体制改革，积极设立地方咨议局，这迅速成为绅商们加入政治游戏的大舞台，得以进行力量动员和集结，扛起民族主义和立宪主义的大旗，争取自己的利益最大化。

张之洞未竟的谈判并未中止，盛宣怀接过了接力棒，这也注定了他日后“卖国贼”的命运。为了改变商办铁路大量占用和耗费有限的社会资源，铁路国有及引进外资已经成为朝野的主流思路，这一谈判进程被大大加快。

盛宣怀无论对内对外，都是个强势的人，在他的主持下，“磋商数月，会晤将及二十次，辩论不止数万言。于原约稍可力争者，舌敝唇焦，始得挽回数事，实已无可再争”，贷款合同的条款不断地向有利于中国的方向发展。不仅年利率依然维持在5%，不到国内钱庄和票号贷款利率的一半，而且所贷款项的半数可以存在交通银行与大清银行，这等于为这两家国有银行提升了头寸，而原合同规定只能存在四国银行。同时，合同还删除了原定四国有权参与建造若干支路的条款，并规定所用铁轨必须使用汉阳铁工厂的国产品，其它原材料则进行国际招投标，不再由外方指定。盛宣怀坚信，根据这一合同，资金到位后，粤汉铁路三年内就能全线接通，十年内可以开始还本。

但是，这一完全平等签订的借款协议，立即成为既得利益集团攻击政府的依据，“卖国”“贪赃”的罪名几乎成为盛宣怀及其邮传部的代名词。

盛宣怀的名声本就不好，号称“一只手捞十八颗夜明珠”（经元善语），而在对外采购和引进外资时吃回扣、“加帽子”（在定价上加虚价中饱私囊），在大清国不仅是潜规则，而且是显规则。

对于大清国的腐败，美国《纽约时报》甚至认为这“危及人类道德”：“现代化的武器装备、防御工事以及铁路的引进一夜之间给大清国的官员们带来了最大的侵吞公款的机会。只要外国的公司引诱他们进行贿赂的话，再怎么老掉牙的枪支或再怎么陈旧的弹药他们都会购买。他们同样也大肆购买了许多原材料。然而，即使是他们在买东西的过程中，行贿现象和贪污行为也比比皆是。”

而掌管了铁路、航运、电报、邮政四大肥缺的邮传部，一直就是腐败的渊薮，官员连轴换，因此在当时就被戏称为“运动部”。1909 年，当时的尚书陈璧就以贪污罪名被革职。陈璧引进外资贷款，“借高息不借低息，得其回扣，饱其私囊”，而且还卖官，“凡欲占一席位置者，非运动不可，故陈璧在京时，大有臣门如市之慨”。据估计，其贪污总额约在 585 万英镑。而接任的唐绍仪，其“营私舞弊和重用亲戚的做法，甚至在中国也达到了不同寻常的规模……他在海关或铁路或邮传部里的空缺，只要能捞到手的都安插了他自己的亲戚或姻亲，或是他的广东同乡”（莫里循语）。

腐败随着改革的深入而深入，这是大清国改革的最尴尬局面。时人胡思敬在其《国闻备乘》一书里，曾经生动地描写了宣统年间的“七党林立”：“孝钦训政时，权尽萃于奕劻（庆亲王），凡内外希图恩泽者，非贵缘奕劻之门不得入。奕劻虽贪，一人之欲壑易盈，非有援引之人亦未易扭身而进。至宣统初年奕劻权力稍杀，而局势稍稍变矣。其时亲贵尽出专政，收蓄猖狂少年，造谋生事，内外声气大通。于是洵贝勒（载洵）总持海军，兼办陵工，与毓朗合为一党。涛贝勒（载涛），侵夺陆军部权，收用良弼为一党。肃亲王好结纳报馆，据民政部，领天下警政为一党。溥伦为宣宗长曾孙，同治初本有青宫之望，阴结议员为一党。隆裕以母后之尊，宠任太监为一党。泽公（载泽）与隆裕为姻亲，又曾经出洋，握财政全权，创设监理财政官盐务处为一党。监国福晋（即醇亲王福晋，荣禄之女）雅有才能，颇通贿赂，联络母族为党。”

梁启超也说，晚清“号称预备立宪改革官制，一若发愤以刷新前此之腐败，夷考其实，无一如其所言，而徒为权位之争夺，势力之倾轧。藉权限之说以为挤排异己之具；借新缺之立以为位置私人之途。贿赂公行，朋党各树，而庶政不举”。

在这样的大环境下，“盛”名卓著的“肉食者”、“总揽轮船、银行、铁政、炼冶、煤矿、纺织诸大政”的盛宣怀，突然吃起素来（后盛被查办和抄家，均未发现涉及从本次四国银行贷款中侵吞回扣的任何证据），早已习惯了以最大的恶意来揣测的国人，却也宁愿相信“莫须有”。自然，不少反对者并非反腐败，而只是痛恨自己没有机会腐败而已。

最令人们浮想联翩的是，急于追求政绩的盛宣怀和朝廷，操之过切。5 月 8 日才成立首届责任内阁（即所谓的“皇族内阁”），9 日就在未与地方充分沟通的前提下匆忙公布铁路国有政策，20 日则签订了四国银行贷款合同。见惯了老牛拉破车的低效政府的大清民众，对于这种罕见的高效率自然是要多打几个问号的，一件至公至正的事也因此被蒙上了鬼头鬼脑的朦胧色彩。

其实，将引进外资等同于卖国的这些商办铁路公司，反对的并非如此“卖国”，而是他们自己的“卖国”机会被盛宣怀剥夺了。这些高喊爱国的人们，在修路无能、筹资无方的困窘之下，也曾悄悄地试图引进被他们所痛恨的外资，只是外资毫无兴趣与这些品貌双缺的丑陋家伙们调情。

但这并不妨碍他们的高调演出。虽然从理论上说，他们只是千百万被摊派入股的小股民的“代理人”，但因为“被代理”的都是沉默的一大群，这些绅商们便俨然当家作主起来。在之前的既得利益之外，以保路运动的名义，他们又成立了一大堆新的机构，任命了一大堆新的会长、“总理”、干事，令既得利益者的队伍更为壮大，也更为稳固。为了保证这些利益举而弥坚、坚而弥久，以“人民”的名义向政府发难就是最好的办法。

值得注意的是，最早爆发保路运动的湖南，素有人望的绅士领袖们，都远远地避开了所谓保路运动，如湖南省咨议局议长谭延闿就故意滞留北京，而副议长亦远走他省，领导运动的，是平日被视为地痞般的人物，随后便被地下帮会及以留日学生为主体的“革命党”所接管了。

“人民公敌”

作为一位精通显规则及潜规则的高手，盛宣怀显然不可能不知道有很多高压线是不能碰的，比如得罪既得利益集团。

大清国本质上并不是一个讲理的国家，如果不能“花花轿子人抬人”，那就只能讲究丛林原则，店大欺客，客大欺店，你砸别人的饭碗，别人就有可能砸你的锅，区别并不在于道理，而在于实力。

盛宣怀通常是只讲实力的，而这回，碰巧他认为实力和道理都在自己的一边，便得理不饶人。当年，载泽、端方等考察欧美宪政归来，认为立宪政治“利国利君利民，惟一不利官”。这和如今的铁路国有政策几乎完全一致，唯一不利的，就是之前寄生在铁路上的既得利益集团。盛宣怀乃至整个朝廷，唯一的错误就是：仁政所能惠及的广大民众都是沉默的大多数，而改革所要伤害的少数既得利益者，却是掌握了资源、话语权以及斗争技巧的富有战斗力的团体。

在朝廷的竭力化解下，湖南、湖北、广东三省的“保路运动”见好就收，迅速地偃旗息鼓，既得利益者们退居二线去享受幸存的胜利果实。但四川却因为炒股亏损实在过于庞大，只能选择与朝廷死磕，并且越演越烈。在成都的中心舞台上，一场“变脸”大戏越演越热闹。以川路公司高管为代表的既得利益群体，不惜高高举起民族主义的大旗，无中生有、激化矛盾。而各级政府官员，抱着自己的小九九，试图浑水摸鱼，利用民众运动为自己捞取政治资本。革命党则希望天下大乱，好早日推动革命高潮的到来，明确将“离间官民”作为在四川工作的重点。这三种力量，最后导致保路运动失控而成为颠覆大局的风暴潮，而盛宣怀成为矛盾的原点和焦点。

盛宣怀在四川迅速成为人人喊打的典型，各种各样的“保路同志会”，都把他作为四川人的公敌，批倒批臭。“成都外东区女界保路同志会”发出的揭帖，极为类似当年红灯照大师姐们的口吻：

“呜呼！盛宣怀！尔真死者也，尔真是鬼作祟者也。即割脔尔妻子，肉剥尔父母，掘毁尔祖宗之坟墓，烹醢尔身，以分享吾民，恐犹不足以赎尔罪也！”

怨毒之情，令人胆寒。

随着四川各地暴动纷起，连遥远的南京也在9月份出现写给盛宣怀的恐吓信。这封署名为“革命右军雷行”的匿名信，洋溢着“革命英雄主义”的酷烈寒光，信中说：

“汝家本寒微也，捐一候补同知，贡媚（原文如此）于李鸿章而发达，创办电报、招商两局，美其名曰‘官商合办’。及二局发达，又阿谀政府收商股以归官。汝坐拥高官，只知剥削民膏以肥其身，以种其子孙。上年天降之罚，斩汝之长子（指盛昌颐病死），汝犹不悛。今川民之变，汝激之也。川民恨不食汝肉而寝汝皮矣。本军指日北上，定取汝首级，以谢川民，汝其惕之。革命右军雷行。”

显然，能写出如此檄文的“革命右军”，绝不可能是“被代表”了的“人民”之一。被租股所困多年的贫困川民，就算他们认为自己的血汗钱被人剥夺，需要拼命，也会更为直接地找遍及各乡的属于川路公司的“租股局”算账，而不是遥远的京城中一个他们毫无所知的大官。只有那些“重大利益”受损的人，或者唯恐天下不乱的人，才会把靶子确定在一个履行工作职责的高级官吏身上。

对此，盛宣怀保持了充分的自知之明。9月30日，他在发给岑春煊解释川路国有补偿方案的电报中，就说自己“于此事，已为众矢之的，即牺牲身命，何裨丝毫？”

随即，武昌城头一声枪响，天下烽烟四起。大清政权为了救命，再也顾不得坚持基本原则了，试图从铁路国有的政策上后撤。而把责任推给办实事的盛宣怀，成为最为简捷有效的卸责方式，如同甲午战争之后，责任都必须由勉力维持的李鸿章来承担。

10月16日，御史史履晋弹劾盛宣怀，一方面承认铁路商办出现大量问题，另一方面却认为盛宣怀的国有方案只是为了其满足其“独揽利权、调济私人”的目的，并且“未经阁议”。至于盛宣怀的因省制宜的补偿政策，则被指控为导致“人心愤激、大起风潮”的原因。这位显然没有理清基本事实脉络的言官，还提出的解决方案就是：铁路依然商办，已开工者照常动工，未开工者迅速赶造，股款不足，则由国家补足。问题在于，腐败的商办铁路公司闹风潮在行，建铁路则不行；而两袖清风的国家财政，即使愿意为商办铁路的无底洞追加资金，除了引进外资别无他法。

10月26日，又一位御史范之杰上奏，认为川鄂动乱主因并非“赵尔丰之操切罗织、瑞澂之弃守潜逃”，而是“横绝中外”的“神奸巨蠹”盛宣怀。他指控，盛宣怀之所以对不同地区采取不同补偿方式，是为了进行股市的内幕交易：在铁路国有宣布之前，盛宣怀已经派人到广州低价收购了大量的粤路公司股票，所以粤路商股十足偿还，盛宣怀大捞一把；而川路公司的股票，盛宣怀未能收得，因此才不断打压。当然，这又只是风闻而已。

这位御史提出，盛宣怀目前只是一个尚书，如果他处在更高的位置上，“盗玉窃钧，何事尚不可为？”，“方今主少国疑，而有大臣奸横如此，苟不宣布罪状，明正典刑，恐君权陵替，后患更何堪设想”。将盛宣怀的问题，上纲上线到篡班夺权的高度，体现了丰富的想象力。

以宪政之名

御史们的指控，盛宣怀自然可以当作几只苍蝇嗡嗡叫，几声凄厉，几声抽泣。但来自资政院的攻击，则是直接而致命的。

10月25日，资政院第二次会议，盛宣怀成为会议讨论的主题。

下午1:45会议开幕，资政院总裁世续却称病不出，由副总裁、学部右侍郎李家驹主持。

会议先对上次会议讨论过的三项议案简单回顾，众人无异议，均通过。于是，进入第四项议程，讨论议员罗杰的提案，主题是“内忧外患，恳请标本兼治，以救危亡具奏案”。

提案人罗杰先上台做说明，将解决川鄂动乱的办法，分为治标、治本两种。“治标”又分宽严两种，“严”的办法，就是将盛宣怀、赵尔丰、瑞澂三人，“按律严惩”。盛宣怀的罪名，是铁路国有及引进外资，既没有交付内阁讨论，也没有通过资政院审核；四川总督赵尔丰的罪状是，“先时赞助保路同志会，旋诬为匪，激成大变”；湖广总督瑞澂的罪状是，“事前既无防范，事后则弃城遁逃”。“宽”的办法，则是在四川立即释放被捕的蒲殿俊等人，在湖北对造反的新军“多方招抚，设法解散”。而治本，就是要尽快召集正式国会，组织完全责任内阁，并确定宪法，保证人民的言论、出版、结社集会三大自由。

主持人问：“诸君有无讨论？”众人喊：“无讨论”。大多数人站起来表示赞同，于是这份议案轻松通过。

第五项议案，是由议员牟琳及易宗夔联名提交的，题目是“部臣侵权违法，激生乱变，并有跋扈不臣之迹，恭恳惩治具奏案”，矛头集中在盛宣怀。

主持人请提案者上台解释提案。牟琳说，从法律上看，盛宣怀的铁路国有政策，未经过阁议、未交院议，引进外资也只是通过度支部大臣商议，且不由主管部门主持，“独断行之”，违反了法律；从政治上看，“凡立一政策，必期能富国利民，而盛大臣既损失川民之利益，激成变乱，变起复无法以弭之，致令鄂乱踵起，大局动摇，推原祸始，盛一人之尸。至于电陕调兵，尤为跋扈不臣之实迹”。他请求将盛宣怀“明正典刑”，否则“无以服人心而平乱事”。

议员刘荣勋赞同道：自立宪以来，革命之说本已渐息，等盛宣怀提出铁路国有，“解散人心”，“革党乘机煽乱”。议员籍忠寅附议。邮传部特派员举手请求发言，“众止之”。于是进行表决，将议员的意见加入议案，由秘书官“朗读修正案”，进入二读。

二读中，议员籍忠寅解释说，修正案中增加的部分，就是盛宣怀的犯罪事实。议员陈懋鼎则表示，盛宣怀此人“运动力甚大，本院议员谅不至受其运动”。议员李文熙提出，有几个问题要质询邮传部特派员，主持人表示，应让议员们发言之后再行质询。

议员黎尚雯将盛宣怀的罪状总结为四条：违宪之罪、变乱成法之罪、激成兵变之罪、侵夺君上大权之罪，这几条罪，“按律当绞”。这引起了议员们的极大共鸣，李文熙、李素、顾栋臣、王佐良等纷纷跟进，表态支持，而汪荣宝则大声呼喊：应当命令盛宣怀亲来答复。众人大声附和。

随后，主持人请邮传部特派员于焌年、陆梦熊先后作出说明。于焌年刚刚谈及租股、民股等数额，就被各位议员喝止，认为“答非所问”。

特派员陆梦熊则解释道：“此（铁路国有、引进外资）政策非邮传大臣一人所主持。”

议员李文熙立即反问：“邮传大臣所司何事？”

陆梦熊又言：“借债始于张文襄（张之洞），现在本部不过继续奉行耳。”

李文熙质问：“张文襄所定，乃草合同，且已久不签押，何以今年独不能缓？况草合同所定，系粤汉路，非川汉路也。”

议员中便有人高喊，让盛宣怀出来回答。却又有人反对，认为毫无必要。

陆梦熊继续辩解：“此固法律问题，然邮传部不过就草合同修改而已。”

议员汪荣宝问：“日本之千万元，亦根据草合同乎？”议员程明超问：“定合同时，资政院已成立，何不交议？”议员王佐良问：“去岁开院时，外人函催签字，何以会期之内竟不交议？”

陆梦熊答：“非邮传部坚持借款，实以外人函催外部，邮部无可如何耳。”

议员于邦华说：“去年开院时，度支大臣到院，曾认借款必交院议。借债虽在开会之后，何以本院请开临时会，而邮传大臣不赞成此举？”李文熙、胡骏、陈懋鼎、邵羲、王季烈、籍忠寅等也纷纷起来诘问，场面十分激烈。议员易忠夔表示，这个案子已经板上钉钉、不必多问了，如果议会上奏后不被中央政府采纳，则应再三弹劾，“至有朝命为止”。

议员李复却又站起，总结道：川乱背后的主要问题有，一、退还川股与粤股办法不一律；二、铁路学堂费何以不承认；三、股息何以不给；四、历来招股费用何以不承认；五、议长争路，系保存本省权利，何以为匪？六、股东会系法律许可，何以严禁？从这些问题，亦可知其或者对基本材料都并未谙熟。

此事，议员牟琳请求先付表决。在议员易忠夔、汪荣宝建议下，会议清点人数，总数为119人，于是开始表决，全体一致通过。

议员陈敬第要求次日立即上奏，主持人表示，恐怕来不及誊抄上奏，众人都坚持非明日上奏不可，如果实在来不及，就先上奏弹劾案。这场确定盛宣怀命运却对大局无济于事的冗长会议，终于在下午4：25结束。

当日（10 月 25 日），特派员从资政院带回的会议记录，就摆在了盛宣怀的案头，他“展读之下，不胜疑诧”：“干路国有不交阁议，谓为侵权；借债签字不交院议，谓为违法；借日本 1000 万元，谓为卖国；擅调兵队，谓为跋扈；革党陷城，由于路款，谓为祸首”，几乎每项罪名，他都无法接受。于是，盛宣怀当即用两天时间写就了答辩状。

其一，张之洞生前所订合同，年初时由四国银行向外务部催促批准，而批准之前，必须先完成铁路国有，取消商办，否则中央政府既非铁路所有者、借款又无法获得抵押物。邮传部与外务部、度支部多次商议后拿出了铁路国有方案，总理、副总理均签字同意，然后报请摄政王以圣旨名义下达。因此，“侵权”的指控不能成立。

其二，对外借款协议，张之洞生前即已签字，只是还需经过中央政府正式批准认可，而邮传部的任务就是修改其中的一些条款，这本是前任唐绍仪的未竟工作，等盛宣怀接手时，资政院已经闭会。当资政院召开临时会时，摄政王以上谕这一最高文件的方式，解答了资政院对这笔借款的任何疑虑，明确表示不必在资政院临时会上讨论，各部门只需将相应文件准备妥当，在 10 月份（农历九月）的资政院常会上提交表决即可。因此，邮传部毫无“违法”之处。

其三，至于日本借款 1000 万元，因日本未被包括在四国银行团内，“稍予体面，以顾邦交”，这也是没有办法的事情。而且，此事细节已经交付阁议，并转资政院，请归入“四年分”（宣统四年，即 1912 年）特别预算，资政院本有全套文件，一查可知，“卖国”之控毫无理由。

其四，至于擅自调兵，盛宣怀辩解，邮传部无非是为军方准备交通工具、转递电文通讯而已，无权也无可能介入军队调动，“跋扈”之说，也不成立。

其五，至于川路补偿款项细节，因四川方面一直未能查明细账并申报朝廷，一直未能最后落实，绝非“一概不予承认”；而至于川路公司在上海违规炒股的巨额亏损，经宜昌分公司总经理李稽勋做工作，朝廷也已同意承担，这在公开文件中有详细记载。至于川省动乱，已经查获的叛乱文件及接济军火等文书，显示动乱另有原因，并非铁路引发，“祸首”的罪名，也不能接受。

盛宣怀在否认了全部指控后，自请解职，以避嫌疑。但是，政治游戏和权力博弈，从来不需要真相与真理。盛宣怀的认真辩解，显得有些幼稚和可笑，对手根本不屑一顾。

令人寒心的是，资政院弹劾案已上，巨大的压力居然迫使摄政王载沣和内阁当天（10 月 26 日）就宣布：“盛宣怀受国厚恩，竟敢违法行私，贻误大局，实属辜恩溺职”，“著即行革职，永不叙用”。同时，内阁总理大臣庆亲王奕劻、协理大臣那桐、徐世昌，“于盛宣怀蒙混具奏时，率行署名，亦有不合。著该衙门议处。”

“辜恩溺职”的罪名并不重，但“双开”的处罚是极其严厉。问题在于，资政院对此结果并不满意，他们还想要盛宣怀的命。英国公使朱迩典在发给伦敦的电文中记载道：“近来盛宣怀因争铁路政策以救危亡，于北京腐败政府各大员中，实为杰出之人……资政院未知详情，而哗然争辩之弹劾，盛决不料其结果，遽至革职。但盛被此次猛击，犹照东方习惯，颇为镇静。起行之前，于夜间料理交待。然次日（10 月 27 日）事势，忽更大变。因资政院已传布印就之决议，请速杀此年老之大员。”

于是，在美国公使倡议下，四国公使进行干预，将盛宣怀转移出北京。对于资政院的决议，英国公使朱迩典嗤之以鼻，他认为资政院要求铁路国有及借款应交其决定，虽然没错，“但其结果，不过乱事继续不绝而已”。

其实，在 25 日资政院发出弹劾奏章之后，盛宣怀就已经搬入了横滨正金银行支店长的宅邸，躲避风头。随即，美国银行团代表司戴德出面，动员美国使馆，策动四国公使出面保护。四国及日本，为了争夺盛宣怀，还发生了一场平静的角逐，从盛宣怀离京赴津的火车选择、奔赴青岛的轮船安排等，都互相较劲。

而盛宣怀最初选择日本的庇护，就是相信只有日本才能帮助中国恢复秩序，并帮助他本人脱离困厄。日本也认为盛宣怀关系到日本的在华利益，首相山县有朋亲自要求外务大臣：“盛宣怀与日本有特殊关系，此时帝国政府即应采取切实措施予以保护。”日本政府特派三井物产公司北京支店长高木陆郎，陪伴盛宣怀，“不论其前往何处，均将随行到底”。10月30日，盛宣怀乘德国商轮“提督”号，由天津经大连转往青岛，但日本人经过积极的工作，以盛宣怀必须去日本治病为理由，将他从德国庇护下转移到日本内地。

就这样，与权力走得过近的盛宣怀，成也权力，败也权力。

1911年11月5日，苏州和平光复，江苏都督府成立，新政权就赶紧将盛家的财产查抄，革命的钱包一下子就丰满了起来。后来，盛宣怀主动为革命捐款，新政权就又发还了他的家产。对于在海外争取捐款有着丰富经验的孙中山，就曾警示盛宣怀，如果他不捐钱为革命筹措军饷，那就是“不诚心赞助民国”，“民国政府对于执事之财产将发没收命令也”。盛宣怀当然已经学乖了，赶紧热心赞助革命。

国舅头颅羞对镜[①]

1912年1月7日夜9点(辛亥年十一月十九),枪炮声响彻了伊犁城,革命了。

革命来得比预产期提前了三个小时。

傍晚时，革命党在南门外的新军炮营开会，到会的居然有六十多人。同志们嚷嚷着要组织“铁血团”，当夜12点暴动。商议了好一会儿，才发现，人群中居然还有两名清兵。一番折腾后，这两名清兵跳入水沟，居然成功逃脱了革命同志们的灭口追杀，将这一重要情报送给了伊犁将军志锐。

志锐得讯，赶紧应变，但为时已晚。激战后，将军府被暴动士兵攻占，志锐从后花园翻墙而出，逃进了东街的协统衙门，藏在大堂的东夹道内。

次日清晨，暴动士兵们搜出了这位将军，给他提供了一个活命兼翻本的大好机会:担任伊犁都督。志锐拒绝了。于是,同志们将这位58岁的“顽固反动派”拖到了钟楼前，就地枪决示众。

志锐，这位大清国的半个国舅爷——光绪皇帝的珍妃和瑾妃，都是他的堂妹，因此成为第一位死于辛亥巨变的皇亲国戚，同时也成为被革命专政机器处决的第四位封疆大吏，与之前的四川总督赵尔丰、川汉铁路督办大臣端方、山西巡抚陆钟琦聚首黄泉。

---

① 本文标题来自志锐七律《五十初度感怀》，作于1902年中俄边境，原句为“如此头颅羞对镜，莼鲈秋兴早思归。”

国舅爷志锐的纠结一生被革命终结

“铳手”提拔

志锐出身于根正苗红的满洲老姓他他拉氏（亦称作他塔喇氏、他塔拉氏），世代簪缨之族。其祖父裕泰，官至湖广总督、陕甘总督。其父亲长敬，任四川绥定知府。志锐七岁时，正值太平天国爆发，四川进入战备状态，长敬招募民团乡勇，志锐也“以其间习武事，驰马放枪”。

长敬病逝后，志锐投奔了担任广州将军的伯父长善。之前，其弟志钧已经过继给长善，兄弟两人便在广州安顿下来。

长善虽是将军，却是文人出身，喜好诗词书法，在将军府的花园“壶园”中开辟文社，名士云集，像梁鼎芬、于式枚、文廷式等，都是这里的常客。这些人与志锐兄弟年岁相仿，关系极为密切。之后，志锐的另一叔父长叙家的两个女儿，即日后的瑾妃、珍妃，比志锐小了近二十岁，也跟着伯父长善在广州生活，由文廷式给她们当家庭老师。“壶园”形成的这个关系网，日后对中国的政局也产生了不小的影响。

志锐家是勋贵，可以获得“荫封”，而不必参加科考。光绪初年（1875 年），志锐就以祖荫获选为礼部“员外郎”，但他却希望凭自己本事当官，并没有到北京赴任，“与弟朝夕攻苦，冀得科第以慰其先人”。五年后（1880 年），志锐考中进士，次年其弟志钧也中榜，兄弟俩均入翰林院，担任编修。

“自古宰相出翰林”，当了翰林院编修，等于成为大清朝廷的重点培养对象，可志锐的官运却并不亨通，升迁得很慢。一些主流的评论，认为他为人相当有棱角，与京师中的“清流派”们相呼应，“相励以风节，数上书言事”，因而得罪了当道者。其实，敢言的“清流派”也并不乏青云直上的人物，比如张之洞。

志锐的升迁困难，估计主要还是与他的学问不纯且性情放浪有关，他“爱唱《打金枝》剧中之‘金乌东升玉兔坠’，又能作狂草，皆不工。有人以四六偶句嘲之云：‘忽然高唱，金乌玉兔之声；偶尔挥毫，牛鬼蛇神之字。’今春志在京，闲逛八大胡同，兴来时，故态犹未改也”（蒋芷侪《都门识小录》）。好友文廷式直呼他为“铳手”，因其“锐”字形似“铳”，其实其性格亦如“铳”。

光绪十五年（1889 年）正月，志锐两位年仅 15 岁和 13 岁的堂妹，被选入宫中，当年就被封为瑾嫔、珍嫔，五年后则分别被封为瑾妃和珍妃。两女入宫时，光绪皇帝已经亲政，他与珍妃相处得最好，在珍妃的竭力推荐下，当年“壶园”的旧人都开始受到皇帝重视。志锐被提拔为礼部右侍郎，正式跻身高官行列，而文廷式则被提拔为侍读学士。

志锐被提拔的当年（1894 年），瑾妃、珍妃也被册封为妃，中日甲午战争也在这年爆发。志锐、文廷式等人，都加入了翁同龢的行列，高调主战，要求对日强硬，“我愈退则彼愈进，我益让则彼益骄，养痈遗患，以至今日”；同时，大力攻击李鸿章，甚至捕风捉影地指控李鸿章畏敌卖国。据说，光绪皇帝看了志锐的奏折后，十分感动，专门召见，并特命他赴热河练兵。

在翁同龢等主战派的爱国高调背后，其实还是政争权斗。翁同龢其人，按照其总角之交潘祖荫的评价：“吾与彼皆同时贵公子，总角之交，对我犹用巧妙，他可知矣。将来必以巧妙败，君姑验之。”翁同龢的兄长翁同书，早年在对抗太平军的战斗中，失地当斩，被曾国藩、李鸿章弹劾，两派因此结下深仇。甲午之前，翁同龢兼任户部尚书，但凡北洋水师有造船购械之举，莫不多方阻挠，造成北洋舰队长期得不到更新，而其一味主战，也有私心在内。据其门人王伯恭透露，翁曾说：“正好借此机会让他（鸿章）到战场上试试，看他到底怎么样，将来就会有整顿他的余地了。”（《蜷庐随笔》）而甲午战败后，翁同龢等又将责任全部推到李鸿章头上。因此，在1898年恭亲王临终前，告诫光绪皇帝，正是翁同龢主战而又不备战，既失外交之良机，又令实已落伍之陆海两军陷入险地，“所谓聚九州之铁不能铸此错者”。恭王薨后，光绪皇帝乾纲独断，将翁逐回原籍。及翁之死，庆王为之请恤，光绪盛怒，历数翁误国之罪，以致这位帝师居然毫无恤典。

志锐书生论兵，其实大言炎炎，空而无当，参与到这种官场争斗中，与其说是为国运筹划，不如说是划线站队。后人所谓的“帝党”，其实并不存在，只存在一个“帝师党”，就是以翁同龢为核心的，文廷式、志锐等光绪身边的人所组成的一个小团体。

光绪让志锐到热河练兵，既可以看作是光绪皇帝一激动之后对志锐的重用，也完全可能是慈禧太后等对这些赵括、马谡的“请君入瓮”：既然你说得天花乱坠，那就做点实绩出来看看。

在志锐等人的猛烈攻击下，朝廷最后决定给李鸿章严重处分，褫夺黄马褂、花翎，留职察看。但是，就在李鸿章被处分的三天后，灾难也降临到了志锐头上。

珍妃卖官

处分来得似乎极为突然。先是发布了太后的懿旨，瑾妃和珍妃因“干预朝政”而“降为贵人”。随后是光绪圣旨下，志锐“降授乌里雅苏台参赞大臣，释兵柄”。此时，瑾、珍二人在妃位上、志锐在侍郎位子上，都还坐了不到一年。

主流的解读，是将这作为“帝党”与“后党”权力斗争的副产品，志锐及珍妃都是因为拥护以光绪皇帝为核心的“帝党”而遭到以慈禧太后为核心的“后党”的打击报复。但是，“帝党”“后党”之分，是戊戌政变之后康梁出逃海外，为了政治筹款的需要而进行的炒作，是一场典型的政治抹黑运动，没有任何可靠的证据，表明慈禧太后是反改革的、是要夺取光绪权力的。相反地，从常识上判断，太后即使爱权，其权力基础也来自于儿子的皇位，光绪皇帝与慈禧太

敢于卖官的胆大珍妃

后的根本利益是完全一致的，一荣俱荣，一损俱损。

导致志锐及两妃被黜的，还是这一家人的行为不端。

珍妃久居广州，喜好时尚，在那个年代就成了照相的发烧友，拿着进口相机在宫中到处拍照。她大手大脚惯了，妃嫔的那点年薪（妃300两，嫔200两）根本不够用，于是，就开始靠山吃山，打起了权力的主意——卖官。

珍妃卖出去的，是一个肥缺——上海道。

据此时担任吏部主事的何刚德在《春明梦录》一书中的记载，根据制度，凡此类要职授缺，都是军机处提出候选名单，送给皇帝选定。没有列入候选名单的，即便是皇帝，一般也不能授缺。但是，这次上海道空缺，皇帝却指名要任命鲁伯阳。

军机大臣请示说："鲁伯阳单内无名，不知何许人，似不能放。"

光绪说："汝再查之。"

次日，光绪催问，并说："鲁伯阳系江苏候补道，李鸿章曾经保过。"

军机说："既系江苏候补道，须电询两江总督刘坤一再定。"

经与刘坤一核对，倒是真有其人，于是，这位鲁伯阳就走马上任了。

组织部门如此黑箱操作，激起了官场的热议，不少人议论说，鲁伯阳足足花了20万两进行公关，而且他还是个文盲。于是，御史们纷纷弹劾，高层下令，将鲁伯阳"送部考验"。其实，"考验"是由军机处直接举行的，而正是何刚德和吏部另一"掌印"惠树滋将鲁伯阳送往"考场"的。

何刚德没有记录下"考验"的成绩，但是，"考验"的结果却是鲁伯阳的上海道乌纱帽告吹，以候补道发往直隶，交李鸿章差遣委用。

同一时期，有一个叫"玉铭"的旗人，被任命为四川盐茶道，又是一个肥缺，但也因资格不称，被参开缺。

何刚德记载说，这两起违规用人事件，应该都是珍妃在幕后操纵，"闻有暗通声气之事。虽无确据，然不数日，珍妃被黜，妃兄志伯愚学士（志锐）放乌里雅苏台参赞去，或云事为慈宫所闻也"。

何刚德算是局内人，他的记载可信度极高。另外，据胡思敬的《国闻备乘》记载说："鲁伯阳进四万金于珍妃，珍妃言于德宗，遂简放上海道。"这一价格，比何刚德的记录要少很多，似乎更为真实。而且，胡思敬虽比何刚德年轻，但从戊戌年（1898年）开始也担任过吏部考功司主事，有机会接触到组织人事档案，还是相当可信的。他在书中还感慨："用人之权，君主不能专也。"

《国闻备乘》还记载道，珍妃卖官事发后，李莲英奉命搜查，"搜得文廷式书，内多指斥之辞"——可能是"指斥"太后的悖逆语言。于是，慈禧太后亲自审讯珍妃，说："他事犹可宥，汝宁不知祖宗家法而黩货若此，谁实教之？"

没想到，珍妃居然顶撞说："祖宗家法亦自有坏之在先者，妾何敢尔，此太后之教也。"

慈禧太后大怒，"袒而杖之，降贵人，谪其兄志锐于边，愤犹未泄，后卒致之死"。

导致慈禧愤怒的，不只是珍妃卖官。在甲午战争前，"文廷式等结志锐密通宫闱，使珍妃进言于上，且献夺嫡之谋。妃日夜怂恿，上为所动，兵祸遂开"。后宫干政，历来是朝政大忌，即令慈禧太后的"垂帘听政"，也并非"专政"，而是与“亲王辅政”并行的特殊制度安排。志锐、珍妃等人在“制度外”的“非常规”影响力，是正统绝不能容的，远比卖官更为恶劣。

刘体智在《异辞录》中说，文廷式走的就是后宫路线，甚至甲午年针对翰林们的大考，文廷式拿第一，也有幕后隐情，曾有人隐晦地说：“玉皇大帝召试十二生肖，兔子当首选，月里嫦娥为通关节。”一时传为笑柄。

珍妃自此被打入冷宫一年，到次年才被慈禧太后放出，恢复位号。但是，她并未收敛，继续在幕后参政议政，康有为就是“因廷式（文廷式）以通珍妃，因同龢（翁同龢）以见德宗（光绪）”，珍妃最终为自己带来了杀身之祸。

路越远官越降

珍妃被贬，失去内援，正在热河练兵的志锐，在军中待了还不足一个月，就被远调到乌里雅苏台。时人作打油诗说：“一自二妃失宠来，伯愚乌里雅苏台。冰山已倒冰蛆散，愁煞江南李木斋。”这个李木斋也是志锐的好友。志锐、珍妃被当作“冰山”和“冰蛆”，在官场上的口碑并不甚好。这一年，志锐 41 岁，珍妃才 18 岁。自此，志锐开始了长达 17 年的边塞生活，直到被革命党枪毙。

乌里雅苏台，在今外蒙古扎布汗省会扎布哈朗特。清代设立“乌里雅苏台将军”和“乌里雅苏台参赞大臣”，掌管喀尔喀四部及唐努乌梁海之军政，虽非官场肥缺，却是边疆重镇。据民国时为志锐所写的传记《清故伊犁将军文贞公行状》：“公闻命就道，初与夫人李氏偕行，中途病归，乃只身率二三憧仆，度天山（即内蒙古阴山，而非新疆天山），横绝漠，长途风雪，每到一台站，必有小诗纪之，成《竹枝词》百余首。襟怀冲淡，若自忘其为谪官投荒也者。”

在乌里雅苏台，志锐足足待了六年。他曾五次上疏纵论西北边务，提出“弭边患、御外侮、筹饷练兵以救危局”。但是，他却于 1899 年进一步遭到贬斥。

根据《清史稿》的说法，志锐是因为上疏论政，而犯了“当道忌讳”，才从乌里雅苏台参赞大臣，被贬为伊犁“索伦领队大臣”。其实，真正令他倒霉的，还是翁同龢一派被彻底打倒。上一年（戊戌年），翁同龢本人被光绪皇帝亲自贬斥，随后，翁系人马遭到全面清算，作为这个“帝师党”的重要成员，志锐自然也在贬斥之列。

于是，志锐便只好调往更为遥远的伊犁，出任更为低级的官职，《行状》中感慨他“盖路愈远而官愈降矣”。“索伦营”是“伊犁四营”之一，由黑龙江迁徙过去的鄂温克、达斡尔和鄂伦春等族官兵组成，肩负着驻守卡伦台站、换防塔尔巴哈台和喀什噶尔、巡查哈萨克和布鲁特（吉尔吉斯）边界的重要军事使命，是新疆的重要边防力量。

在赴伊犁的途中，志锐经过科布多，参赞大臣瑞洵对他热情接待。此前，瑞洵曾经上报朝廷，请求将志锐留在蒙古，助办蒙田襄办防务，但是朝廷的回复是“着不准留”。

到达伊犁后，“索伦领队大臣”志锐因为官阶太低，失去了单衔上奏的资格，极为郁闷。这倒应了文章憎命，志锐在此期间填写了大量诗词，奠定了其在清代诗坛的地位。其中，有一阕满江红道：

> 匹马寒烟，谁管待。远游狂客。须记取，黄沙荒徼，殊铭堪勒。万里边应吾辈守，十年闲让他人待。
>
> 听胡笳，一曲壮哉行，看时节，聊藏鸠拙。有梦难答琼岛树，无言独踏关山月。笑生平，百事不如人，头将白。

虽然消沉，但志锐却并未颓唐，还是强打精神，经常巡视辖区，因此熟悉了伊犁的山川隘口和险地要塞。此时，北京已是风雷激荡，义和团狂飙突进。不久，八国联军攻入京城，志锐的堂妹珍妃就在此时死难。普遍的说法，是慈禧太后下令将她投进了井中杀害，但并无任何实据。比较可靠的说法，还是珍妃如同庚子年众多无法逃离北京的女子一样，自尽而亡，以全名节。在义和团与八国联军的动乱中，北京的政治风向多变，很多官员极难表态站队，从而招来麻烦甚至杀身之祸。远在南疆的志锐，却幸运地避开了这一轮风暴。

1903—1904 年，日俄战争爆发。战前俄国为备战而对边民横征暴敛，战后俄国的革命党在边境积极酝酿革命暴动，这些都导致伊犁局势空前紧张。志锐因此提出“邻邦多故，边防宜严”，陪同新任伊犁将军马亮巡查辖区，检查边防，安抚百姓。同时，他不断提出，应当严格限制外国人到新疆“游历”，打击间谍行为，及“泛伊斯兰主义”、“泛突厥主义”的传播。此时，他正在经历从一个书生到将军的转型。

自光绪十年（1884年）新疆建省以来，南疆中俄边民互控积案从未审理，历年既久，文牍愈繁，“不独案据不可尽凭，亦且事理无从悬揣”，成为干扰中俄关系的一大痼疾。中俄双方便设立了一种叫做“司牙孜”（俄语意思为“国际会审法庭”，或“边境仲裁会议”、“民间边境会议”）的会审制度，双方官员组建临时会审法庭，中俄两国法律均不用，而是依据两国沿边的部族间民族习惯，审理边贸纠纷。

根据伊犁将军长庚的命令，志锐在1902年第一次代表中方主持“司牙孜”。这一次的法庭，设在中方境内“索伦营”辖下的克依根山沟，志锐在一个月内共办结案1700多件。两年之后（1904年），他再度在喀什噶尔的克孜玛依拉克主持“司牙孜”，又办结案近1700件。这两次突击办案，“多而且速，尤为历次办理所无”，难能可贵的是，志锐基本能做到公正持平，俄方也无可挑剔，“洵是隐消边衅，益固邦交”，双方边民对此亦很满意，“两国哈萨克均以赛马为请”。

此时，从义和团与八国联军动乱中恢复过来的大清，改革已经成为朝野上下的共识，“新政”浪潮席卷全国。1903年，新任伊犁将军马亮，在伊犁开设新式学堂“养正学堂”，志锐兼任“总理”做了名副其实的校长。次年，“养正学堂”开学，用满、汉、蒙、俄四种语言授课，志锐还选派了满蒙幼童十人、青年学生两名，到俄国的阿拉木图留学，这是中国最早的留俄学生。

志锐在伊犁担任索伦领队大臣，也是六年。这六年却令他在实际政务上得到了历练，并展示了一定的才华。国舅爷失去了靠山，脚步反而更稳了。1906年春，志锐调为宁夏副都统，终于开始了官场的上升通道。在宁夏都统任上，志锐提出了“融合汉满”的主张，认为只有消除满汉畛域，才能避免“积忿难平，争心更炽”，扩大清廷的执政基础。

南疆风云

北京的局势变化很快。1908 年 11 月，光绪皇帝和慈禧太后相继去世，年仅三岁的溥仪即位，其父 26 岁的醇亲王载沣摄政。自此，笼罩在志锐头上的阴霾彻底消除。

几乎在掌握中枢大权的同时，载沣就下令志锐立即回京，“知公忠诚，欲大用”(《行状》)。此时，距离他被赶出京城，足足 15 年了。八个月后，志锐被任命为杭州将军，一跃而成封疆大吏。在遍布全国各战略要地的八旗驻防军中，杭州将军是第一肥缺。而这个职务，正是其伯父长善在去世前担任的。朝廷的这一举动，带着相当强烈的“恢复名誉”的意义。

到杭州任职，对于喜好舞文弄墨的志锐来说，自然是好事。但是，两年后，1911 年 3 月（辛亥年正月），朝廷下令他与伊犁将军广福对调，并立即入京陛见。

这次调动，与当时的国际环境有关。此时，英国与俄国都加紧了对中国边疆的蚕食。英国觊觎西藏，进而窥视整个西南，这迫使朝廷决心加快修建川汉铁路，为此收回了下放各省商办铁路公司的筑路。但是，朝廷拒绝承担川路公司违规炒股的巨额损失，川路公司既得利益者们发动了所谓的“保路运动”，以此胁迫，终于引爆辛亥革命。而英国的宿敌俄国，则一直觊觎新疆，东则进窥中国的大西北，南则威胁英属印度。在此关键时刻，曾经在边疆工作 15 年、其中六年在伊犁的志锐，成为朝廷镇抚伊犁的首要人选，何况，志锐与载沣的兄长光绪曾经有过如此深的关系。

在北京，志锐向朝廷提出，新疆的工作首先要全力加强边防，抵御外侮，另一方面，他也“力陈新政多糜费，请省罢，一意练兵救危局”。当时，改革已经是朝野上下共识，几乎无人再反对改革，但是，改革却被各种既得利益者作为工具，大多数改革措施都成为乱政的根源。新疆也不例外，为了推行新政，不得不通过“开办亩捐、草捐及杂项各捐”来获得经费，各地官员借改革之名横征暴敛，甚至引发了民众纷纷越界加入俄国国籍。能看到当时各种势力借改革之名扰民乱政，并且勇敢地说出来，这是志锐眼光独到、有别于其他官员之处。

朝廷对志锐十分重视，不仅给了“紫禁城内骑马”的荣誉，而且明令他兼“尚

新疆谘议局，以富国强民为宗旨的晚清新政被异化为扰民乱政的工具。

书衔”，统一节制伊犁附近地方文武百官，这大大超过驻防将军的传统权限。对于志锐提出的伊犁扩军、增加涉外特权等，朝廷都一律同意。在朝廷看来，这是加强伊犁地区军政一元化管理的措施。但是，英国外交部门却认为，在新疆行政设置上的这种反复变动，削弱了中国政府的实际控制力，“驻伊犁的满族将军和驻乌鲁木齐的新疆巡抚直接对蒙古西部和新疆进行分别管辖的办法，必定是使中国人日益衰弱的一个根源”（英国外交文件）。

朝廷虽然重视，但心有余力不足。志锐要求下拨 100 万两军费，但“度支部”（财政部）却只能拨出 20 万，而且还不能马上下发。《行状》里说志锐“至是益知事无可为，每对亲族交游，低然叹曰：‘吾家世受国恩，自吾通籍三十余年，贬谪殊荒，所如辄阻。今日之事，尚复何为，所欠者一死耳卫。’”这一记载，其实大有夸张。此时的大清国，虽然问题丛生，却并没有显露出病入膏肓的状态，相反，因为新政的推行，而在表面上显得欣欣向荣。即使一年要发生高达数百起的“民变”，但其中除了极少数以黑道为主力的革命党暴动之外，几乎都是“只反贪官、不反皇帝”的群体性事件，志锐此时是不可能发出“尚复何为，惟欠一死”的感慨的。

然而，当志锐在前往伊犁的赴任途中经过西安时，武昌城头一声枪声，辛亥革命揭开了序幕。志锐一路走，一路与陕甘总督长庚、新疆巡抚袁大化商议对策，为防巨变，决心将西北经营成复兴基地，一旦局势失控，就把宣统皇帝接到西安，以图复辟。

在迪化（乌鲁木齐）停留期间，志锐从新疆巡抚袁大化的军中，挑选了 100 名有过作战经验的老兵，作为自己的卫队，并计划将这支颇有战斗力的小分队作为榜样，到伊犁后“分配各队，以作勇气”。此时，他已经知悉了伊犁新军如同各地新军一样，并不可靠，而且潜逃者甚多。

11 月 10 日，志锐终于抵达伊犁，途中只用了三个月，而朝廷规定的赴任期限是八个月。他当然没有想到，如果自己缓辔慢行，按照规定时间到任，则或许就能避免一场杀身大祸。11 月 15 日，志锐与广福办理了交接手续，自此开始了他为期仅 54 天的“伊犁将军”生涯，也进入了他生命的倒计时。广福也还呆在伊犁，办理未了的善后。

伊犁的局势已经是一团乱麻。新军不稳，志锐到任后，实行铁腕手段，对新军严加防范，利用武备学堂与新军械斗的机会，撤销武备学堂，收缴新军的全部弹药，同时大力裁撤可疑的部队。有革命党之嫌的新军署理协统（团长）杨缵绪，其所辖的陆军混成协，就被整建制裁撤。同时，志锐下令查封了由革命党人冯特民创办的、一味宣扬革命暴动的《伊犁白话报》，并召集旗人，发给武装，守卫惠远城，并调集了千余名蒙古官兵屯驻伊犁河南岸，防范新军可能的暴动。

吊诡的是，志锐却拒绝给被裁的新军官兵发放遣散费，甚至还下令收缴他们的皮衣皮裤。在各方求情下，志锐虽然收回了收缴冬装的成命，但依然在官兵遣返的途中设卡，强行收缴，致使部分官兵冻死野外。这其中，不仅有汉族官兵，还有一些籍贯本地的厄鲁特、察哈尔、锡伯族官兵。如此一来，大量的被裁官兵只能滞留伊犁，反而成为不稳定因素。

伊犁的辛亥新贵们（前左一为冯特民，左四为杨缵绪）

志锐对被遣散的官兵如此苛刻，其中一个原因也是手中几乎没有资金，多次催促朝廷拨款，得到的答复却是“现在部库如洗，铜项奇绌。伊犁所需，势难兼顾。即令饬部筹拨，亦属空言无济。该将军世受国恩，身应边寄，务宜勉为其难”（《宣统政纪》)。志锐无奈，只好竭泽而渔，一边苛待被遣散官兵，一边还向民间强行赊销廉价毡帽，索取高价，逾期不交的，就要纳羊一只，再逾期则纳牛一头。如此一来，伊犁的军民矛盾、官民矛盾更趋激烈。

书生之所以成了屠夫，是因为志锐相信乱世用重典，以为非严刑酷法不足以震慑人心，这与当时的陕西巡抚、进士出身的升允如出一辙。但是，他们的强硬手段，却加剧了局势的恶化，令日后的冲突带上了更浓厚的血腥气。

革命党要暴动的消息，几天前就有一个名叫“春竹铭”的人向志锐报告过，但志锐没太在意。毕竟，伊犁城内城外主要是蒙古兵，还有“军标”五十多标（团)，要对付以汉人为主的小小革命党加哥老会，还是绰绰有余的。

1月7日晚，得到了确切的报警之后，志锐下令给城内的旗兵立即发放枪支弹药。但是，还没准备停当，枪炮声四起，暴动开始了。掌管“南库”弹药的黄立中，也已经归顺革命党，于是，暴动士兵们顺利地拿到了武器。在猛烈的战斗下，将军府的卫队寡不敌众，暴动士兵冲进了府第。

志锐越墙逃到协领乌尔格春府内，乌尔格春怕受牵连，吩咐其女婿向暴动者告密。次日凌晨，志锐被捕。暴动者要求他出任都督，遭到志锐拒绝，他表示：“若所为各行其是，我不能北朝廷，辰祖宗，速死愿耳。”暴动者将他拖至钟鼓楼东侧钱局前枪决示众，其仆吕顺抚尸号恸，也被当场枪杀。

其实，伊犁的革命党，势力并不大，倒是哥老会势力很大。自左宗棠平定新疆以来，伊犁驻军以湘军为主，而湘军一直是哥老会的寄生体，因此，革命党在伊犁主要只能依靠哥老会。这种以黑道为主体的革命，更为血腥。颇具新疆特色的是，这里的哥老会还发动的一场专门屠杀各级官员的“戕官运动”，这成为日后民国新政权重点打击的“恐怖主义”行径。而暴动之后，伊犁的新“大哥”们不惜对抗民国中央政令，被责为“盘踞伊犁”，“形同割据，实民国之公敌”。

伊犁暴动的起因，在“正统”的革命话语叙述体系之外，还有另外的说法。据新疆巡抚袁大化的幕僚张开枚记载，伊犁暴动的导火线，在于志锐在军中发动的“反贪行动”，矛头直指杨缵绪、贺家栋（前伊犁将军广福的亲信）。其中，杨缵绪“亏累公款九千余金（相当于今日180万人民币）”，被志锐“撤差勒缴”。而主管财务的贺家栋，“积年亏耗公款不下数十万金（相当于数千万元人民币）”，志锐“扬言清查历年交代，责贺赔偿”；此时贺虽已调任，但是“志锐扣留不令去”。于是，杨、贺二人便只好发动“革命”，以图掩盖自己的经济犯罪行为，借以自保。

这一说法，虽是孤证，却也提供了观察伊犁“革命”的另一角度。

更值得注意的是，“革命”胜利后，杨缵绪、贺家栋等抬出了前任伊犁将军、尚未赶去杭州任职的广福，出任“独立”后的伊犁都督。一个满人出任民国的都督，这也是辛亥革命中的一件怪事，而广福在通电及写给清廷的信中，将流血冲突的原因全部归咎于志锐的“苛政”。

志锐曾有一首观棋诗：

百年世事如弹棋，一子落错全局危。
何人只手残局持，转败为胜神难知。

只是，对于他个人来说，这盘棋却永远地了局了……

灭门巡抚陆钟琦

“事是事，人是人，革命是历史，忠贞是人格。吾人不能以革命的事业，抹杀他们的人格！”——阎锡山

63岁的山西巡抚陆钟琦，身着全套官服，翎顶辉煌地站在衙门内。

枪声已经响彻了太原城，新军暴动了。

第85标（团）第一营、第二营，外加第三营的部分士兵，攻进了太原城。暴动士兵们分头攻击巡抚衙门、“满城”以及弹药库、军装局、藩库等。

守卫“满城”的旗营士兵们，正与进攻者在激烈交火。巡抚衙门的保卫力量远不能与“满城”相比，暴动者们轻易地用石条砸开了大门，击毙了警卫，冲进了大堂。

枪声次第想起，陆钟琦夫妻及其子，连同未能逃走的仆人等，均被处决，巡抚衙门内血腥冲天。

当晚，暴动士兵们在太原城内到处劫掠，举行了“革命”狂欢。在之后的南北和谈中，袁世凯因此拒不承认山西暴动者为“民军”，而认定是“匪军”。

这天，是1911年10月29日，距离武昌暴动仅19天，距离陆钟琦到任仅23天。陆钟琦成为辛亥革命中第一个被杀的省部级高官、也是唯一惨遭灭门的高级官员。

满门抄斩

根据阎锡山日后的回忆，暴动士兵冲进巡抚衙门时，陆钟琦“衣冠整齐，

立于三堂楼前，陆公子随其旁”。这位陆公子，是陆钟琦的长子陆光熙，在北京担任翰林院编修，曾经在日本学习军事，与阎锡山还是军校同学。

陆光熙告诉暴动士兵：“你们不要开枪，我们可以商量。”但是，他老爸却说：“不要，你们照我打罢。”而这时，“因巡抚之随侍有开枪者，遂引起革命军枪火，陆巡抚与其公子均死于乱枪之中”。

按照阎锡山的说法，因“巡抚之随侍”率先开枪，而导致双方交火，陆钟琦父子被杀。阎锡山日后也表白，暴动之前，他再三“告知两标（参与暴动的部队）对陆巡抚及其公子暂囚勿伤”。

而根据《清史稿》的记载，陆钟琦面对涌进来的暴动士兵，痛斥道：“尔辈将反邪？”话音未落即中枪殒命。陆光熙奔出援救，也被打死。

陆家父子被杀后，暴动者冲进了内室，陆钟琦的妻子唐氏、仆役万春先后被杀，陆钟琦 13 岁的长孙陆鼎元也被刺伤。有关唐氏的死，《清史稿》说她“抱雏孙起，并遇害”。至于死因，有人说是被刺死，有的说是因流弹击中腿部后失血过多而死，说法不一。不过，可以肯定的是，她的确死在了暴动者手里。

巡抚衙门内，还住着陆钟琦的三个儿媳妇及其子女们。枪声响起后，她们在仆人们的帮助下，在衙署东跨院的东墙上挖了一个洞，得以成功逃脱。这段可怕的经历，令陆氏后人终身远离政治。陆钟琦的孙女陆士嘉，在二战时留学德国，成为航空专家，后来参与创建北京航空学院（今北京航空航天大学），但其终身难以摆脱家族这段血腥历史的阴影。

至于陆钟琦的仆人、警卫等小人物们，究竟有多少死于暴动当晚，并无任何资料记载。可以肯定的是，巡抚衙门里的人，无论是陆钟琦的亲属还是下属，没能逃走的，都全数被杀。

陆钟琦被杀的具体细节，已经难以还原，可以肯定的是，一、他丝毫没有表露过求饶或投降的意思；二、暴动者也没有如同别的省份那样，表达任何拥戴他担任“起义”领导人的意思。阎锡山日后说得很清楚：“他们（陆家父子）与我们的立场”是不同的，太原暴动自始至终都没有想过要拥立陆钟琦。

除了陆氏一门遇难外，暴动士兵们的上司，混成协统（“旅长”）谭振德，也被士兵们乱枪击毙。

陆钟琦像

陆钟琦之子陆光熙

山西新军番号为暂编陆军第 43 协（旅），下属 4500 余人，驻扎在太原周围。另有旧军 4000 余人，分驻全省各地，守卫太原的不足 700 人。因此，谭振德实际上就是山西驻军最高长官。第 43 协又分第 85、86 两标（团），标统分别是黄国梁和阎锡山，两人是结拜兄弟。吊诡的是，阎锡山是革命党，其手下三个营，有两个营的管带（营长）也是革命党；黄国梁及其手下的三个营长，没有一个是革命党，却在革命党的鼓动下，首先发动了太原暴动，充当了革命的马前卒。

与陆钟琦一样，谭旅长不愿意革命，除了死路之外别无出路。《清史稿》记载说，谭振德在暴动者攻击巡抚衙门之前就被枪杀，也有记载说他被杀于陆钟琦之后。

颇具黑色喜剧色彩的是，山西布政使王庆年在暴动开始后，自缢殉节。但他在房梁上吊到将死之时，暴动士兵冲进了官邸，赶紧将他放下，没死成。据郭孝成的《山西光复记》记载，暴动者们找了辆东洋车，将他押送到了省咨议局，劝他投降，他坚决不从。士兵们就要枪毙他，被咨议局议长梁善济竭力劝阻，说是咨议局非用武之地，在这里杀人不好。王庆年于是又没死成，关押了一段时间后被释放，终得天年。

一场暴动下来，太原城内死了不少人，除了交战而死的士兵之外，溃兵们完全失去纪律，在全城烧杀抢掠，也死了不少人，而阎锡山为了恢复秩序，大开杀戒整顿军纪，又就地正法了数百名乱兵。

对于死难的陆钟琦父子及上司谭振德，阎锡山以优礼厚葬，他在回忆录中说：“他们与我们的立场虽异，而他们忠勇孝的精神与人格则值得我们敬佩，因立场是各别的，人格是共同的，故我对他们的尸体均葬之。”

日后，因阎锡山本人被定位为反派，有人亦将陆钟琦一门死难说成是“被反动军阀阎锡山杀害”。

公子革命？

最为扑朔迷离的，是陆钟琦的长子陆光熙为何要从京城赶到太原，一同受死？

阎锡山日后回忆说：“山西巡抚陆钟琦于武昌起义后，特召其子亮臣（陆光熙之字）来晋，作缓和革命之计。亮臣与我是日本士官学校同学，但属泛泛之交，主张亦不接近。不过，他知道我曾参加同盟会，且是铁血丈夫团中人。

“他到晋翌晨即访我谈话，一见面就说：‘我此次来，即为与兄研究晋省对武昌事件当如何应付，兄有意见，弟对家父尚可转移。’

“我当时答复他说：‘武昌事件的真相我尚不知，黎元洪系为革命而起义抑或别有原因我也不明白，是不是我们现在谈应付武昌事件的话还有点太早。’

“他又说：‘我们还可以再观察几天，不过我可以和你说，最后需要家父离开时，我也能设法。’

“我笑了一笑说：‘这话说到哪里去了，你来，我们更说不到那样的话了。’”

阎锡山认为，陆光熙“此来完全是想敷衍住我，把运枪和开兵两事做成”，“顶好也是敷衍住我们，完成运枪开兵的事，然后静观革命情势的发展，如果革命有过半成功的成分时，拥戴上他父亲，联合上大家，作一个突变，于响应武昌起义是不会有丝毫实际效用的”。

阎锡山所说的“运枪开兵”，是武昌暴动之后，刚刚上任的陆钟琦为了防变，决定将山西新军调出太原开往河东，一则可堵截陕西革命军，二则也可将军心不稳、“革命”倾向严重的新军调离省城，此为“开兵”。“运枪”，则是将山西库存的新式进口步枪，送到河南去，以防不测。

从阎锡山的回忆看，陆光熙赶到太原，动机似乎只是投机，帮助他父亲与革命党取得默契，以观望风向。陆钟琦的家庭教师孙振汝在《陆钟琦父子之死》中回忆说：“（陆光熙）知道陆钟琦反对革命，又不能拥兵自卫。此次来太原，既欲维持他父亲的地位，又怕时局决裂。所以，他的计划是俟革命军至，不战不降，调停中立，联系上级军官，以取和平。”

有的回忆、特别是陆氏家人的回忆，认为陆光熙本人就是革命党，带着革命使命前来太原策反其父亲，以响应武昌暴动。

大清国的留日学生，多数倾向革命，确是实情。新政期间，特别是政府推出为留学生授予“功名”，可以直接当公务员之后，留学日本形成了浪潮。日本人也迅速将教育“产业化”，推出了大量“速成科”，学制半年至一年，上课配翻译，课程集中在最热门的军事、警务、师范等。后来，更是出现大量“野鸡学院”，学制一个比一个短，最夸张的居然能在几天内就拿到毕业证。一大半的留学生就进了这种“速成科”，日语还不会听说，就拿到了毕业证书，不学无术的“半吊子海归”们一时充斥全国。

与“半吊子”人才一起从日本“海归”的，还有大量的被“日本山寨化”了的“半吊子”西方理论。学了点皮毛的“半吊子”们都自以为是华陀再世，救国救民的药方漫天飞。更可笑的是，连日文还不会听说的留日生，回国后几乎都热衷于“主义”与“革命”，而那些必须经过层层考试选拔、出类拔萃的留美生，大多数远离“主义”与“革命”，而关注民生、教育等这些实在而艰难的“问题”。

至于陆光熙究竟是否革命党，没有任何确据。唯一可以肯定的是，陆光熙即使不是革命党，也应该是革命的同情者；即使不是革命的同情者，也肯定不是朝廷的忠诚者。无论他到太原来如何为父亲筹划，在当时局势不明的情况下，观望风向几乎是必然的。

其实，何止陆家父子观望，阎锡山本人也一直在观望，后来揭发这位“反动军阀”时，就抖落出不少“见风使舵”的事迹——当然，权谋与诡诈也是辛亥革命中许多人所秉持的主旋律之一。

倒丁运动

陆钟琦死得实在有点冤，因为，他从安徽布政使岗位上，调任山西巡抚仅仅 23 天。升官本是好事，但升“棺”却是灭顶之灾。

山西这个地方，的确有点邪。

自从进入新世纪（1900 年）后，山西巡抚基本都是“短命官”。从 1900 年到 1911 年，11 年间居然换了十任巡抚，任期最长的恩寿干了一年七个月，其次为岑春煊，任期一年四个月，其余都没有超过一年的，陆钟琦更是只有 23 天，创下了新纪录。

这十任父母官中，一头一尾的毓贤和陆钟琦都未得善终。毓贤任上，大力扶持义和团，外国人被杀近二百，中国教民被杀过万，毓贤甚至亲自动手持刀，杀了不少外国人。八国联军攻占北京后，毓贤被当作了头号战犯，最终被斩首。更为让人惊异的是，陆钟琦被杀之后，清廷任命了北洋军的吴禄贞接任山西巡抚。吴禄贞是革命党，在途中被拥护朝廷的部下杀害，斩首而去，也没能善终。

山西巡抚难安于位，很主要的因素，就是山西成了大清国改革开放的前沿，各种矛盾冲突都十分尖锐。山西富含煤矿，围绕着这种丰厚的“黑金”，各种势力纠缠交结，再加上义和团动乱之后，山西的对外开放力度一直很大，西方势力的渗透也很深，令山西的官场形势更为复杂险恶。巡抚作为一省之长，虽然位高权重，却也容易成为众矢之的，只要有一方未能摆平，就可能因此遭受明枪暗箭而落马。

陆钟琦的前任，是丁宝铨。丁宝铨在庚子事变后到山西任职，先后担任冀宁道、山西按察使、山西布政使。1909 年年底升任山西巡抚。当时新政改革，重要的一项就是禁绝鸦片的种植，朝廷在 1909 年下达了六年内禁烟的指示。丁宝铨向朝廷谎报说，山西已经根绝了鸦片。根据革命党的说法，丁宝铨此举是为了“邀功及保举私人”，“立以禁绝诳奏，实未宣谕禁令于民”（邹鲁《山西光复》。其实，丁宝铨此举，更大的动机可能是为了维持财政收入，此类欺瞒，在当时的封疆大吏中并不罕见。

禁烟之前，鸦片已经长期成为清廷的主要财政来源之一，即使曾经的禁烟派林则徐，后来也提出了种植罂粟、用“国产鸦片”替代“进口鸦片”的说法。在地方政府对鸦片 GDP 的追求之下，罂粟的种植和鸦片的生产突飞猛进，在 1882 年就实现了“进口替代”，成为大清改革开放中第一个实现国产化的行业。之后虽有反复，但全国 18 行省最后都普及了罂粟种植。一亩罂粟大概能收获 50 两鸦片，一两鸦片约值大洋一元，一元大洋可以买 40 斤左右大米，一亩鸦片就能换来 2000 斤大米。即使扣除了各种成本、缴纳了各种税费，鸦片的收成也大大高于粮食，令农民足以达到温饱有余，因此受到农民的欢迎，地方政府也因此能得到更高的税收收入。1908 年，仅四川一省的鸦片产值就高达 3500 万两，超过 1895 年从日本手里“赎回”辽东半岛的费用。当然，完全依靠内需市场拉动的鸦片，造成了遍地烟民，及粮食的大量减产，成为最大的社会不稳定因素之一。朝廷宣布禁烟，各地官员为了地方财政利益，或多或少地予以拖延抵制。

丁宝铨上报了山西禁绝鸦片，次年（1910 年）朝廷派了工作组前来检查，这下他慌了神，突击补课，派遣了两营新军，由督练公所邦办夏学津率领，开往罂粟种植的高产区文水、交城，强行铲除烟苗。

夏学津是丁宝铨的亲信助手，负责练兵，极为严格。丁宝铨派他前去禁烟，就是要仰仗他的雷霆手腕，尽快解决问题。但是，突如其来的禁烟，令农民们猝不及防。为了保卫自己的罂粟苗，自然不同意“强铲”。据说，当地农民跪在军队面前，阻挡去路，恳请延缓禁烟。不料，夏学津下令开枪，打死打伤了 100 多人。丁宝桢闻讯后，不仅未加制止，反而诬民为“匪”，为夏学津等人奏报请奖，激起全省大哗。

在此之前，大量在日本学习军事的留学生已经回国，进入新军担任军官。革命党成功地渗透到军中，并获得了相当的指挥权。根据同盟会“南响北应”的安排，他们开始积极部署。能力强、民望不错的山西巡抚丁宝铨，成为革命党必欲除去的眼中钉，丁宝铨在任内办学堂、兴实业，把山西的改革开放搞得成果斐然，这等于是与革命党争夺民心，岂能坐视？

夏学津在文水、交城制造的惨案，给革命党提供了绝好的机会。革命党趁机发动舆论，同盟会的机关报《晋阳公报》主笔王用宾，在报端对此案大肆曝光，各省报刊也随同跟进。王用宾甚至还披露说，夏学津之所以敢于妄为，是因为其妻认了丁宝铨作义父，与丁关系暧昧。这种事涉官场的生活作风传言，虽无丝毫根据，却成为读者喜闻乐见的八卦，令当局者十分尴尬。

山西的事件终于惊动了北京，御史胡思敬具折弹劾，朝廷下令直隶总督陈夔龙调查。结果，两县知县被革职、永不叙用，夏学津革职，丁宝铨交部议处。同时，朝廷还下令查封了煽风点火的《晋阳公报》，逮捕了一些同盟会会员，王用宾倒是成功脱逃，流亡日本。

除了同盟会在前台使劲之外，幕后还有另一股力量要将丁扳倒，那就是袁世凯派系。丁宝铨的亲家，日后鼎鼎大名的《老残游记》的作者刘鹗，是袁世凯的对头。刘鹗本人是官场老手，精通一切潜规则和显规则，他担任了英国福公司（Peking Syndicate）的中国总经理，突破外资不得经营矿业的限制，成功攫取了山西、河南的开矿权，成为山西本土煤矿主们的眼中钉，也成为袁世凯派系急于清除并取而代之的人。袁世凯在下野之前，就多次试图对刘鹗下手，丁宝铨都坚定地站在自己亲家这边，得罪不小。

丁宝铨被交部议处“双开”后，得以在风暴来临前离开山西，侥幸逃过更大的一劫。但是，诡异的是，他最终依然没能逃出山西巡抚的宿命诅咒。1919年年初，丁宝铨在上海被人暗杀，凶手一直未能拿获。有传言说，因为有人向他借钱未成，随后此人得了精神病而失踪，其子认为责在丁宝铨，遂买凶暗杀。

同盟会所发动的“倒丁运动”终于获得成功。朝廷随即宣布，由礼部侍郎陈宝琛接任山西巡抚，却又马上改了主意，陈宝琛被改派去毓庆宫，担任宣统皇帝溥仪的师傅，而山西巡抚则挑选了溥仪之父载沣的师傅、安徽布政使陆钟琦。

这种看似不经意的人事安全，却为每个人埋下了生死攸关的命运伏笔。

铁血丈夫

陆钟琦绝对想不到的是，他接手的山西，实际上已经是个大火药桶。

1904年，山西武备学堂的24名学生，被选拔出来保送到日本公费留学，学习军事。尽管朝廷三令五申，不得与革命党来往，但这些人中的大多数最后都成了造反派。阎锡山、温寿泉、张瑜、乔煦、马开崧等等，加入了同盟会。阎锡山日后回忆说："我由国内将到日本时，拿定主意绝不入革命党，就是专门去念书，因为当时社会上传说入了革命党，全家有灭门的危险。到日本后，看了一本中国魂，觉到如果今天不革命中国还能存在吗？所以，从这时起就坚定了我的革命志气。"

阎锡山还成为同盟会中的核心小组织"铁血丈夫团"的成员。"铁血丈夫团"，简称"丈夫团"，由黄郛、李烈钧等发起，入会者必须是同盟会会员并在日本学习军事，其信条是孟子语录"富贵不能淫，贫贱不能移，威武不能屈"。这是同盟会内的一个小团体，最初只有28名。"丈夫团"的"丈夫"们，不仅成为各地辛亥革命的骨干，而且也成为日后的大军阀，其中的大腕除了阎锡山之外，还有黄郛、李烈钧、程潜、赵恒惕、张群、蒋作宾、唐继尧、蔡锷等。

阎锡山在1909年4月毕业回国，担任了山西陆军小学堂的教官，三个月后，升任校长。同年11月，在留日归国军校生的全国会试中，名列上等，获得"步兵科举人"的功名及"副军校"军衔，与其他中榜者一样，被全部分配到各自省份的新军中担任军事教官。阎锡山担任了山西新军第86标（团）教练官，相当于副团长，初掌兵权。各地情况与山西类似，新军的军权迅速被这批留日学生（其中不乏同盟会会员或其同情者）占据，埋下了两年后武昌城头一声炮响、全国土崩瓦解的伏笔，也再度验证了"枪杆子里出政权"的中国式真理。在军中，为了自己的前途和利益，顺带也为了革命的前途和利益，阎锡山开始动用权谋，清除任何阻挡在自己前面的绊脚石，竭力编织自己的权力网络。

当26岁的阎锡山在1909年回到太原的时候，61岁的陆钟琦刚刚升任江苏布政使。

陆钟琦的仕途谈不上顺利，也谈不上坎坷，波澜不惊而已。光绪十五年（1889年），41岁的陆钟琦才考取进士，入翰林院当编修，受命参与办理直隶的赈灾，得到大学士、曾担任同治皇帝老师的徐桐的赏识。庚子事变，八国联军入侵，徐桐自尽，陆钟琦的一些同年（同年考中进士的，往往结为一党），如王懿荣、熙元、宝丰等，先后自杀殉节。陆钟琦也准备全家自尽，但被人救下。遗憾的是，关于陆家自尽未遂的细节，尚无可靠史料支持。陆钟琦当然没想到，11年后全家会在太原再度罹难。无论如何，在国难之际，陆钟琦虽不能杀敌疆场，却选择自尽殉国，在当时也算得上是节烈“丈夫”了。

1903 年，陆钟琦终于担任地方官，在江苏任督粮道。五年后（1908 年），调任江西按察使，再调湖南。随后，再回江苏任布政使。丁宝铨调任后，他又被奉朝廷之命接任，终于在离休之前成为封疆大吏。

陆钟琦为官清廉，政绩不错，民间口碑相当好。《清史稿》说他在湖南“察吏严，定州县结案功过章条，月计勘案数与其鞫讯状限期报司，繇是狱鲜积滞。再移江苏，多平反”。一些地方的民众，还给他建了生祠，这是对官员的巅峰评价了。他被杀后，阎锡山对他的评价相当高，应当不只是套话，而是考虑到了陆钟琦的声望，用这种姿态为革命、为自己赢取民心。

图穷匕首见

陆钟琦抵达太原，是 1911 年 10 月 6 日。

四天后（10 月 10 日），武昌暴动发生，辛亥革命开始。湖南、江西随后跟进。

10 月 22 日，陕西暴动。西安城内发生激战，满城的守卫者实行了焦土抵抗，暴动者攻占满城后，几乎杀光了剩余的所有满人。消息震动了邻近的山西。

陆钟琦面对的是一个危难的摊子：外有邻省陕西的革命党虎视眈眈，内有几乎被革命党完全渗透的新军伏在卧榻之侧。好在新军平时手中只有枪支，而无弹药，无法行动。

10 月 25 日，陆钟琦想了个两全之计，他命令第 85 标开赴蒲州驻防，警戒陕西方向，这既能调虎离山，也能巩固省界安宁。而革命党也从中看到了机会，因为只有换防时才会发放弹药，倒是个动手的好机会。同时，陆钟琦又下令将存在山西的 5000 支德国进口新枪，调 3000 支到河南，以防山西不测。这就是阎锡山回忆录中所说的“开兵”及“运枪”。

陆钟琦同时下令，从外地调两旗巡防队到太原守卫，但这支部队刚走到忻州，太原暴动已经发生，只能退守大同。

阎锡山率领的第 86 标，因为没安排上前线的任务，依然有枪无弹，这也是

第 43 混成协第 86 标标统阎锡山

造成阎锡山观望的重要原因，而非日后指责他的所谓搞投机、耍两面派。阎锡山观望的另一原因，是他此时已经与山西省的立宪派取得了默契，他要依靠立宪派在政界的力量，就不便旗帜鲜明地率先革命。

也正是在此时，在翰林院担任编修的陆钟琦长子、阎锡山在日本时的同学陆光熙，突然来到太原。陆光熙的突然到来，除了阎锡山回忆录中说的投机观望及陆家亲属认为的奉革命党之命来劝陆钟琦起义之外，也有人认为是山西的立宪派们请他来说服其父和平演变，避免军事冲突。这三种可能都存在，但都无确切证据。

革命党决心抓住机会起事，以免被调到晋陕边界后失去良机。28 日，同盟会紧急开会，决定当晚动手，由已经领取了弹药的第 85 标先行发难，然后，阎锡山的第 86 标趁乱夺取弹药库获取弹药。

29 日凌晨，第 85 标第一营、第二营官兵，在狄村军营誓师，由二营营长姚以价率领，开始暴动，全副武装奔袭太原城。在经过东岗村第三营军营时，第三营的部分官兵也加入进去。

黎明时，暴动士兵悄悄靠近承恩门，作为内应的巡缉队警官李成林开门，暴动士兵兵不血刃冲入城内，分头攻打满城和巡抚衙门，作为总指挥的姚以价则坐镇东夹巷教会医院。

根据《清史稿》的记载，陆钟琦之前已经预感此次可能凶多吉少，他曾数次告诉次子陆敬熙："大事不可为矣！省垣倘不测，吾誓死职。汝曹读书明大义，届期毋效妇仁害我！"又说："生死之事，父子不相强，任汝曹自为之。但吾孙毋使同尽，以斩宗祀。"陆敬熙知父意决，入告母。母亲说："汝父殉国，吾惟从之而已。"

在这些充满英雄气概的记载之外，陆钟琦本人的性格其实亦不能忽视。陆钟琦为人比较刚硬，与人论事意见不合，甚至会"遽起向床下提溺壶（尿壶）掷来"。有这种性格，无论其政治倾向究竟如何，都注定了陆钟琦不可能轻易向暴动者低头，即使要观望、和谈，也不会低眉顺目地"有话好好说"。

暴动者只在攻击满城时遭到一定程度的抵抗，但当暴动士兵将大炮架到了小五台城墙上，对着满城轰了几炮后，满城的守军们立即投降。他们是幸运的，没有遭到像西安那样的大规模屠杀。

除此之外，暴动十分顺利。陆钟琦夫妻及其子被杀，新军最高军官谭振德也被杀，革命的障碍彻底被清除，天没亮，暴动士兵就控制了整个太原。

中午，各方人物齐集咨议局，成立军政府，阎锡山如愿出任都督，改年号为黄帝纪年4609年，悬挂"八卦太极图旗"。这一天，正是农历九月初八，阎锡山28岁的生日，获得了山西这个大蛋糕，足足享用了38年。

阎锡山掌权之后，立即任命姚以价为东路军总司令，次日就率军赶赴娘子关，这等于将自己身边的一颗定时炸弹清除了。同时，为了解决经费不足，阎锡山派人赶到祁县，向富商渠家和乔家借款40万两。

但是，暴动当晚（29日夜），城内的士兵们失控了，开始沿街抢劫。随后，洗劫了藩库的库银，藩库卫兵见无法制止，干脆也加入抢劫。于是，太原陷入一片混乱，乱兵们到处纵火，火光彻夜不断。第二天，阎锡山派出军队进行武力弹压，当街处决了数百人，才稳住局面。

太原暴动，山西独立，对清廷是一个沉重打击。它切断了南北交通，不仅令南下的北洋军失去补给线，而且也截断了袁世凯的回京通道。更为重要的是，山西与北京近在咫尺，兵锋所指直逼京师。因此，孙文在次年评价说："去岁武昌起义，不半载竟告成功，此实山西之力，阎君百川（阎锡山字）之功……使非山西起义，断绝南北交通，天下事未可知也”“不惟山西人当感谢阎君，即十八行省亦当致谢”。

清廷随即下令吴禄贞接任山西巡抚，率北洋军第六镇（师）开赴石家庄，准备武力收复山西。没想到，吴禄贞等人却发动了“滦州兵谏”，要求清廷实行全面的改革。不久，吴禄贞在与阎锡山会谈之后，于石家庄火车站被手下军官刺杀，首级也被斩去，成为又一位罹难的高级官员。

南北议和开始后，袁世凯以太原暴动时的劫掠为理由，拒绝承认山西的暴动者为“民军”，而是土匪，必须坚决消灭，派兵攻占了娘子关。姚以价战败回到太原，却听说阎锡山要以军法处决他，又连夜逃到天津，到死都没再回到山西一步。至此，阎锡山在山西的所有对手被基本清除干净。

陆钟琦一门殉难的消息传到北京，清廷对其进行了表彰，陆钟琦赐谥号文烈，其妻唐氏旌表，其子陆光熙赐谥号文节。

站定脚跟的阎锡山，也下令厚葬陆钟琦夫妻其子及谭振德。他说：“我确以为事是事，人是人，革命是历史，忠贞是人格。陆抚之坚贞，谭协统之忠勇，亮臣公子之勇毅，均足为我们敬佩。吾人不能以革命的事业，抹杀他们的人格！”

只是，九泉之下的陆钟琦，却再也听不到这些动听的言辞……

“革命家”被人革命

1912 年 8 月 15 日晚，北京前门棋盘街。

三辆马车辚辚而来，到了“振武敷文”牌楼下，忽听一声枪响，四下里突然间冲出来许多荷枪实弹的士兵，将马车团团围住。

车上的人高喊道：“国都之地，汝辈仍敢劫我张振武也？尔辈何能如此无法？”（《中华民国公报》）

但他没说完，就被捆绑，押解到了京畿军政执法营务处。执法处长陆建章宣读了副总统黎元洪发给大总统袁世凯的密电，说他“怙权结党，桀骜自恣”“破坏共和，图谋不轨”，应当“立予正法”。

对这封电报的真伪，张振武表示怀疑。

陆建章说：“真伪不得知，所据者大总统之军令耳。”随即出示了袁世凯的军令：“查张振武……反对建设，破坏共和以及方维同恶相济，本大总统一再思维，诚如副总统所谓爱既不能，忍又不可，若事姑容，何以对诸烈士之英魂？不得已即着步军统领、军政执法处总长，遵照办理。”

张振武看完，说：“死耳，夫复何言！竖子无良，乃一至于此耶！……余之生死早已置之度外，不过余即有罪，应开军法会审，并要湖北交出证据，不能凭空杀人。”

陆建章说：“大总统军令只有‘正法’字样，并未令审讯。”

张又说：“余去年即应死者，延至今年，已算长命，但今日乃谓之共和国，亦何黑暗乃尔？”

总统府已经来电三次，催令行刑。凌晨 1 时陆建章下令执行，张振武腿、肩、脑、腹、胸等处共中六枪，“死时腹裂肠出”。

当晚，张振武的亲信、湖北“将校团”团长方维也在旅馆被捕，随即枪决。

这就是震撼民国的“张振武案”。

孤家寡人

张振武死前，写下了三封遗书，其中一份是给黎元洪的。信中说：“元洪足下：我能手造中华民国，自起义以至今日，实属傥来之岁月，死生久置之度外矣。但恨不死于战场而死于雠仇之手耳。好一个爱既不能，忍又不可。足下如再爱我，请将我全家杀戮，使一家骨肉聚首九泉，振武感激不浅。足下之待英雄真是神圣不可侵犯。古人云，狡兔死、走狗烹；飞鸟尽、良弓藏。言念及此，肝肠寸裂，暗无天日之世界，我亦不愿活矣。总统不交法庭而下军令，不以刀杀而以枪毙，不赴法场而赴暗室，死后有知，当为雄鬼以索其命。”愤恨之情，溢于言表。

张、黎二人，的确可以算是“雠仇”。

张振武是当年那种典型的“革命者”，受过一定程度的教育，自费到日本留学。年轻人留学日本在清末最为时髦，但大多数都就读于日本那些赚取学费的“学店”，很少能接受系统的正规化教育，大多数人学完后连日语也说不利索，却学会了一点西学的皮毛，满脑子充满了造反思想，看自己的国家就是不顺眼，一心想要革命，推翻政府，推翻之后如何建设，往往并不在他们的考虑范围之内。

在留日学生中，张振武算是比较好的，他进入了早稻田大学学习法律政治，无疑这也令他在那些就读于“野鸡”学校的同侪面前更为自得。1907 年毕业回国后，他当了一名小学教师，在武昌黄鹤楼街小学任教，大力宣扬反政府革命。早在日本时，他就参加了同盟会，回国后，在 1911 年 5 月，也就是武昌暴动前半年，又加入了共进会并负责财务。

在 1911 年 10 月 10 日的武昌暴动中，张振武是主要成员之一。张家在当地比较殷实，因此，张振武才得以自费留日，他参加了政治活动后，在他的坚持下，父亲变卖了不少田产、房产，为他充当经费，因此，他实际上是武昌暴动的资助者之一。武昌暴动中，张振武率领他的教师同志们，与新军并肩作战，暴动

张振武像

之后，他就成了起义者的主要领导人之一。起义的领导人商定，一致推举黎元洪出任都督。张振武、蔡济民等人就去四处寻找黎元洪，最后在黄土坡黎元洪的参谋刘文吉家中找到了他，黎元洪吓得躲在床底下，张振武将他拉了出来。软硬兼施下，黎元洪被他们挟持到了咨议局，蔡济民抽出大刀相威胁，黎元洪不得不答应了出任湖北都督，孙中山在《有志竟成》中记载道："同盟会会员蔡济民、张振武乃迫黎元洪出面担任湖北都督。"

张振武虽然在军政府中仅是军务部副部长，却握有实权，是军政府的实际控制人，权力不在黎元洪之下。而且，这位老师比起军人来说，更为坚定、更为强硬，更不在乎流血牺牲。他其实是反对推举黎元洪的，虽然他与黎元洪并无私仇，而且也认为黎元洪是位"忠厚长者"。他说："我们今天，为的是什么？为的是革命。那么，我们拥戴的人，就要他是真正的革命者，才能够领导我们革命。黎元洪是忠厚长者，我是承认的，但是我不相信他能够革命。"因此，他认为，与其推举黎元洪，不如"将黎元洪斩首示众，以扬革命军神威，使一班忠于异族清臣，皆为胆落"。在"投名状"和杀人立威泛滥的辛亥，张振武这种借人头立威的方式，并非罕见，四川总督赵尔丰主动宣布独立、主动放弃军权，但当他一手提拔的年仅 26 岁的尹昌衡从咨议局手中夺得军政大权后，却把这位放弃军权的 65 岁恩师杀害，目的仅仅是为了"立威"。

张振武实在是个狂热的革命者，他激烈反对尽量少杀人、少流血的革命，而提出“革命军对于清臣未免宽容过度……革命非彻底将清廷余孽大杀一次，将来必为国家之祸”。在他的心中，一切为了“革命”，而“革命”究竟为了什么，在其言论中很少看到进一步的说明。革命之后，他依然宣称“革命非数次不成，流血非万万不止”，认为当时的共和是“皮毛共和”。他一方面批判新政府依然是“尔虞我诈、胡越同舟、飞短流长……等国家如弁髦，视手足若仇雠”；另一方面，自己也在积极扩充势力，并且以革命的名义，随意判决他人死刑，与日后他死前指责袁世凯一般，不经审判就夺人性命。方定国等人“通敌”，张振武下令枪决；清军将领张景良反正后，出任革命军的参谋长，张振武也要杀他，理由是他不可靠，但被黎元洪制止；甚至连咨议局的议员刘赓藻，也差点被他斩首，理由是刘议员传谣，说清军大队将至，也被黎元洪制止。

被后世俨然奉为革命先驱的张振武，在他所热烈讴歌的共和体制下，自行组建了两支实际上的“张家军”。

一支是“将校团”，在南北议和前，张振武以筹备北伐为名，在军中精选了600人，编为自己的卫队，随后，命名为“将校团”，成为他那毫无掩饰的野心的体现。这支私家军被扩充为3000人，张振武的心腹方维成为团长。黎元洪虽然号称都督，却无法对这支部队进行任何指挥，他曾经想解散、派人担任副团长、将该团并入其他部队、或者改编为军官学校，结果都被张振武死死抵制。张振武手上还掌握了另一支千余人的“卫队”，根据他的同事、同盟会会员马超俊晚年回忆，这支卫队甚至“尽着戏台装束”。黎元洪以都督之身份，也照样无法解散，同样成了张振武私人控制的部队。实在地说，满口革命的张振武，却是如黎元洪所说的“拥兵自重”、“抗命不尊”。当然，后世的人也因此而认为张振武“革命意志坚定”，不会轻易向“反动势力”投降。只是，这“革命”二字如何解释呢？

“革命意志”坚定的张振武，根本就不把黎元洪放在眼中，只要开会时不合他的心意，他就掏出手枪往桌子上一摔，非到大家都服从他为止。作为“革命元勋”，张振武的确享受到了革命的成果：妻妾成群，革命后他新娶的小妾居然有八九个，生活十分腐化；军政府请他采购军火的巨款，账目不清，而且采购

湖北军政府

回来的都是日本人淘汰的日俄战争时的军械，很多已经是废品；咨议局要查他的账，他以武力相抗衡。“革命”其实成了有力者讨伐他人、维持自我的工具，在张振武这样的人看来，如同黎元洪那样的有着旧政府资历的人，都是属于靠不住的，需要消灭，而只要他们这些“革命者”未能完全掌握一切权力，未能万事如意，就意味着革命不彻底，就意味着流的血还不够、死的人还太少，就需要来第二次、第三次革命。

张振武、孙武、蒋诩武三人，都是武昌暴动的主要领导人，时称“三武”。“三武”之间矛盾重重，而张振武是最能折腾的一个。

张振武、孙武是共进会的，而蒋诩武则是文学社的，这两家“革命”组织为了权力掐得你死我活。马超俊晚年曾说，文学社和共进会“此两派均以为在起义时应居首功，意气飞扬、度量狭隘、拔剑击柱、恣睢无度”。“当时兵骄将悍，自予黎（黎元洪）刺激极深”。

武昌暴动后，张振武、孙武的共进会实际上掌控了军政府实权。南京临时政府成立后，因为没有把武昌的这批“革命元勋”分配足够好的位置，孙武就在上海组织民社，对抗同盟会。张振武正好到上海采购军火，便自作主张从军火采购公款中拨出两万元，创办《民声日报》，作为民社的机关报。随后，武汉的民社与统一党合并为共和党，而蒋诩武的文学社和杨玉如等共进会成员成立了同盟会鄂省支部，双方互相对抗。

共和党内部，张振武、孙武这对“交谊契合”的弟兄，合槽之后，也“自此交恶矣”，原因据说就是张振武“发现孙武之侵吞公款”，而其互相仇恨更甚于对待蒋诩武，“党孙者毁振武，党振武者毁孙，黯者互以危词，媒孽浸润，积久益水火”。自此，武昌暴动成了“三武”鼎立的混乱局面。

“三武”中，孙武与黎元洪的老派势力关系不错，手上又掌握了民社这个组织，而蒋诩武背靠文学社、同盟会，都有自己的后援。张振武却特立独行，性格乖蹇，对上对下都是唯我独尊，成了真正的孤家寡人。

不断革命

张振武自作主张到上海购买军火后，刚刚回到武昌，就发生了“群英会事件”，也称“湖北二次革命”。

这个群英会，全名是“改良政治群英会”，本是 1910 年由湖北新军 32 标士兵向海潜发起成立的秘密会党，在武昌暴动前并入了共进会。暴动之后，共进会重要成员黄申芗只获得了“近卫军协统”的位子，感觉自己受到了孙武的压制，便开始密谋武装倒孙。黄申芗、向海潜都是湖北大冶老乡，他们串联了各个部队中对孙武不满的人，成立了“改良政治群英会”，作为再次暴动的领导机构。

2 月 27 日夜，黄申芗、向海潜率数千名士兵暴动，包围了军务部办公楼和孙武的家，高喊“打倒孙武”、“打倒军务部长”、“改良政治”、“改组军政府”，四处烧杀。孙武已经提前得到情报而避开，他的家被抢劫一空，并被焚毁。“群英们”没能抓住孙武，就把他的家小拘押起来作为人质，并将第 20 镇统制、原文学社成员张廷辅打死。随即，武昌陷入一片混乱。

上海《申报》报道："2 月 27 日，武昌军界突起内乱，枪声连续不绝。都督府当饬各城门一律紧闭，不准出入。传闻系毕血会、教导团及将校补充团（该两团曾组织改良政治群英会），藉口军务部长等植党营私，倡行第二次革命……"（3 月 4 日《申报》）

至于原因,《申报》认为："鄂军以军务部长孙武未能尽孚众望，久欲待以激烈手段。讵早为孙武所闻，屡经上书辞职，以免终凶。都督再三挽留，故不果去。延至 27 日夜，将校团、教导团、义勇团、毕血会、学生军等，一体出队，分赴军务部及孙武寓所，开枪轰击，逼令退职。是时，孙武已经远飏。28 日早，乃将其家具、衣物等项发封，输送都督府核示。"（3 月 6 日《申报》）

黎元洪动用军队平息了动乱，枪决或斩首了一批闹事者，恢复了秩序。同时，他下令将孙武及其亲信一律撤职，黄申芗也受到了"申斥"，拿了数千大洋的路费"出洋考察"了。

"群英会事件"导致孙武下台，他负责的军务部撤销，缩编为军务司，原来担任副部长的张振武、蒋翊武两人也同时下岗，成了"顾问"。张振武虽然很高兴地看到孙武下台，但对黎元洪日渐统一湖北军政十分不满，将自己手上的两支部队抓得更紧了。

毕竟，在共和、宪政的动听口号下，这其实是个枪杆子里出政权的时代，谁的枪多，谁就说了算。张振武就是靠着过硬的枪杆子，才得以对谁都可以挺一挺腰子，黎元洪拿他也没办法。

到了 3 月份，黎元洪向袁世凯建议，推荐张振武任"东三省边防使"，"由鄂调拨精兵一镇，赴东三省驻扎"。这是个一石两鸟的计策，既可以调走讨厌的张振武，又可以在袁世凯的后方插上一枚钉子。袁世凯起初同意，但不到一个月变卦了，表示东北已经安宁，不需要湖北的军队长途调防。同时，袁世凯却力邀张振武进京。张振武的舞台，此时已经从湖北一地，上升到了中央机枢，而同台演出的，也加上了袁世凯这样的大角色。

能够进京，张振武还是得意的，如果能联合袁世凯的力量，制衡黎元洪，那不就能够更好地实现自己的"革命"理想吗？他兴冲冲地与下台了的孙武一起赶到北京，此时已经是 5 月底。却没料到，等待他的不是高官厚禄，而是"顾

黎元洪

袁世凯

问官”的空头衔。

张振武倒也不含糊，直接开口向袁世凯讨官。而且，在武昌牛惯了的他，居然把老袁颁发的“顾问官”委任状撕毁，对袁的亲信段祺瑞大发牢骚：“我湖北人只会做顾问官耶？”

估计老袁也没见过这么赤裸裸地讨官做的人，就给了张振武一个蒙古屯垦使的职务。这本就是一种敷衍搪塞，张振武却假戏真做，开始筹办起来，并且要求下拨经费、成立机构，袁世凯只好亮出底牌，说财政困难，以后再说。

逼出了老袁的底牌，张振武居然不辞而别，离京回乡，并在汉口成立了屯垦事务所，要求黎元洪每月拨发 1000 元经费，开始挑选精兵，准备聚集一镇人马，去当他的蒙古屯垦使。这下子，等于他又抓住了一个抓权的理由，想再弄出第三支自己的武装。

此时，黎元洪在湖北推行“军民分治”，试图将战时体制改造为平时体制，削弱军人对民政的干预。这当然是他作为都督的分内工作，但张振武等“革命元勋”们又想不通了，认为这是“鸟尽弓藏”，不让“起义同志”分享权力。那些可能因此被削弱、剥夺权力，甚至可能被下岗的“起义同志”们，便开始暗

陈宧

地里筹划"第三次革命"，准备武力推翻都督府。结果，被黎元洪侦破，逮捕和处决了一批人。袁世凯也派了总统府军事顾问、武昌人万廷献到湖北，协调武汉与北京的行动。

袁世凯此时，已经明确了支持黎元洪、清除"三武"的方针。实际上，"三武"不除，任何人包括"三武"本身在内，都不可能在湖北真正开展战后重建，不可能真正解决湖北高层的争权夺利和自相残杀。

袁世凯身边有位参谋次长陈宧，亦是湖北人，在前清就已经是军内的高级将领，做到了陆军第 20 镇统制官。民国成立后，他在黄兴推荐下，出任了参谋次长，而参谋总长就是副总统黎元洪兼任的，黎元洪常年在武昌，陈宧就成了民国政府主持工作的参谋总长。十分难得的是，他几乎是唯一能够同时与黄兴、黎元洪和袁世凯交好的人物。

他告诉袁世凯说："三武不去，则副总统（黎元洪）无权，若辈起自卒伍下吏，大总统召其来京，宠以高官厚禄，殊有益于副总统也。"

在陈宧的策划下，袁世凯决心协助黎元洪清除"三武"，并且顺带削弱黎元洪的势力。

黄雀在后

“第三次革命”的闹剧收场后，武汉更是一片乌烟瘴气。派系林立、山头众多，互相猜忌。而张振武与孙武的矛盾日益公开，成了人们关注并纷纷加以利用的焦点，已经是孤家寡人的张振武很难在湖北立足。

此时，袁世凯与黎元洪已经勾兑妥当，袁世凯盛情邀请张振武携眷进京，出任东北边防使。黎元洪自然也大力赞同，还主动批了4000元的路费。两边同时使劲，张振武便也心动，带其亲信、将校团团长方维等三十余人，浩浩荡荡地在8月10日到了北京。

在京城，张振武呈递了《上袁大总统书》，提出了筹边之策，并积极联络同盟会和共和党，要出面“调和党见”。就在他被捕并被枪决的当晚和前一晚，他还邀请了同盟会和共和党的骨干吃饭，勾兑感情，调和分歧。

其实，就在8月11日，黎元洪的密电就送达了袁世凯手中。密电说：“张振武以小学教员赞同革命，起义以后，充当军务司副长，虽为有功，乃怙权结党，桀骜自恣。赴沪购枪，吞蚀巨款。当武昌二次蠢动之时，人心皇皇，振武暗煽将校团乘机思逞。幸该团员深明大义，不为所惑。元洪念其前劳，屡予优容，终不悛改。因劝以调查边务，规划远漠，于是大总统有蒙古调查员之命。振武抵京后，复要求发巨款、设专局，一言未遂，潜行归鄂，飞扬跋扈，可见一斑。近更蛊惑军士，勾结土匪，破坏共和，昌谋不轨，狼子野心，愈接愈厉。冒政党之名义，以遂其影射之谋，借报馆之揄扬，以掩其凶横之迹。排解之使，困于道途；防御之士，疲于昼夜。风声鹤唳，一夕数惊。”对于张振武，黎元洪自陈“爱既不能，忍又不敢，回肠荡气，仁智俱穷”，因此，“伏乞将张振武立予正法，其随行方维，系属同恶相济，并乞一律处决，以昭炯戒”。同时，黎元洪又解释了他对张振武的私人感情，仿佛诸葛斩马谡一般：“振武虽伏国典，前功固不可没，所部概属无辜，元洪当经纪其丧、抚恤其家、安置其徒众，决不敢株累一人。”然后，又说自己对于“起义健儿变为罪首”，“抚驭无才”，负有领导责任，“言之赧颜，思之雪涕，独行踽踽，此恨绵绵，更乞予以处分，以谢张振武九泉之灵”。

这是一篇感情色彩极其丰富的电文，而在那些丰富的感情背后，核心就是

武昌首义后相互屠杀的刑场

要求袁世凯尽快处决张振武。

袁世凯并没有立即行动，而是回电说“原电蛊惑军士，勾结土匪，破坏共和，昌谋不轨等，近于空言，似不得为罪状”，要求黎元洪补充说明。

黎元洪当即再度回电，说明“张不独为全鄂之害，实为天下之害”，同时还派了饶汉祥等人，快车进京，面见袁世凯，“告袁以鄂军队俱已布置妥协，万无他虞，请即日行刑”。于是，袁世凯在 15 日发布军令，处决张振武和方维。

张振武被杀之后，全国舆论哗然。其实，围绕着张振武案所展开的一系列争论，很少是探究事实本身，而都掺杂进了复杂的政治争斗。

袁世凯所面对的最大挑战，就是他不经法庭审判而用军令杀人，这被舆论看作是对法律的践踏。袁世凯随即抛出了黎元洪，公布了他们之间的电文，说明是依副总统之议处决。面对诘难，黎元洪只好再三地刊发电报，详细说明张振武的“罪状”，结果，各种“罪状”的细节，又成为各种政治势力口水大战的战场。在这种争论当中，张振武被不同的势力各取所需，分别塑造出了悲壮的英雄形象和残暴的奸雄形象。

其实，在幕后成立秘密组织，潜伏在黎元洪身边，正是出于孙中山的安排。同盟会会员、旧金山洪门致公堂成员马超俊，就是根据同盟会总理、洪门大哥孙中山的指示，携带巨款潜入汉阳兵工厂，联合张振武、方维等人组织“铁血团”。据马超俊晚年回忆，铁血团“集议推倒黎元洪，控制武汉。因密议频繁，声气渐盛，消息外泄，被黎元洪侦知，密电袁世凯，以总统名义召见，诱张振武、方维北上，在北京被捕杀。黎元洪同时围搜铁血团本部，逮捕百余人，得该团名册，黎以我为都督府顾问，而竟参加此事，更为衔恨，遂将我捕获，送陆军监狱”。

马超俊为黎元洪的政敌，他的这段叙述，当为事实。这就说明，张振武之被杀，实在并非无辜，黎元洪如果不早动手，被杀的就完全可能是这位被张振武从床下拖出来的都督、副总统了。

马超俊晚年反省道：“当时一部分革命党人，以为满清之推翻即为革命之成功，在此开国过程中自己所属之团体厥功最伟，少数领导之士，更自识在此等团体中又勋劳最著，遂以为功名盖世，目空一切，殊不知革命形势之造成，全在民族意识之结合，决非少数人所能贪天之功而引以自豪。由于革命初期之幼稚病，故革命之领域虽及于全国各省，而革命之收获则更为期遥远矣！”

张振武的鲜血，不过是这种乱局中一朵凋零的小花而已……

十日都督焦大哥

“革命”真是好，“焦大哥”都当上了都督。

这是辛亥年湖南黑道上的一件大事兼喜事。

“是时衡岳以南，伏莽遍地，各属哥弟会党，风起云涌，招摇乡市，皆曰：‘焦大哥作都督，今日吾洪家天下矣。’”（子虚子《湘事记》）

“焦大哥”名叫焦达峰，这年才25岁，却是湖南哥老会分支“洪福会”（又称“洪福齐天党”）的龙头大哥之一，是唯一“穿着靴子”上山的老大。弟兄们所说的“洪家”，除了“洪福会”之外，还包括哥老会另一分支“洪江会”（内部称为“六龙山”）。与致力于改朝换代、“洪福齐天”的“洪福会”相比，已经将孙文奉为“总龙头”的“洪江会”，似乎要更为先进些，入会誓词相当与时俱进：“誓遵中华民国宗旨，服从大哥命令，同心同德，灭满兴汉，如渝此盟，人神共殛。”

“穿靴子”的老大焦达峰，在这两处“洪家”都很趟得开。因为，他实际上是革命党“共进会”的成员，奉命发动黑道上的革命群众。从默默无闻的黑道小老大，一夜之间跃升执掌千万人生杀大权的湖南都督，焦达峰靠的就是背后一呼十万的“洪家”弟兄，以及那个灿烂的“革命”旗号。

日本靴子

焦达峰之所以“穿靴子”，因为他喝过洋墨水——尽管只是东洋墨水。他也有个日本名字“冈头樵”，与孙文的“中山樵”类似，都立志要在山头砍树伐木。

焦达峰生前的“艺术照”

焦达峰的原名叫做焦大鹏，他为什么要把名字从天上“大鹏”改成地上“达峰”和“冈头樵”，史料没有记载。

焦家在著名的鞭炮之乡湖南浏阳，其父焦舜卿算得上一方人物，曾担任过乡团总，家里还有田四五百亩，颇为殷富。

焦达峰五岁入私塾，13岁（1899年）进入浏阳县立南台高粤小学堂读书。与大多数革命先烈一样，据说他也是“自幼聪慧”，而且小小年纪就立志造反救国。国民党党史权威冯自由在《中华民国开国革命史》中记叙，还是小学生的焦达峰在一篇题为《书〈礼运篇〉后》的作文里写道：“君主专制，暴政之原也，是当革也。”

盛产鞭炮的浏阳，也盛产革命者。戊戌六君子之一的谭嗣同、自立军的首领唐才常等，都是当地人，他们成了焦达峰的偶像，他立志“重整故国衣冠，还我山河”，被同学们戏称为“谭唐”。

16岁那年（1902年），焦同学小学毕业，加入了“洪福会”。湖南的黑道会党虽然活跃，但人民群众觉悟还不够高，难以欣然接受这类组织，混黑道的名声并不好。儿子加入了帮会，这令极为传统的父亲十分生气，以逐出门户相威胁，不料这叛逆儿子居然毫不畏缩，离家出走，到长沙去了。这种主要源自青春期

谭人凤与日本人北一辉留影

的叛逆行为，被革命史家描绘为为了革命而不惜与家庭决裂。

1903 年，17 岁的少年焦达峰，进入长沙普通高等学校游学预备科，学习日文准备东渡扶桑。此时的长沙，风起云涌。一边是以“卧龙山”山主、有“托塔天王”之称的谭人凤为代表的会党人士，试图整合湖南的会党势力，“同心扑满，当面算清”（谭人凤对湖南黑道的整合时间，学界至今还有争议）；另一边，是以黄兴为代表的华兴会积极策动反政府暴动。这两股力量，开始接触合作。离家出走的少年焦达峰在此时加入了华兴会，因为他精通黑道密语，就担任了华兴会与会党的联络工作。1911 年他被杀之后，还在他的遗物中发现了两本厚厚的黑道密语本。自此，哥老会的小弟焦达峰，又多了黄兴这样的革命党老大。

华兴会的暴动还没准备好就被清廷侦破，众人只好四散逃跑，年仅 18 岁的焦达峰，东渡日本。他的理想，自然是进入军校，但是，根据中日政府间的协议，非公派留学生不得学习军事，他只好改入“东亚铁道学校”，学习铁道管理与爆破技术。“铁道管理”是次要的，“爆破技术”则是很关键的。

1905 年 8 月，孙文的兴中会、黄兴的华兴会等联合组成同盟会，19 岁的焦达峰出任同盟会“调查部长”，负责与会党的联络。同盟会在 1906 年策划了萍、浏、醴会党暴动，焦达峰受命回国，“重整会党，联络新军”，并担任浏阳会党“铁血军”总司令李金奇的联络参谋。这次暴动又是大败，李金奇在战斗中溺水身亡，焦参谋只好逃之夭夭，回到日本，化名为冈头樵，一方面避开清廷的跨国追捕，另一方面也便于换学校改学军事。

1907 年，21 岁的焦达峰，终于以“冈头樵”的名字进入“东斌步兵学校”。这所军校，是家典型的“学店”，所招收的，全是因各种原因无法进入正规军校的中国留学生，因而“愤青”扎堆，课余讨论的全是造反革命。

因为孙文的强势作风，同盟会所侧重的，主要是以广东为主的华南革命，对华中地区并不重视，这也令焦达峰等人十分失望。他们认为，同盟会是靠不住的，必须另建组织。于是，焦达峰与几个同学张百祥、邓文辉、刘公等，组成了“共进会”，自封为总理、部长等等，焦达峰担任“交通部长”，依然负责与会党黑道的“交通联络”。

据章太炎的《焦达峰传》记录，黄兴曾经认为共进会是搞分裂，质问焦达峰：“何故立异？”

焦达峰说：“同盟会举趾舒缓，故以是赴急，非敢异也。”

黄兴再问：“如是，革命有二统，二统谁为正？”

焦达峰笑道：“兵未起，何急也！异日公功盛，我则附公；我功盛，公亦当附我。”此口气，俨然与“谁入咸阳为王”一般。

黄兴听后，“爽然无以难也”。

在另立共进会的同时，焦达峰又与共进会内的宁调元、何陶（何弼虞）和文公舒等，秘密另组“四正学会”。所谓“四正”，即“心正、身正、名正、旗正”。之后，他把“四正”的抬头搬回国，成立“四正社”以整合黑道会党势力。

1908 年，光绪皇帝、慈禧太后去世，三岁的宣统皇帝继位，其父、26 岁的摄政王载沣监国。共进会认为机会到来，于是大举回国，联络会党，并通过会党策动新军。焦达峰负责湖南，孙武负责湖北，两人将湖南的会党整合为五个镇的军队，于 1909 年夏季暴动，但旋即失败。自此，孙武对会党失望，专注于新军，而焦达峰则化名为“左耀国”继续在会党中活动。

这年的 9 月份，他在浏阳被几十个龙头大哥推荐，终于跻身了“洪福会”、“洪江会”的龙头大哥行列。他将在日本建立的“四正学会”的名目引进，组织了“四正社”，作为帮会内的核心组织，有意识地将会党成员派入新军，势力日益坐大。

至此，23岁的焦达峰其实已经整合了巨大的帮会势力。留日几年，他虽然与那时候大多数留日生一样连日语的听说都还有极大困难，却已经灌输了满脑子的革命新名词，当然也学会了挂军刀、穿靴子，马刺踩得铿锵作响。更为重要的是，凭借对权力的天生感悟，这个年轻人无论在革命党内部还是帮会内部，都用“党内设党”、“帮内设帮”的方式，建立了自己能够施加影响的核心团队，巩固了自己在“党内”和“帮内”的势力。

这种“掺沙子”策略的巨大成果，表明焦达峰不仅能“穿靴子”，而且能“穿草鞋”，必要时也敢于“光脚”，绝非后人为其粉饰时所说的“政治经验不足”。他的政治经验，尤其是内斗经验，与其年龄相比，已是炉火纯青。“焦大哥”终于成为湖南的实力派之一。

金菩萨与蒙汗药

1911年年初，黄兴计划在广州发起暴动，请焦达峰等人在两湖策应。2月份，焦达峰赶到汉口，与湖北的居正、孙武等人商量对策，决心两湖同时动手，但这些英雄们囊中羞涩，粮饷皆无。

居正说，在他老家（湖北广济）靠近蕲州的洗马坡，有个达城庙，内供一尊金菩萨，价值连城，“吾党若设法盗取，大可供革命资金之用”。（冯自由《革命逸史》）

于是，众人便推居正和焦达峰先去现场勘探。两人到洗马坡仔仔细细侦查好，回到了汉口。这时，却传来了广州暴动失败的消息（暴动死难者即“黄花岗烈士”），两湖已不需要再做策应配合，但他们一合计，这尊金菩萨还是要弄到手，革命实在太需要钱了。焦达峰说，这尊菩萨太重，“非以精练拳棒之武士任之不可”，他决心赶回湖南去召集几名武功高强的力士前来。

当焦达峰离开汉口后，居正等湖北革命党人决定自行其事。于是，在5月中旬，他们带人赶到了达成庙附近的三角山，但是，无法下手，不得不放弃。

6 月初，焦达峰带着从湖南会党中精选的几名大汉赶来，一行七人再度赶赴洗马坡。6 月 15 日，他们到了达城庙，乘天黑靠近，用大锥凿通了达成庙的后墙，成功地将金菩萨盗出。

这时，天已渐亮，路上行人开始增多，庙里的和尚们也发觉了菩萨失踪，鸣锣告警，一帮革命者们也大为慌乱，只好将金菩萨丢进了庙旁的一个池塘，“数月奔驰之筹饷奇计，遂一旦付诸水泡矣”。（冯自由《革命逸史》）至于那尊金菩萨的最后下落及庙内如此无觉悟的和尚们的命运，史无记载。

不久，另一个革命同志邹永成从日本归来，听说革命经费困难，就建议同志们去劫掠自己住在汉口的婶母，这位婶母“蓄有手饰约值数千金，如能以术取得，可尽作资助”。焦达峰大喜，马上配了蒙汗药交邹永成，。邹永成把蒙汗药化在酒中、裹在馒头里，给婶母吃。焦达峰等人掐准了时间前去取首饰，却见这位婶母正在堂前谈笑自若。看来，配置蒙汗药毕竟是项技术含量不低的活儿，焦达峰显然无法胜任。众人只好作罢，继续“穷”革命。

金菩萨未能到手，蒙汗药也不奏效，而革命的时机却似乎再度来到：因为在铁路国有进程中，朝廷拒绝为川汉铁路四川公司在上海违规炒股而亏损的 300 万两银子埋单，川路公司高管们以被其欺压盘剥多年的 7000 万股东的名义，发起所谓的“保路运动”，指责朝廷“卖国”，以此相要挟。革命党认为这是一个绝好的机会，决心将保路运动演变为武装暴动。

早在 5 月份忙着盗取金菩萨时，湖北和湖南的共进会成员，就商量了暴动计划，不管哪个省先发动，另一省必须立即响应。同时，他们还拟定了一套密码隐语，比如“初一至三十日”的日期代码，就是一副对联：

> 指示机宜，莫久使故国衣冠沦于夷狄；
> 挥戈举义，快团结中原豪杰还我山河。

“发难”代码是“祖父故”，“机关被破获”代码是“祖母故”。如果“19 日发难”，代码就是“祖父故促义弟归”，“义”是日期代码表中的第 19 位；如果说

"祖母故促举弟归"，"举"字是日期代码中的第18位，意思就是"18日机关被破获"。

焦达峰在会党中另行设立的"四正社"，此时俨然成为干部学校，他任命的几乎所有头目，都是"四正社"的成员。

10月18日，焦达峰抵长沙，召集革命党人会议，"言已于浏阳、平江方面联络洪门会党成员多人，并购有枪炮、炸弹，须俟人械到齐，再与新军联合发难等，大家首肯"（熊光汉《湖南辛亥光复事略》）。洪江会"二龙头"黎先诚在浏阳、醴陵、萍乡、善化等地，用五天时间召集了4000多人，开往长沙。前后陆续开到长沙的马刀队、梭镖队、来复枪队，足足有18000余人，都是会党动员而来。

10月10日，武昌率先暴动。三天后（10月13日），焦达峰召集会议，确定10月20日举事，由会党在城内放火为号，一见火起，城外新军便攻城。但是，浏阳的"洪江会"未能及时赶到，暴动遂延期到10月23日。

10月21日，闻到气息的湖南巡抚余诚格，下令驻守长沙的新军立即开赴株洲，并紧闭城门。摊牌的时候到了，焦达峰决心提前一天暴动。

革命不是请客吃饭

10月22日清晨，长沙暴动开始。焦达峰控制的新军第49标兵分两路，东路进入小吴门后，占领环城各要塞，北路则占领北门，都没遇到抵抗。

湖南巡抚余诚格身着"小衣小帽"（睡衣睡帽），战战兢兢接见了乱兵，兵士们"劝其反正，俯从民意，都督湖军，余抚力辞"。兵士们逼得更紧了，余诚格说"此事重大，当入内与家父商之"。人们在外等了很久，不见其出来，冲进去搜查，结果发现余诚格已经在后院墙上开了个洞，逃之夭夭了。（粟勘时《湖南反正追记》）余诚格此人，是御史出身，以耿直闻名，却因为主持科考时招收了一个叫康有为的考生，大受牵连，仕途不顺。如今又逢大乱，幸好见机逃得及时。他在这之前，就已经将家属送出湖南（郭孝成《湖南光复纪事》），自己当了个“裸官”，果然逃起来方便。

而巡防营统领、湖南本地绅士黄忠浩，颇负名望，号称知兵，治军极严，之前咨议局与新军策划暴动的会上，已被内定为军队统帅，却在暴动中被乱兵斩首。

此前，长沙暴动已经获得了立宪派控制的湖南省咨议局的首肯。咨议局是晚清政治体制改革中的重要一环，作为地方议会，以便体现民意，并监督和控制之前一权独大的地方政府。

湖南咨议局的议长是谭延闿，比焦达峰年长六岁，这年（1911 年）才 31 岁。谭延闿出身名门，其父谭钟麟历任封疆，曾出任闽浙总督和两广总督，甲午战争期间，孙文发动的广州暴动（1895 年），就是被他扑灭的。谭延闿家学渊源，24 岁（1904 年）考中开封会试第一，成为湖南二百余年第一位“会元”（乡试第一称“解元”，会试第一称“会元”，殿试第一称“状元”），并在随后的殿试中高居状元。但据说因为与谭嗣同同姓，而终与“状元”失之交臂。殿试后，谭延闿入翰林院任编修，走上传统的仕途正道。

在晚清改革的大潮中，自负极高的谭延闿，也要做回“弄潮儿”，他在 1907 年组织“湖南宪政公会”，两年后（1909 年）被选举为湖南咨议局议长，时年仅 29 岁。

谭延闿文武兼备，不仅是著名的书法家（南京中山陵“中国国民党葬总理孙先生于此”就是他的手笔），而且枪法极好，能双手打枪，因诗法、书法、枪法高超，人称“谭三法”，可与广东赌王刘学询的“刘三国”媲美，是“湖湘三公子”（另二位，一是湖南巡抚陈宝箴之子、民国著名学者陈寅恪之父陈三立，一是湖北巡抚谭继洵之子、戊戌六君子之一的谭嗣同）的首位，也是日后民国史上的重量级人物，其女婿陈诚、外孙陈履安，后来都成为国民党中的大佬。

谭延闿在湖南士绅阶层中，以其家世、才学、资历等，颇负人望。他本来是倾向于立宪的，但多次碰壁后，也开始转向革命。1904 年，华兴会的长沙暴动流产后，被通缉的黄兴藏在一位立宪派朋友龙璋家中，谭延闿还冒险去探望过，劝慰心灰意冷的黄兴“毋躁，以图善后”（章士钊《与黄克强相交始末》）。

而在辛亥风云中，谭延闿利用自己的地位，多次掩护革命党。年初，巡抚余诚格曾给他看了一张革命党名单，表示要立即搜捕，“谭延闿诳谓：‘若辈均酒色之徒，不足惧。’遂罢议”。（邹鲁《湖南光复》）武昌暴动之后，余诚格又想抓人，还是谭延闿劝他“不可激变也”。（子虚子《湘事记》）

但是，谭延闿心中的革命，与焦达峰等人完全不同。他提倡的是“文明革命”：“文明革命与草窃互异，当与巨家世族、军政长官同心协力而后可。”对于以会党黑道为背景的焦达峰等，他并不信任，也无法信任。后人根据不同的政治需要，或将谭延闿描绘为革命先驱，或将其描绘为混进革命队伍的投机分子。不过，在当时的湖南，最有公信力、号召力的公众人物，只有谭延闿一人。

焦达峰虽然是黑道老大，势力强大，但他毕竟不是军人，在军中难以直接下手。替他下手的是新军的一名排长陈作新。

陈作新比焦达峰大一岁，时年（1911 年）26 岁，他虽然在新军中只是一个低级军官，却也是华兴会的成员。他曾参与唐才常的“自立军”，并应唐的要求，加入各种会党，以壮大势力。1904 年，他投考湖南武备学堂，穿了套军装去考试，却不知那居然是上将制服。也不知是他的服制僭越，还是文墨有问题（此前参加科考六次均落榜），结果是名落孙山。当年，湖南武备学堂设立了附属的“兵目学堂”，培养士官，在龙璋的保荐下，陈作新终于入校。

1905 年，在校的陈作新加入了同盟会，年底毕业后，他被分配到了老式的“信字营”部队，崭露头角，立即被调入长沙，在新军炮兵营中担任排长。他在军内发展同盟会组织，宣扬革命暴动，被上级发觉，调往 49 标 2 营，继续担任排长。他在新部队中再度发展组织。1910 年长沙爆发“抢米风潮”时，他去鼓动军官们起兵反政府，被革除军籍。陈作新在军内两次犯事，都是杀身之祸，但军官们怕事情闹大影响自己前途，大事化小、小事化了，先调动，后除名，并未依律办理。自此，陈作新就做了职业革命家，利用自己的军中人脉，协助焦达峰做新军内的策反工作。

在谭延闿为首的咨议局的默契下，焦达峰、陈作新的暴动十分顺利。10 月 22 日当天，暴动的新军和会党就占领了长沙。在此期间，谭延闿试图制止暴动者对官吏的暴力，说：“吾辈但取政权，不杀官吏。”（子虚子《湘事记》）不过，依然有多名官员被杀。

根据之前咨议局与新军的会商结果，暴动之后，将仿照湖北的成例，设立军政府，推咨议局议长担任都督。暴动当日上午，湖南咨议局依约发布了谭延闿以“军政府都督”名义签发的宣言，但是，当天下午，焦达峰、陈作新就召集了会议，将都督职务另委了焦达峰，并且造了个计划外的职务“副都督”，由陈作新担任。

在这次会议上，焦达峰是毛遂自荐的：“吾在湘谋革命多年，当为正都督，陈作新运动新军、巡防，功亦大，当为副都督。”（子虚子《湘事记》）也有记载说，在焦达峰自荐都督的时候，陈作新说：“你当都督，我来做副都督。”焦达峰说：“原议无副都督一职，湖北也不曾设副都督，你就当都督好了。”陈作新说：“我不是和你争当都督，我只当副的。”

无论如何，焦、陈二人的自荐，在掌声中被“一致通过”了，谭延闿事后发表演讲说：“今日我湖南革命成功，是一件大大的喜事，但革命是要打仗的，延闿是个文人，关于打仗的事自愧不懂。但今日要维持秩序，保持治安云云。”（粟勘时《湖南反正追记》）

议员们纷纷表态支持新政府。最后，副议长、主持人常治宣布：“现在所举的正副都督都是临时的，将来还要正式选举。”他的话，也为此后留了个伏笔。

“正途”出身的军人，对焦、陈占据都督位置，并不服气。陆军小学校长夏国祯就不满意焦达峰调动学生军的命令，率全校学生到咨议局抗议，得到新军内部不少人支持，险些酿成兵变。最后，还是谭延闿出面安抚：“今非争都督时也，民军方在萌芽，天下之大举义旗者，仅一二省，且改革以谋幸福，焦都督既举定，自以合力进行谋建国家为前提，某当与公等竭力维持秩序，保全治安而已。”于是，“众军始靖”。

至此，25 岁的焦达峰和 26 岁的陈作新，就成了湖南的正副都督。而“午前告示为谭，而午后告示为焦”（郭孝成《湖南光复纪事》），也成为辛亥的一大奇观。

乱起萧墙

一贯默默无闻的焦达峰、陈作新，登上了湖南的最高权力宝座，这令公众们大吃一惊。因为，他们对此二人毫无了解，等到了解了一二，又对他们的黑道背景极不放心。

坐了天下的“焦大哥”，毕竟在军内缺少自己的人马，为了巩固“革命成果”，更为了巩固自己的地位，他开始大量收编黑道。弟兄们拿到了“焦大哥”特批的军饷和枪支弹药，摇身一变，成山头地变成了民军。“浏阳人闻长沙起事，焦竟居都督之位。群起招募民军来省投效。”（《汉族光复史》）湖南一时几乎全民皆兵，长沙“城内庙宇公廨旅邸，皆高悬旗帜招兵，流氓乞丐轿担均入伍”。（《湖南反正追记》）“无器械，无戎装，则皆高髻绒球，胸前拖长带，以为是汉官威仪，若戏剧中指武伶装然。”而都督府内“人终如蚁附膻，日给饭至四百余席，无昼夜，流水浮埃，殆同一大剧场”，焦达峰还任命了一个 15 岁的少年为“银行经理，遽改大清银行为大汉银行，剪毁大清纸币无数，示禁用，市面几乱”。（子虚子《湘事记》）

招兵的公开理由，是要出兵支援湖北。在那里，民军正与南下镇压的政府军进行激烈作战。短短几天之内，焦达峰居然招募了六万人，编成四镇。当然，这批临时拼凑的部队无法开赴前线作战，送到湖北去的，还是比较有战斗力的 49 标，而新组建的部队大多留在了湖南，军纪涣散，扰民有术。

正、副都督“被”选举后的次日（10 月 23 日），咨议局开会，在民主宪政的大帽子下，焦达峰不得不同意设立一个独立的参议院。参议院“规划民、军全局，行政用人一切事宜”，“都督府之命令，必经本院决定，加盖戳印，请都督盖印、由本院发交各部执行”。（《中华民国湖南都督府参议院规则》）

在后世的革命史家眼中，这是“立宪派”妄图夺取革命成果的动作。但是，自晚清新政以来，早已形成了咨议局与督抚分庭抗礼的权力制衡格局。这种根据宪政精神的制度设计，在民初不少地方被继承下来。

10 月 25 日，参议院援引湖北汤化龙出任政务部长的先例，提出应当“军民分治，设民政部长，其事与都督对等，部长以下分总务、财政、交通、民政、教育、盐政、警政各科，都督以下分军务、参谋、军法、军械各科，各率其职，不相侵犯”。（子虚子《湘事记》）随即，都督府下分设军政、民政两部，谭延闿任民政部长，黄鸾鸣任军政部长。至此，焦达峰与陈作新两位都督的实权，都受到了牵制。在独立的各省中，这是最早实现比较彻底的分权。当然，在革命史观看来，这是革命成果的进一步被“篡夺”。

一直搞秘密工作的焦陈二人，一夕之间跃居高位，都忘乎所以。焦达峰最为关注的，是找裁缝为他订做合身威武的都督服，据说他把都督印就吊在裤腰带上。（郭孝成《湖南光复纪事》）而自诩才子的陈作新则陶醉于自己的功业，他曾写过这样一首诗：

平生何事最关情，只此区区色与名。
若就两端分缓急，肯将铜象易倾城。

据说，陈作新命人用绣龙的黄缎做了套军服，招摇过市，“谭人凤见之，顿足大骂道：‘死期殆不远矣！’”（子虚子《湘事记》）

对于这些黑道出身的“同志”，黄兴很早前就表示过担忧：“今之倡义，为国民革命，而非古代之英雄革命。洪会中人，尤以推翻满清，为袭取汉高祖、明太祖、洪天王之故智，而有帝制自为之心，未悉共和真理，将来群雄争长，互相残杀，贻害匪浅，望时以民族主义、国民主义，多方指导为宜。”（中国国民党党史委员会《刘道一传》抄件）

焦、陈二人的地位不久就开始动摇，长沙开始传言，“焦督即著名之洪江会首姜守旦变名”，他大量招募军队，就是“蓄意退旧伍而代以会匪”（冯自由《革命逸史》）“彼置极有程度极有劳绩之新军而不升擢”（《民立报》1911 年 11 月 15 日）“武昌济饷数十万，达峰持不下；又新军有功不迁官，将尽黜”。（章太炎《焦达峰传》）

革命前的长沙驻军有两标，即 49 标与 50 标，而陈作新工作做得比较好的是 49 标，49 标也因此成为暴动的主力。因此，向隅的 50 标极为不满，传言也说，“这次湖南反正，只有 50 标无功，早晚就要被焦、陈解散的”，焦陈二人便也开始担心 50 标不认自己为都督，盛气凌人的焦达峰放出了这样的狠话："50 标不过数百人，今吾兵计六万，可恃者五千，以数人杀一人，有何不能？"（子虚子《湘事记》）"革命党"与"革命军"相互之间的猜忌，已经如同一个一点就炸的火药库。

此时的革命党，在各个省都面临着如何获取更大权力并巩固的问题，尽管"革命"是各派合作开发的，但他们还是坚信"革命成果"必须牢牢掌握在革命者的手中，即使民意选举出来的咨议局（或参议院），也不能挡住这一革命的洪流。

正当焦达峰、陈作新为湖南的权争焦头烂额时，他们的上级、同盟会中部总会负责人谭人凤，在 10 月 26 日回到了长沙。当他看到"湖南咨议局绅士，把持湘政，事无大小，须经若辈议决，都督之命不行，力主解散若辈创设之议事机关，期有适合于军事敏捷之应付，集权于都督"（邹鲁《湖南光复》），要求立即"取消参议院、军政部，另订章程，凡军事、行政、理财、司法悉由都督掌之"。（子虚子《湘事记》）

5 月 30 日，同盟会邀请湖南军政商学各界代表开会，研讨《都督府组织法》，谭人凤提议的方案获得通过，谭延闿被迫出席，亦被迫辞职。富有权力斗争经验的同盟会老会员们，建议立即加强都督府的警卫，自称"肯将铜象易倾城"的陈作新讥笑道："吾族奴于鞑虏垂三百年，今日复见汉官威仪，如家人聚首耳，尚何戒备之有？"

次日（5 月 31 日），长沙北门外"和丰火柴公司"发生了纸币挤兑风潮。湖南的经济一向不很景气，金融方面更是薄弱，全靠发行纸币流通市面。一些比较有实力的公司也能发行纸币，和丰公司就是一家，信用一向不错。但如今兵荒马乱，人心浮动，纷纷前来挤兑，和丰公司无法周转，只同意兑换一半，于是引起纠纷，一些人乘机打砸抢，酿成了群体性事件。

"市民汹汹，旧绅诡请都督亲往弹压，达峰命副都督陈作新前往。"（冯自由《革命逸史》）陈作新单枪匹马，骑到北门铁佛寺，却哪里知道 50 标 2 营管带梅馨已经在此部署了伏兵。陈作新被伏兵"断其头"，梅馨"遂引兵攻督府"（章太炎《焦达峰传》），且"扬言为故总兵黄忠浩报仇，污陈为匪，并言陈匪已去，焦匪尚在，宜并去之"。（冯自由《革命逸史》）

此时，焦达峰正在督抚内商谈援鄂事宜。冯自由的《革命逸史》是将他当做革命英雄来美化的，如此记载道："闻变，同志有劝之匿避者，达峰曰：'安用避为！我为种族革命，凡我族附义者，不问其曾为官僚，抑为绅士，余皆容之。今咨议局绅煽动黄忠浩残部叛变，既杀副都督，又欲杀余，悔不用谭石屏（谭人凤）之言，将若辈先除，今竟为若辈所算，余惟有一身受之，毋令残害我湘民。且余信革命终当成功，若辈反覆，自有天谴。'言毕，即亲出外向变兵宣慰，变兵遽前执之，拥至军政府门外，达峰乃望义旗而呼曰：'诸君省毋扰乱秩序。'变兵自后刺之，遂死。"

而"子虚子"的《湘事记》却说是，焦达峰对50标的屠杀威胁，致使梅馨提前行动，在当日分两队攻杀焦、陈二人。陈作新在路上被杀，而焦达峰在府中被杀。"时府中国民军卫队密如蛛网，枪戟林立，吴家铨（50标军官）等乃能于人丛中执主帅出而弃之市，是何意态，雄且杰哉！"

至此，担任了十天都督的焦达峰与陈作新，双双毙命，成了辛亥年的又一对冤魂。

《湘事记》还说，焦、陈被杀后，士兵们要拥立梅馨出任都督，这在辛亥年也是常事，力强者坐江山是不少独立省份的"显规则"。但是，梅馨坚决推辞。

焦、陈被杀之细节真相究竟如何，已经成了罗生门式的故事，但可以肯定的是：一、焦、陈的施政的确不得人心；二、各派的权力斗争十分尖锐，甚至到了你死我活的地步，冯自由的记录也表明谭人凤本来是想先下手的；三、焦、陈二人无法有效控制军队，甚至无法有效保护自身。

章太炎的《焦达峰传》记载，十多年后梅馨在上海患病将死，曾慨叹说："当年直为人作猎狗。"这句话被不少人当作是指控谭延闿的证据，史学家也为此纷纷扰扰，争论至今。

彼时的湖南，其实是三足鼎立：一是以焦、陈为核心的革命党，其主力就是会党黑道，顶着"革命"的新外衣，他们对军队和政权的掌控能力、经验都是极度缺乏的，但却颐指气使，不知收敛；二是以梅馨为代表的实力派军人，这些人对于黑道人士大量涌入军队极度不满，对焦、陈无限制扩军而造成军饷支付困难，也极为不满，对焦、陈暴动时杀害黄忠浩更为不满（黄本人在湖南相当有威望，他的惨死对焦、陈的公共形象伤害极大）；三是以谭延闿为核心的“民意代表”们，他们代表了湖南的精英，社会威望高，而且长期以来已经习惯了通过咨议局这一宪政机构，制衡行政机构，对于焦、陈这样的政治暴发户及同盟会这种“革命政党”极难适应，也十分鄙视。

这三股势力，如果不先入为主，绝难从道德标准来进行高低评判。但是，从实际的运作来看，比较遵守“游戏规则”的，还是谭延闿为核心的“参议员”们。

善后大和谐

焦、陈被杀，湖南一时群龙无首，依靠黑道的同盟会，此时要与更为强悍的新军对抗，也束手无策。于是，人们又都想到了下岗在家的谭延闿。

梅馨部下的士兵们，冲入谭家，高呼：“谁为谭延闿？”把谭延闿吓得“惊悸失色，不知所出”。（子虚子《湘事记》）谭延闿被士兵们强行用一顶破轿子抬走之后，“其家人举室号哭，如举丧状。”（郭孝成《湖南光复纪事》）士兵们将他强行带进了都督府，在林立的军人队伍前，摆了张长桌子，扶谭延闿站在上面。惊魂稍定的谭延闿说：“今日之事，吾所不料，吾所甚惧。然事至此，宁惧死不徇公等之请。虽然，吾书生，非知兵者，何能都督？今与诸君约，愿严守军纪、服从军法其可。”（子虚子《湘事记》）众人自然答应，于是，谭延闿下令各军回营，并厚殓焦、陈二人。

谭延闿下令清点弹药库及银库，发现少了新式步枪 800 支，而银库中在短短十天内，被焦达峰等用去了 80 多万两。为了防止枪支流落到会党手中，谭延闿下令在新河口设立岗哨，安放了两门机关炮，果然拦截到了会党包租的携带一万支枪的轮船，双方发生枪战，谭延闿扣留了这条船，船上却有湖北新军的一位“统领”宋锡全。经与黎元洪电报联系，黎元洪请谭延闿将这批人就地正法，“于是大定”。（郭孝成《湖南光复纪事》）

湖南惊变的消息传到湖北，正在指挥作战的黄兴，立即致信谭人凤，要求湖南不能再乱，否则湖北也将大乱，并要求谭人凤支持谭延闿的工作。焦、陈

继任湖南都督的谭延闿

被杀后三天，同盟会公开表态，支持谭延闿出任都督，局势逐渐稳定下来。

相比于暴发户般的焦、陈二人，谭延闿的手段就老道多了。他一方面大力表彰焦、陈二人，把他们尊奉为“烈士”，浇铸铜像，每家发放一万两抚恤金；另一方面将这一事件归咎于无法可查的兵变，连梅馨的责任也毫不追究；三是焦、陈所委任的官员，一律照常办公，稳定“官心”；四是焦、陈所招募的新部队，一律不予裁撤，但进行了彻底的改编；五是“吃大户”，没收、征用曾国藩、左宗棠、袁树勋、张彪等家族的财产，共计三百万两，缓解了新政府的财政危机。同时，谭延闿继续为湖北的革命军提供人员和粮饷上的援助。这些举措，迅速缓和了长沙城内及整个湖南的紧张情绪。

政治是现实的，当焦、陈二人的铜像在长沙街头竖立起来的同时，谭延闿也与革命党成了兄弟。不久后，他本人也加入了新改名的国民党。

谭延闿为人圆滑，十分中庸，胡汉民称之为“药中甘草”，能调和百药的功能，亦有人干脆称他为“混球”，他自己干脆说：“混之为用大矣哉！”

与这样的“药中甘草”都无法“混”好，焦达峰也真正是该死了……

“中国华盛顿”之死

“中国华盛顿”死了，而且死得非常悲惨——中枪之后被斩首，首级也被刺客带走了。

惨死的“华盛顿”，名叫吴禄贞，年仅 31 岁，却已经是大清国防军主力部队、北洋第六镇的统制（师长），并刚被任命为山西巡抚。

横跨军政两界的吴禄贞，居然在戒备森严的行军驻地石家庄火车站内被刺杀，1911 年 11 月 6 日深夜的这起血案，震撼了全国。

吴禄贞成为辛亥年第一个死于非命的高级职业军官。有关他的死，也如同辛亥年诸多糊涂案一样，充满了猫腻，甚至，他的政治面目也变得十分模糊：这位常以华盛顿自居的青年高官，究竟是孙派（革命党）、康派（保皇党），还是朝廷的人？将他置于死地的，究竟是何方势力？

统制暴死

最接近真相的回忆录，来自当时才 23 岁的第六镇参谋、革命党人何遂。他被枪声惊醒的时候，已是子夜，而他刚睡下不久。

这一天他实在很疲乏了。下午，他陪同吴禄贞乘车赶到娘子关，与已经宣布独立的阎锡山举行会谈。在会谈中，作为朝廷大员的吴禄贞，向山西军方公开宣布，自己也是革命党。而阎锡山则高呼，拥护吴禄贞担任“燕晋联军大都督”兼总司令。

当晚，吴禄贞等一行回到石家庄，何遂感觉气氛不对。他发现，已经被吴

吴禄贞像

禄贞撤职的第十二协（旅）协统（旅长）周符麟居然在召集军官们秘密开会。他将这个情况报告给了吴禄贞，而吴禄贞毫不在意："不要紧的，骑兵营营长马惠田担任警戒，他是我的心腹，靠得住。"

这马惠田是骑兵第三营的营长，东北人，年轻英俊，是吴禄贞在东北时的老部下，得到吴的一手提拔，并带到北洋第六镇，可算是铁杆亲信。

何遂还是不放心，建议吴禄贞从随后赶到石家庄的晋军中调一营担任警卫，又被吴拒绝了。晚上十点多，假装被吴禄贞"招抚"的晋军抵达石家庄郊外，就地驻扎。根据吴禄贞的吩咐，何遂与马惠田两人前去慰问。何遂与马惠田在路上相谈甚欢，他绝没有想到，一个多小时后，马惠田会突然变脸。

慰问晋军后，两人回到石家庄火车站驻地，已经 11 点多了。何遂倒头就睡，不久就被枪声惊醒。

石家庄车站驻军司令瞿寿堤冲了进来，顿着脚喊道："兵变！兵变！你赶快去调山西的队伍来镇压。"

何遂一摸身边的手枪，没有找到，随手抓起一把短剑冲出门去。

这是，正是深秋，天高月朗，寒风飒飒。站台上一个卫兵都没有。忽然，何遂看到几个人从吴禄贞的住处奔出，迎着自己跑来。何遂大叫："站住！站住！"这些人也不理他，愈跑愈快一溜烟就不见了。

何遂顿感不妙，正往前走，忽然听到地上有人痛苦呻吟，一看是吴禄贞的副官张世膺。何遂喊着张的字："华飞，你怎么了？"张世膺已经无法说话。原来，他的头部被刀劈开，眼珠突出，脑浆流了一地，眼看就要断气。

何遂也顾不得他了，赶快向吴禄贞居住的站长室跑去。穿过外面的过道，在吴禄贞的卧室门口被绊了一下，何遂定神一看，正是吴禄贞，还穿着军大衣，胸前的双龙宝星勋章闪闪发亮。

何遂大吃一惊，伏下身去喊着吴禄贞的字："绥卿！绥卿！"再摸他的双手，冷冰冰的，全是血污，再一看，头颅都已经没有了。

何遂跳起来就跑向仓库，那里有一个连的守军。他边哭边喊："快来人呀！统制被人刺死了！赶快跟我去报仇呀！"跑到仓库，却听里头有人说："这家伙乱喊些什么，杀了他！"

何遂一看不妙，赶紧逃离，向着城外晋军驻扎的营地奔去。好不容易到了那里，却发现晋军已经弃营而逃。掉队的士兵说，晋军听到枪响，不摸情况，已经往娘子关方向退去。

何遂立即找来几匹马，带着那几个掉队士兵，赶上了晋军部队，要求带队的营长跟自己杀回石家庄车站。营长痛快地答应了。何遂策马先行，天亮时赶回了石家庄，却左等右等也不见后续的晋军赶来。何遂在日后的回忆录中感慨："一瞬间，千百种思念涌上心头。从出发以来，多少希望，多少计划和努力，眼看着胜利在望，如今却落得'为山九仞功亏一篑'了。"（以上细节均根据何遂《辛亥革命亲历纪实》）

何遂此时并不知道谁是刺杀吴禄贞的凶手，正在丧魂落魄之际，吴禄贞的上尉副官、32 岁的齐燮元（日后成为汉奸）赶来报告，说车站驻军已经起义，请他担任统帅。何遂赶回车站，部队官兵都已经在左臂上系上了表示革命的白布条。士兵们押上来一个行刺吴禄贞的士兵，还搜出了他那把带血的刺刀。何遂下令立即枪毙，却被第十二协（旅）的协统（旅长）吴鸿昌劝阻。马惠田等另外几个刺杀吴禄贞的人，此时也都混在人群中，尚未暴露。

年轻的何遂发号施令之后，十分疲倦，就在他昏昏沉睡时，车站驻军在吴鸿昌的带领下，撤离了。这些军人并没有跟随何遂这个刚到军中不久的福建人革命，不过，也没有反过来革他的命。

成为孤家寡人的何遂，在随后赶到的晋军帮助下，收敛了吴禄贞的无头尸身，运到娘子关埋葬。

吴禄贞被刺杀的全过程，不久就开始明朗。据何遂提供的日记，张国淦在其日后编著的《辛亥革命史料》中，还原了不少细节：

“（农历）十六日夜十一点多钟，吴（吴禄贞）正与参谋张世膺、副官周维桢在车站办公室批阅机密文牍，马惠田带同参谋夏文荣、队官吴云章、排长苗得林等四人，进见吴。客厅外是一个小院，马说：‘来向大帅贺喜’，打千下去，就从衣服下拉出枪来。吴一看不对，一手拉出枪，从窗口冲到小院里，跳上墙。马等连击，吴腿中弹跌下回击，马等向外跑去，吴在后面追。走到墙外，伏兵起，头部中弹倒地死，并丧其元（头颅）。”

尽管作为本案最为直接的见证者，何遂的回忆应该是最为可靠的。但是，吴禄贞的死，如同那个混乱年代的其他很多事情一样，迅速陷入了一片混乱的描述之中，甚至于他的遇刺日期也出现了诸多的版本。比较主流的有两种说法，一说是 11 月 6 日（7 日凌晨），另一说是 11 月 16 日。其实，11 月 6 日正是农历的九月十六，之所以混淆，就是因为一些研究者“跳跃式”翻看史料，误读了那些用农历记载、且月份只在首次才提及的资料。而两年后（1913 年），石家庄正是选择了 11 月 7 日的两周年忌日，为“革命先烈”吴禄贞举行了隆重的安葬仪式。

谁在幕后

吴禄贞的惨死，究竟是一场单纯的刑事谋杀，还是政治谋杀？如果是政治谋杀，谁是幕后主谋？

百多年来，主流史学几乎一致认定，这是一场背景复杂的政治谋杀，而袁世凯则是第一嫌疑人，至于史家归纳的原因很简单：

一方面，袁世凯是革命党最为凶狠的敌人，革命党人吴禄贞一直将袁世凯当作革命道路上必须率先清除的绊脚石。吴禄贞曾对阎锡山说：“袁世凯是中国最毒的一个东西，他现在汉口，正在两边摇摆，是投机。”“他若就任内阁总理或督兵大员……革命前途，三年五载，难期成功。”吴此种表态，实际上是对袁的能力的忌惮，这与章太炎当年明言希望满洲多桀纣、革命才有希望是一样的。

另一方面，作为“实力派”的袁世凯，也是朝中当权的“偶像派”们的死敌，其严重程度不亚于南方扯旗放炮的革命党。尤其是正在逐步掌控军队的良弼等人，更是将袁世凯看作必欲除之而后快的敌人。张国淦在《辛亥革命史料》中，记录了军咨府第二厅厅长冯耿光的说法：吴禄贞与载涛、良弼关系很好，他们曾多次密议铲除袁世凯的方法，而吴率军进驻石家庄，就可以通过控制京汉铁路达到阻袁北上的目的。何遂也承认：“吴禄贞在北方军人中素负声望，是能够和袁世凯抗衡的佼佼者。”因此，在袁、吴之间，形成了你死我活的局面，就看谁先下手。以资佐证的，还有段祺瑞长子段宏业在1924年亲口告诉何遂的，小段当时盛赞参与刺杀的马惠田：“马惠田是英雄，够朋友，他的行动省了不少的事。”何遂因此认为，“这话可以作为一个线索，据说袁世凯是通过段祺瑞来策划这一阴谋的。袁世凯杀了吴禄贞，也就破坏了北方军人统一起义的计划，使他的野心可以更顺利地实现了。”

袁世凯之外，杀吴的另一个嫌疑者，就是朝廷。当时，吴禄贞的革命倾向，已经在刚刚发生的“滦州兵变”中充分暴露，但正值多事之秋，朝廷不敢对坐拥雄兵的吴禄贞贸然下手。杨玉如（武昌暴动后任鄂军都督府秘书长）在其《辛亥革命先著记》中说：“清廷以禄贞行动威胁清廷，遥助革命党，深加痛恨和恐惧。奈当时军威已替，又不敢显示其非，明正其罪，恐致激变，只得用二三权臣卑劣之计，密购绿林贼盗往石家庄将吴禄贞刺死。”辛亥首义者之一的张难先，在其《湖北革命知之录》中也说：“军咨府大臣载涛，知马步周、周符麟与吴禄贞有隙，就秘密将他二人叫到北京，许以二万两银子，并许将来保他们升官，教他们刺杀禄贞。”

上述两种说法，都是间接推理，而没有直接证据。有论者将当时的直隶总督陈夔龙搬出来，说他也认同袁世凯是凶手的说法。但是，通观陈夔龙的《梦蕉亭杂记》，只是记载说：“禄贞忽为队下乱兵戕害，一说为项城遣人暗杀。后虽奉旨命余查办，卒莫得其实在情形。”按照陈夔龙的说法，吴的死因有两种可能：

一是被乱兵所杀，二是可能被袁暗杀，但并没有认定袁世凯是主谋，只是记录了当时的揣测而已。

陈夔龙的记录是相当谨慎持重的，从各种直接证据看，“乱兵戕害”是最为接近真相的说法。也就是说，吴禄贞的惨死背后，并无复杂的政治背景，而是纯属私仇。当时担任军咨府大臣的载涛就认为：“据我所知，既非袁之所为，亦非清政府所干，仅系由于个人的私仇，致酿成适逢会的凶杀而已。”当然，作为被打倒的旧朝大臣，载涛的一切说法，都只能“供批判用”，时人和后人都更愿意相信更为精彩的阴谋论。

无论幕后是否有人指使，吴禄贞“为队下乱兵戕害”是不争的事实。辛亥革命中，死于乱兵手下的大人物并不多。刺杀吴禄贞的“乱兵”，与十多天后在四川杀害了端方的湖北新军不同，湖北新军的“革命”，更多的是为了闹饷，根子上还是经济问题引爆，而吴禄贞的手下，则是不愿意跟着吴闹革命反朝廷，根子上其实是政治问题。

吴禄贞的政治立场，此时已非秘密。吴惨死之后，清廷还是有抚恤的，而御史温肃上奏说吴“包藏祸心，反形已著，请宣示罪状，以快人心而申国法”。温肃说，吴禄贞“跋扈素著，曾游学东洋，归后倡言排满革命不讳。此次武昌起义，该员首与黎元洪通谋，又东说滦州军队，西煽太原叛兵，截留前敌军械，并欲阻绝南北交通，以抄第一军（派往武昌‘平叛’的官军）之后路，皆该员主谋。以至旬月之间，畿辅几于震惊，朝廷为其要挟。旋于正定军次，为其部下戕毙，赴正定县出首。此事人言凿凿，若不明正其罪，势将以仓猝被害，蒙邀恤典，而下手刺杀之人，且以凶手而罹法网，是非不明，功罪倒置，则人心去矣”。

一心要闹革命且大权在握的吴禄贞，何以会突然落得个身首异处的悲惨下场呢？

光杆司令

看似春风得意的官场新贵吴禄贞，其实手中并没有真正的实权。他是作为

"空降官"来到北洋第六镇的。

谁都想不到，吴禄贞在辛亥这年得到的两大军政要职——第六镇统制及山西巡抚，都是"凶"职，克主将。第六镇的历任长官，之前的赵国贤，之后的马继曾、周文炳、李纯、齐燮元等，全都没有好下场；而山西巡抚一职，从1900年以来，足足换了十任，大多数任期都没有超过一年的，一头一尾的毓贤和陆钟琦更是没能善终，都丢了脑袋，而吴禄贞是第11位、也是末代巡抚，最终也是惨剧收场。宿命的阴影似乎笼罩着这位青年得志的风头人物。

上一年（1910年）的12月23日，吴禄贞调任第六镇的统制，至死还不到一年。这支部队，与北洋军的其他四大主力一样（除了第一镇），都是袁世凯的嫡系部队。宣统初年（1909年），袁世凯靠边站后，朝廷要对各个镇进行改组，用"掺沙子"的办法逐步弱化军中的袁系色彩，而吴禄贞就是被朝廷选中的"沙子"。

年轻的吴禄贞能作为如此重要的"沙子"，首先因为他曾留日学习军事，不仅与袁系毫无瓜葛，倒与良弼等皇族少壮派同学私交甚好；其次，吴禄贞在东北带过兵，为解决中日之间"间岛"领土争端，贡献良多，大出风头，全国闻名；第三，据李书城（武昌起义后黄兴的参谋长，其弟为李汉俊，中共一大就是在上海的李宅举行的）的回忆，吴禄贞为了争取更好的位置以推动革命，曾经向内阁总理大臣庆亲王行贿两万两银子，试图谋取一省巡抚的位子，但一时没有空缺，庆亲王就提名吴禄贞先补了第六镇的统制，待山西巡抚陆钟琦死难后，又立即宣布吴禄贞接任山西巡抚。无论从哪个角度，吴禄贞都符合年轻化、知识化、专业化的用人标准，最后恰恰就是在政治效忠方面出了大问题。

接掌堂堂的主力部队第六镇，吴禄贞自然兴奋，认为自此手握兵权，而且驻地保定离北京不远，天下有变时，进退都比较自如。但他很快就失望了，朝廷对他进行了不少掣肘：先是任命李书城为参谋长的建议，没有被军咨府所接受；随后，为了撤换第十二协（旅）协统（旅长）周符麟的职务，又与陆军部大臣荫昌闹僵；最后虽然撤了周的职务，但陆军部依然不顾吴禄贞的意见，而命令"由二十四标统带吴鸿昌升署"……

这些打击令吴禄贞顿时心灰，"觉得第六镇现在既无法整理，将来对革命也发生不了大作用，遂萌退志”。

他给肃亲王善耆写信抱怨道：“受事三月，镇中情况已知梗概。军纪之腐败，军备之粗陋，教育之不完整，官长之无学问，名为陆军，实与旧营相差无几。禄贞遍历东西各国，所见各国之军队，比之今日之情状，深为焦灼。禄贞薄负时名，不负责任为暂时计则可，为永久计则不可；为一身计则可，为国家计则不可。倘蒙垂念，使其为暂时不负责任之人，而拯之于进退维谷之地，实所默祷。”牢骚之情，溢于言表。

吴禄贞未能成功的人事改组，大大触动了第六镇的固有利益结构。根据陆军部的调查，第六镇的军官们因此而“无不人人自危，各怀去志”，这导致军官们与新任统制（师长）吴禄贞离心离德，吴禄贞真正成了孤家寡人，空怀大志而难以实现。

因为处处受到掣肘，吴禄贞干脆很少到保定的驻地上班，而是躲在北京，“与朋侪饮酒赋诗，借以清除胸中的积闷，很少到保定去过问第六镇的事”，“与该镇官兵的关系不免日渐疏远”。（李书城《我对吴禄贞的片断回忆》）

太原暴动之后，朝廷派遣第六镇西进平叛，主力部队正是吴鸿昌统率的第十二协。此外，朝廷还加派了一个协的禁卫军进驻石家庄。禁卫军是根正苗红的旗人子弟，根本不可能响应。在第六镇，尤其在石家庄，吴禄贞实际上只是名义统制、光杆司令，难以调动和整合资源。

滦州兵谏

就在吴禄贞遇难前半个月，近在京畿的滦州，发生了“兵谏”，而吴禄贞正是幕后的推动者之一。

当年 10 月份，中央按原定计划，在直隶永平（今唐山）举行了大规模的军事演示，史称“永平秋操”。这是对大清国国防现代化改革和建设的一次实战检验，参与演习的军队，多达六万。“秋操”刚开始不久，武昌暴动的消息就传来，朝廷下令立即停止演习。参演各部队，一部分重新编制，直接开往前线，其余

张绍曾像

的则要求迅速回防驻地。

第二十镇统制张绍曾，根据朝廷的部署，必须率所部编入开赴湖北前线的第二军。吴禄贞、张绍曾、蓝天蔚（驻防奉天）三人，人称“士官三杰”，一同毕业于日本的军事院校。此三人不仅是革命党，而且在他们周围也活跃着很多革命党。革命党希望利用“秋操”的机会，发动“首都革命”，以“斩首行动”的方式攻击北京，推翻现政权。

但张绍曾在最后的关头，放弃了武力攻击北京的计划。10月29日，张绍曾在滦州扣押一大批军火，随即与蓝天蔚、伍祥祯、潘矩楹、卢永祥等军官，联名通电，要求朝廷进行政治改革。他们提交给朝廷的“十二条政纲”，除了第一条强调“大清皇帝万世一系”这一基本原则之外，其余十一条完全涉及改革：

> 于本年内召集国会；宪法由国会起草，以皇帝之名义宣布之，但皇帝不得加以修正或否认；缔结条约及讲和，由国会取决，以皇帝之名义行之；皇帝统率海陆军，但对国内用兵时，必经国会议决；不得以命令施行“就地正法，格杀勿论”之事；特赦国事犯；组织责任内阁，总理大臣由国会选举后，

以皇帝敕任之，其他国务大臣由总理大臣推荐任之，皇族不得为国务大臣；国会有修改宪法之提议权；本年度预算未经国务议决，不得适用前年度之预算支出；增重人民之负担，须由国会议决；宪法及国会法之制定，军人有参与权……

一场本该惊心动魄的“兵谏”，甚至暴动，至此成了提交“合理化建议”的把戏。同一天，太原发生暴动，巡抚陆钟琦被灭门，北京受到了来自太原与滦州的双重威胁。变生肘腋，朝廷极度震惊，迅速进行部署，立即收缴北京到滦州之间的所有火车车皮，并派重兵防范滦州新军攻击。而对山西的革命军，朝廷宣布全力围剿。

为了多些转圜余地，朝廷同时宣布，完全接受滦州军人提出的合理化建议。11 月 3 日，在滦州十二条政纲基础上，朝廷制定并颁布《宪法重大信条十九条》。而三天前，一直在老家养“脚伤”的袁世凯，已经被任命为内阁总理大臣，取代腐败得国际驰名的庆亲王。

朝廷在颁布《宪法重大信条十九条》的当天，派遣第六镇统制吴禄贞前往滦州“抚慰”。谁也没想到，这正好给吴禄贞和张绍曾两人提供了密商下一步行动的绝好机会。离京前，吴禄贞私下对人说：“此去有两种计划：第一个计划，滦州二十镇往南开，保定所驻军队往北开，一同直趋北京，打出旗号推翻清室，创造民国；第二个计划，滦州和保定军同样会师北京，打出旗号是维护清室，革新政治。但第一个计划，我们的力量太薄弱，而北京新军除已编陆军开赴汉口外，尚有第一镇、禁卫军，并其他各镇所剩各营，还有直隶巡防营和旧式练军，如打出革命，岂止北京所有力量足够抵抗，在奉天的第三镇，可开进关内，扼我东路，袁世凯汉口军队，亦可抽一部分北来，阻我西路。而且北方民气，不如南方，此方号召，彼方未必响应。我们本钱有限，虽然革命总带危险，但看出危险，是不能不顾虑的。其次一策，袁世凯为北京亲贵除奕劻一派外所敌视，我们会师北京，拥护清室，铲除袁世凯，此种计划，肃（善耆）、泽（载泽）、涛（载涛）、良（良弼）等都已谅解，他们认为我们为友军，不会冲突。到京后，我们拿到中央政权，挟天子以令诸侯，先解决了袁，对于汉口前线军队，酌量

调拨，分化这一部分旧势力，再进一步完成我们的最后目的。”（张国淦《辛亥革命史料》）

无论是采取何种方案，吴禄贞是决心用武力解决问题了。在滦州，吴禄贞告诉张绍曾手下军官：“荫昌倾北京兵南下武昌，诸君倘偕我倒戈，掩北京无备，可无血刃而定，然后绥靖士民，易置帝政，而传檄东南，释甲寝兵，天下大势定矣。”

“士官三杰”最后秘密商定，以张绍曾所部第二十镇为第一军，奉天蓝天蔚所部为第二军，新屯卢永祥所部为第三军，会师丰台直逼北京。而此时，朝廷的亡羊补牢措施迅速实施了，滦州军队通往北京的通道，已经封闭。

与此同时，朝廷下令北洋第六镇立即出兵山西“剿匪”，吴禄贞随军督战。吴禄贞在滦州闻讯后说：“吾劝诸将袭北京，而所部攻晋，何面目在此与诸将相向乎？”（钱基博《吴禄贞传》）他连夜赶赴石家庄，以各种方式制止或迟滞部下对山西的进攻，并以“招抚”的名义，与阎锡山达成了秘密协定，准备合建“燕晋联军”。

在如火如荼的形势鼓励下，光杆司令吴禄贞变得兴奋起来。在石家庄，吴禄贞动作之大、之猛令人吃惊：他下令扣留了开往汉口的一列军车，其中有几十万两饷银、十几车皮的粮食、弹药、棉军装等；他亲自赶到娘子关，“招抚”（实则合谋）阎锡山，并计划组建“燕晋联军”……在他发给朝廷的电文中，已经毫不掩饰地为“革党”辩护：“夫革军之所以甘冒大不韪，赴汤蹈火而不辞者，固欲求国民幸福，而非甘心与国家为难也。”他以自己已经招抚了山西的革命军为例，要求朝廷立即下令冯国璋退出汉口，由他负责“说降”革命党。吴禄贞威胁说，如果朝廷不采纳他的建议，则“深恐将士愤激，阻绝南北交通，而妨害第一军”。他还同时弹劾了陆军大臣荫昌，认为荫昌必须对发生在汉口的悲剧负责。

除了与阎锡山合兵一处的计划之外，吴禄贞力请滦州的张绍曾夹击北京。在发给张绍曾的电报中，吴禄贞说：“愿率燕晋子弟一万八千人以从。”直隶总督陈夔龙日后回忆说：“奉军张绍曾占据滦州车站，威胁朝廷立宪。结纳新授晋抚吴禄贞，带领第六镇全军驻扎石家庄，据直晋交界之道，拟俟前驱赴太原受事讫，即回戈直赴北京；绍曾亦由滦赴京，两道夹攻都城，图不世之大举。石家庄军队并可阻截项城（袁世凯）入鄂之师，不能北上，以免后顾之虑，用计城为狡毒。”

北洋第六镇石家庄驻军军官谢良翰，在《吴绶卿被刺事实》中回忆说，遇害当天，吴禄贞从娘子关与阎锡山谈判回来后，召集中级以上军官开会，“宣布采取革命手段，明晨直赴北京”，“有不服从者即以军法从事”，结果当场便遭到反对。此说如果属实，则吴禄贞已经决心孤注一掷。实际上，他也已经联络好了晋军，只是晋军部队到达石家庄比较晚，而且人数很少，起不到保驾护航的作用。

谢良翰还说，当看到部下的反对时，吴禄贞还十分自信地表示：“明日犒赏后，全军站队，我自己演说大义，当无他虞。”而当他听到了刺杀消息时，曾想躲避，但又不敢外出，于是和张世膺、周维桢一起躲到了站长室后面的花圃内，因此刺客们第一次并没找到他们。但刺客们第二次来时，终于得手。

“中国华盛顿”

敢作敢为、且年少位高的“中国华盛顿”吴禄贞，当然并非平庸之辈、浪得虚名。

18岁那年，作为湖北武备学堂的高材生，吴禄贞被湖广总督张之洞选派到日本学习骑兵。留日学生人数众多、来源庞杂，向来是各种反政府思潮传播的温床。在日本期间，据说吴禄贞对革命党“一见如故，对总理（孙中山）尤倾倒备至”，也因此而成为政治活跃分子。他们在东京设立了“中国留学生会馆”，将这所会馆看作美国独立战争时期的“独立大厅”，而吴禄贞则毫不客气地自诩为华盛顿。

1900年，在义和团与八国联军动乱中，各种势力乘机而起，演出了一场波云诡谲的“鹿鼎记”。其中，革命党“兴中会”和保皇党合资推进的“自立军”暴动，成为“中国华盛顿”吴禄贞造反的第一炮。

自立军的统帅是张之洞的学生唐才常，他倾向于保皇党，但在兴中会（国民党前身）的大力争取下，“决脱保皇党而同吾辈革命”。吴禄贞就是受兴中会之派遣，进入自立军。此时，无论革命党还是保皇党，主要依靠的力量都是中国本土的黑道，在军界和民间都颇有势力的哥老会，成为自立军的主力。

奇怪的是，吴禄贞虽然是兴中会成员，但他在保皇党那里也得到高度的认可，梁启超就对他很是推重，以至于日后的主流史家们为了他的政治定位而争论不休。其实，作为难得的军事人才，又手握实权，吴禄贞自然是各种势力都要拉拢的对象。而在自立军事件中，吴禄贞的公开面目是更为倾向革命。他在写给朋友孙武（辛亥武昌暴动的领导人之一）的信中说：“今兹联军（指八国联军）入京，帝后西奔，国本动摇，万机废理，正无人收拾之日，若袖手放弃，则河山万里，沦归异姓，同胞四兆，变为牛马。神器既焚，俎肉且脔，每下愈况，奴籍更难脱。言念及此，能不慄惧悲痛哉。弟亦黄帝苗裔，何忍坐视阽危？特在东京组织‘富有票’会（自立军的公开机构），分布会员多人回国联络义士，溉植同志，期图大举，俾出斯民于水火，而复汉族之故物。兄素切痛国仇，誓为祖宗雪耻，际兹机会，料能同仇敌忾，牺牲与谋。因上一尺，希即至汉，于唐才常二君商量大计，速兴师殄灭丑虏。时机不再，稍纵即逝，大仇棘心，前盟在耳，幸勿游疑，自误以误苍生，并乞擘划秘密，将事慎重，不胜企望之至。”

其实，在那个年代，意识形态之争只是表面上的，骨子里全是利益之争、实力之争。唐才常就是横跨军界和黑道的老大，与革命党、保皇党也是等距离接触，整合各方对自己有利的资源。而对于张之洞来说，自立军就在他的眼皮子底下活跃，却一直视若无睹，实际上是在此局势动荡的时候，观望风向，养“寇”自重。唐才常、吴禄贞固然是张之洞很器重的学生，但更是他手头有力的棋子。张之洞还派遣了其儿子率领湖北新军的军官代表团，访问日本，寻求日本在非常时刻对他进行军事援助、扶持他建立政府之可能。

等到北京的消息传来，确认慈禧太后和光绪皇帝并没有被洋人处决，而是逃出了京城，张之洞立即镇压自立军，处决了唐才常等人。吴禄贞则跑回了日本，张之洞倒并未痛打落水狗，相反，在他向日本方面提交的一份照会中，丝毫没有提及吴禄贞策动暴动之事，只是泛泛地要求日本加强对湖北留学生的管理，不要给中日两国的友谊造成阴影。这种表态，如同他处死唐才常等人一样，是一种做给北京看的姿态。

双手沾满自立军鲜血的张之洞，并没有被革命或保皇任何一派看成是敌人，也没有被“中国华盛顿”吴禄贞看作是敌人。1902 年，吴禄贞学成回国，张之洞先后委任他出任湖北学务处会办、营务处帮办、将弁学堂护军总教习等，信任有加，优礼有加。

随着地位的不断攀升，吴禄贞在湖北迅速建立了一个团体“花园山聚会”，扩张到四百多人的规模。而吴禄贞运用自己在军中的地位，将具备革命思想的青年大批送到部队中，这就是日后他总结出来的“抬营主义”——渗透到军内，时机成熟后就把军营“抬”到自己一边。“花园山聚会”的不少骨干，都经由这种方式，逐渐渗透到湖北的新军之中，其中大多数人成为辛亥革命的积极参与者。

张之洞对此睁只眼闭只眼，并且一直给予吴禄贞个人极大的支持。吴禄贞官符如火，不断升迁，这令他与张之洞之间，其实已形成了相当深厚的师生感情和官场利益共同体。1909 年张之洞去世后，吴禄贞领衔上奏，请求朝廷在湖北为张之洞建立专祠祭祀。

1904 年 5 月，朝廷成立练兵处，吴禄贞调到北京，担任练兵处军学司训练科马队监督。这次调动，吴禄贞颇得力于日本留学时的同学良弼。良弼比吴禄贞年长三岁，是皇族近支成员，此时已经成为朝中军事改革的主要成员。他对吴禄贞相当赏识，甚至对吴禄贞的政治倾向也能容忍，“禄贞颇椒傥不羁，而良弼则礼法自绳。禄贞喜言革命，而良弼必折之，往往面赤声嘶，持不下。然意气相投，禄贞亦昵于良弼以自全。”（钱基博《吴禄贞传》）当然也有不同说法：“良弼与禄贞友善，然内实忌其才。”（罗正纬《滦州革命纪实初稿》）甚或，良弼也可能是杀害吴禄贞的幕后主使。当然，这些说法都只是说法，并没有提供过硬的证据。

1907 年 7 月，吴禄贞又被新任东三省总督徐世昌看中，调到东北担任军事参议，不久改任延吉边务帮办。此时，日本与朝鲜合谋占领中国的间岛地区，局势极为紧张，吴禄贞在外交和军事上进行了双重准备，并根据史料和周密的实地考察，写出了三卷《延吉边务报告书》，论证了有争端领土的历史归属，最终保住了间岛。间岛事件，为吴禄贞赢得了全国知名度。1909 年 5 月，吴禄贞升延吉边务督办，并任陆军协都统。1910年初被调回北京，授以镶红旗蒙古副都统，成为留学日本士官生中的第一个八旗都统，仕途一片光明，直至调任陆军第六镇统制。

年轻的吴禄贞一路顺畅，或许正是造成他谋事不周、麻痹大意的原因之一。

京畿的威胁，被袁世凯迅速化解。

吴禄贞被杀前一天（11月5日），在滦州拥兵不前的张绍曾，被迅速调离。朝廷发出的调令充满了大清特色的绵里藏针，在对张绍曾"关怀时政、热心改良"给予高度肯定的同时，宣布"著赏加侍郎衔，授为宣抚大臣，驰赴长江一带宣布朝廷德意"。被削去兵权的张绍曾十分恐慌，立即以病假为由避居天津英租界，朝廷在谕旨中照样亲切慰问："著即赶紧调理，一俟病痊，即行销假，以备任用。"

吴禄贞被杀的当天（11月6日），当吴禄贞在娘子关与阎锡山密谋时，宣统皇帝下达罪己诏，释放革命党刺客汪精卫、黄复生。而吴禄贞当天晚上的惨死，令华北地区的局势大为改变，革命党的势力自此在京畿更为虚弱。而被吴禄贞阻隔在外的袁世凯，终于堂皇地进入了京城，开始了一个新的时代。

在一个依靠枪杆子实力说话的年代，吴禄贞一人之死能引起如此大的后果，这多少也算有了点"中国华盛顿"的分量……

美国牛仔革命家

1911 年圣诞节当天，孙文终于回到了“革命”之后的故国。虽然迟到了，但还来得及收获“革命”的丰硕果实。

他身边的一位洋侏儒，随即引起了中外媒体的高度兴趣。此人身高不到 1.5 米，严重驼背，病容满面，眼睛却大而有神，穿着一套不知是哪国军队的制服。此人名为荷马李（HomerLea），美国人，孙文的军事顾问。

堂堂的“孙大炮”，居然请了一位毫无阳刚气象的洋侏儒作为军事顾问，这实在是令人费解的事情。

侏儒将军

五天后（12 月 30 日），上海《大陆报》记者向孙文询问荷马李“名望如何”，得到了令人震惊的答复：“李君大抵可称为天下最大之陆军专学家，欧美军界均极尊重李君。”

这位据说极受欧美军界尊重的“李君”，并未参过军、打过仗。他所有的军事才华，是写了三本预测国际政治变局的著作，这几本的确富有天才的书，其价值要到他死后很久才被人认识并追捧。至于他的军事实践，也就是在美国的海边沙滩上，训练一群由当地华人帮会选送的“小弟”，只是将练武的灯笼裤换成了笔挺的自制军服。这些“小弟”们的老大，起初是康有为，后来是孙文。

这种几乎如同小儿过家家似的“军事资历”——确切地说，是“军训资历”，并没有丝毫减弱荷马李担当中国“解放者”的自负。针对美国驻华外交官对他

身着不知哪国军队制服的荷马李

违反美国中立政策的指责，荷马李在上海报刊上公开宣称："我来中国参加中国革命是我个人的行动，与美国政府毫无关系。外间称我为大将，不过因我曾为中国的康有为、梁启超等改良派人物组织过维新军，并不是美国的现役军官，自无受美国军律限制的必要。我参加中国革命政府的行为是以个人资格参加，是以实行人道主义为宗旨。今日中国数万万人民正受虐于专制暴政之下，我岂有坐视不救，袖手旁观之理？我应中国的革命的人民之邀，前来中国是在解脱他们于暴政之下而免沉沦。我是一个世界正义的拥护者。"

荷马李俨然成了共和民主的导师。12 月 31 日，荷马李为上海《民立报》题词："United we stand，divided we fall——The motto of my ancestral state."（吾祖邦有言：合则立，分则坠。）他告诫中国人："你们的共和国和我们一样，只有靠利剑才能保有她的美景和自由……中国的敌人是她历史性的和平主义，政治上的腐化和日本三者。我们有着这三个共同的敌人，如果不能预防和打击它，我对于这个国家都无能效力了……"

美国政府和《纽约时报》都认为，辛亥革命的胜利，要归功于荷马李的努力。因为，大量的反清人士接受了他的军训，而且他制定了详尽的计划，最后使这场革命并不需要流血过多，正符合了孙子“不战而屈人之兵”的名言。美国人并没有多少确切的依据来支持这种结论，实际上，连孙文本人在辛亥革命中的作用都是十分有限的，但这并不妨碍美国人认为这是自己的一次成功运作。

荷马李随即陪同孙文赶到南京，出席次日（1912 年 1 月 1 日）的临时大总统就职典礼，并出任孙的军事顾问。

2 月 15 日，“孙大总统率领文武官员往祭明太祖的陵墓，以告中华的光复。在典礼中，唯一允许参加的白人，是统领荣誉卫队的荷马李”。

典礼结束后，荷马李突然中风。拖到 5 月，荷马李离开了中国，返回美国，不久就病死家乡。

中国梦

1876 年 11 月 17 日，荷马李出生于美国丹佛（Denver），其上还有两个姐姐，父亲阿尔弗雷德（AlfredE.Lea）曾在美国内战时服役于科罗拉多第三骑兵团（3rd Colorado Cavalry）。在他三岁前，母亲就去世了。小时候，他不慎摔在坚硬的炉石上，损伤了脊柱，终其一生，荷马李都是个罗锅，身高不足 1.5 米，体重不足 45 公斤。而且在强光下，眼睛的自动调节会让他头疼不止，并且间歇性失明。实际上，他成了一名残疾人。

他的父亲不久后再娶，全家继续住在丹佛。继母艾玛（EmmaWilson）是位教师，她在家里教导荷马李，直到 16 岁，他进了高中。随后，全家搬到了洛杉矶，因为他父亲患上背疼，需要住到气候温和的地方。荷马李虽然身体残疾，但却依然和朋友们去远足、钓鱼甚至击剑。

在洛杉矶期间，他们家雇了一位华人仆人，他给荷马李讲了中国历史上的不少英雄，还教他读写汉字。朱元璋成为荷马李信中的偶像，他甚至幻想着中国应该再出一个英雄，如同朱元璋从蒙古人手上解救中国那样，推翻清廷。而这个英雄，未必就必须是中国人。

荷马李喜欢军事，他的房间里摆满了各种地图，而园子里则成了他摆弄玩具兵做战争游戏的战场。《孙子兵法》则成为他最为喜爱的书，他花了大量时间研究凯撒、拿破仑、罗伯特·李的战略战术。他十分崇拜英国诗人拜伦，拜伦天生跛足，却在希腊解放运动中成为一名领导者，荷马李宣称："请记住拜伦，中国将是我的希腊。"

中学毕业后，荷马李于甲午战争这一年（1894年）进入西方学院（Occidental College）。该学院中有传教士们从中国带回的大量关于中国文化、传统和知识的书籍，成了他的最爱。当他决心考入哈佛大学学习法律时，家里出现了严重的财务危机，他只好放弃上哈佛的想法。但又想报考西点军校，终因身体原因而失败。最后，他转而进入了斯坦福大学，学习军事历史和政治学。荷马李对他的同学们宣称，他将去拯救中国，避免中国被西方列强瓜分。

在那里，他结识了两位华裔学生，经他们介绍，他与康有为旗下的保皇党人有了接触。据美国文献说，他给自己做了些包装，宣称自己就是美国内战中的南军将领罗伯特·李的亲戚，以便令中国人对他的军事天才更为相信。

1900年，中国爆发义和团运动，成为世界关注的焦点。荷马李立即从斯坦福大学辍学，怀揣1600美元及保皇会洛杉矶分会的介绍信，先赶到了夏威夷，见到了梁启超和保皇会的其他骨干。在日本，他在保皇会成员的陪同下，见到了秘密在此的康有为，同时，也在日本和孙中山见了面。

康有为认为其"来助甚好"，但"饷薄难供养"，表示"我力未厚，顷难即用之，须少待耳"。不久，荷马李的军事才干和出色口才就征服了康有为，被康封为"大将军"，并发给他一套清军的"将官服"，请他到广东训练勤王军。

康有为的勤王计划几乎很快就破产了，荷马李自己倒是随着美军进了北京。有的研究认为，荷马李当时是带着他匆忙训练的维新军与八国联军协同行动的，并在打进北京后主动追击逃跑的慈禧太后，试图"解救"光绪皇帝，但他的军队在清军面前不堪一击，事后他本人还遭到了通缉。但这种说法，尚未得到正规史料的支持。

维新军

回到美国后，从 1903 年起，荷马李在加州为康有为的保皇党训练其党卫军——“维新军”。这一年，他还协助安排了梁启超对美国的首次访问。梁启超仅在洛杉矶就停留了九天，除了演讲、筹款之外，还视察了荷马李训练的“维新军”，十分赞赏。

保皇党最终确定了扩大其党卫军的规模，1904 年 11 月，荷马李在洛杉矶成立了“西方军事学校”（Western Military Academy），获得州政府颁发的正式执照，而主要的业务就是为康有为的“维新军”提供军事训练。当然，荷马李并未明言他的军校与保皇党的特殊关系，只是说该校的目的是“提供语言和军事科学、战术的基本课程与高等课程”。

实际上，这是老店新开，早在 1902 年，荷马李就开设了这所军校，但一直未能取得政府批准，等于是无证经营。而且，他手下一直没有得力的教官，直到一位退役美军军士奥白朗（AnselE.O’Banion）的出现。

奥白朗原在堪萨斯州（Kansas）雷利要塞（FortRiley）服役，刚来到加州开始新的生活。他的上司卡尔上校（Colonel Carr）给了他一封来自国防部（War Department）的密信，建议他去找荷马李谈谈。显然，美国官方对荷马李的动态十分清楚，并开始密切关注。

奥白朗从《洛杉矶时报》上读到过有关荷马李的文章，两人便在洛杉矶的奥格勒斯宾馆（Hotel Angelus）见了面。荷马李告诉奥白朗，他在组建一支华人的军队。奥白朗接受了荷马李的邀请，担任了“西方军事学校”的教官。

为荷马李的军校当教官，并非奥白朗的主业，他另在洛杉矶警察局任职，专管唐人街，这为他提供了巨大的工作便利。荷马李和奥白朗两人开始积极扩展这所“西方军事学校”。

当时的军校，共两个连，60 名学员。A 连的队长是奥白朗，B 连的队长是一位前西点军校的学员、退休工程师乔治（George Witfield West）。到了 1904 年的时候，军校扩展为 120 名学员，荷马李也买了新的校舍。

在荷马李和奥白朗的努力下，军校终于获得政府批准，开始大规模扩张。

荷马李身着他自己设计的“维新军”军服

他们得到了加州名流的资助和支持，如《洛杉矶时报》的出版商奥蒂斯（Harrison Gray Otis）、曾担任过罗斯福总统国务卿的鲁特（Elihu Root，1912 年诺贝尔和平奖得主），都为这所军校提供了极大的帮助。

军校的扩展十分迅猛，荷马李从美国正规军及国民警卫军中，聘请了大量退役军官作为教官。在保皇党的雄厚财力支持下，军校教官的工资待遇十分丰厚，远超过美国军队；而且，为了避税，全部用现金发放，与中国人喜欢现金交易很般配。全校只有荷马李一人不拿一分钱工资，他认为只有在使命完成之后才能获得报酬。当然，他的家境也是相当富有的。

他们从辛辛那提（Cincinnati）的皮特邦兄弟公司（Pettibone Brothers Manufacturing Company）定做自己的军服，深蓝色的上衣、蓝色帽子及浅蓝色裤子，每套制服都是根据学员量体裁衣。

依托军校建立的“维新军”，最后发展成四个团、2100 人的超大规模，有三位少校、20 位上尉和 14 名中尉。军校共设立了 22 个分校，遍布美国各地及加拿大的温哥华等地。高级班的学员，在美加地区的 27 个城市轮流受训。据美国媒体报道，军校学员并不限于在美国的华裔青年，还有些学员则是保皇党从中国偷渡到美国前来受训。学员学成后，荷马李、奥白朗等再利用深夜，将他们从加州的（Watsonville Beach）偷渡回中国。

康有为和梁启超在美国和加拿大巡访时，到处检阅这支军队。1905 年 3 月，康有为到美国洛杉矶访问；嗣后由荷马李陪同，到美国各地游历访问，到处检阅自己的军队。

在加州帕萨迪纳“玫瑰节大游行”中，荷马李的华人军队第一次全副武装亮相，参与大游行，立即引起了轰动。美国政府也开始担心：在美国领土上训练外国军队是否违法。6 月 24 日，康有为赴华府谒见老罗斯福（Theodore Roosevelt）总统，针对《排华法案》（Exclusion Act）问题，交换意见。随后，荷马李陪同康有为在纽约检阅了维新军。

6 月 27 日，在华盛顿拜会了罗斯福总统后，意气风发的大清国改革旗手康有为抵达纽约。《纽约时报》对这位大清国的头号政治异见人士恭维有加，认为他所穿着的顶戴花翎、金边眼镜，处处都显得很有身份。

泽西城（Jersey City）的保皇会派出了 70 名华裔青年“士兵”作为康有为的仪仗。这些维新军由美军第 69 团的麦克·维卡尔（Mc Vickar）少校帮助训练，但警察禁止他们携带枪械，仪仗队就只好手持星条旗、黄龙旗及保皇会旗帜。在美国警察开道及军乐队伴奏下，仪仗队伍由科尔兰德（Cortlandt）街渡口乘坐渡船前往泽西城的宾西法尼亚（Pennsylvania）车站迎接康有为。

康有为检阅了这 70 人的仪仗队，并在他们护送下登上渡船前往纽约城。在船上，他发表了讲话：“上周六，我与罗斯福总统在白宫进行了成功的会谈，他十分友好，是我所见过的最优秀的统治者。”

上岸后，仪仗队护送他到莫特（Mott）街 9 号的保皇会总部，在那里举行了正式欢迎仪式。

维新军们身着制服，在街道两旁列队，康有为则乘坐四轮马车从街心缓缓驶过，向群众鞠躬致敬，与白人纷纷握手，向华人则抱拳致意。

随后，他再度发表讲话，宣称保皇会在世界各地蓬勃发展，人数有数百万，尽管他不知道确切的数字。他认为，中国的大机会即将来临，只有慈禧太后在孤立地挡着道路。当被问到是否会从日本寻求帮助时，他说：“中国不需要外来帮助。这是

荷马李在美国所训练的“维新军”士兵

个伟大的国家，充满了未开发的资源。欧洲人开垦了现代文明的土壤，美国人则锄去了其中的杂草，日本人烹制了米饭，最后将由中国人来享用这顿大餐。”

欢迎仪式后，举行了非正式的宴会。《纽约时报》说，康有为的此次访问十分闲适，计划用两年时间周游整个美洲。报道最后说，慈禧太后为捉拿康有为开出的赏金是十万美金。

“红龙计划”

其实，康有为在荷马李陪同下大过阅兵瘾的时候，他们两人已经开始闹生分了。

就在他们离开加州、前往华府之前，康有为任命了另一位美国人福肯柏（Richard Alexander Falkenburg）出任维新军司令官。这位福肯柏将军手上有梁启超签署的、加盖了“玉玺”的任命书，到旧金山来接收荷马李的军校。

福肯柏对荷马李进行了不遗余力的攻击，但都被性格坚毅的荷马李牢牢挡住。各种夺权的行动被化解后，康有为无奈，召开了新闻发布会，宣布“荷马李为本人所任命且承认全美华人军事学校唯一之将军”，而福肯柏则是骗子。这是个十分吊诡的事件，奥白朗事后进行了秘密调查，福肯柏的确是得到了康有为本人的任命，但荷马李对自己权益的坚决捍卫，令康最后却步。奥白朗的调查也提醒荷马李，康有为对中国改革的兴趣，早已不如对赚钱的兴趣了。奥白朗同时指控康有为将保皇党所筹集的巨款，经常用于私人开支。这令荷马李失去了对保皇党的信心。

自福肯柏事件后，荷马李取消了维新军在美国的所有公开活动，媒体评价说：“维新军似乎突然之间从公众的视野中消逝无踪。”表面看，这是因为维新军之前的高调亮相，令美国政府相当尴尬，并有取缔之意。实际上，荷马李已经在考虑跳槽，离开自私的康有为。

康有为对公款的处理方式，超越了荷马李所能承受的道德底线。康有为将在美国筹集的 80 万美元转移到墨西哥，以其女康同璧的名义购置房地产。美国国务院远东事务司司长柔克义（WilliamW.Rockhill）认为，康利用同胞的血汗钱在国外享受，而且向外国官员与有钱人招摇撞骗，他充其量只能算是一个表现很差的、争议性的领袖。

1908 年年底，光绪皇帝和慈禧太后相继去世，康有为的保皇党同时失去了拥护的对象和攻击的目标，根子里受到了动摇。光绪皇帝死后，康立即致电罗斯福总统，指控袁世凯是毒杀光绪皇帝的幕后凶手，这一情报被美国外交部门嗤之以鼻。

新君溥仪即位，年仅三岁，由其父、年仅 26 岁的醇亲王载沣摄政，改元宣统。康有为自然继续要对新皇帝效忠，荷马李却表示，他将转而支持孙文的革命党。

其实，自从福肯柏事件后，荷马李就开始逐渐脱离康有为，一方面，与孙文等开始积极接触；另一方面，他开始自立门户，筹集巨款，推行以他自己为核心的“红龙计划”。

1908 年年初，荷马李认识了布思（CharlesB.Booth）。此人曾在美国纽约外汇银行工作，也担任过洛杉矶“国家灌溉协会南加州区”的主席，与加州州长巴尔地（GeorgeC.Pardee）关系十分密切，在政界有相当资源。

两人结为搭档，成立了一家“中国革命公司”，开始拟定“红龙计划”（The

Red Dragon Scheme，国民党学者称为“中国革命计划”，译名的区别造成观感的极大不同），试图共同在“中国市场”上大展身手。布思出马前往美国东岸地区对政商两届进行游说，并试图说服罗斯福总统任命荷马李为驻广州总领事。但一无所获。于是，两人改变策略，将核心团队扩大，吸纳了美籍华人、中国第一位留美学生容闳，以及一位纽约商人艾伦（WilliamW.Allen）。

容闳与中国国内的改革者、康梁及孙文等各种政治势力，都有密切的关系。荷马李是通过康梁而与容闳结识。而艾伦是布思的发小，经营铜矿，家资殷实，并且与商界有很深的交往，此时还担任着“工会联盟俱乐部”的顾问。

对于美国人来说，这是一笔风险很大、利益也很大的投资：荷马李等承诺，一旦中国革命成功，他们将在六个月内返还所有的借款，并且提供采矿以及铁路等利权作为投资回报。荷马李估计，如果能获得美国工商界的投资，中国革命将有望在 18 个月内成功。

荷马李还决定成立一个“顾问团”，由美国投资者及中国改革领袖们组成，为“红龙计划”出谋划策。他很乐观地提醒美国工商界，如果这个顾问团成立了，中国境内正在开展的抵制美货的行动，就将迅速中止。即使荷马李已经不再效忠康有为，他还是将康有为列入了顾问名单。

八十多岁的容闳对此计划相当热心，尽管他相当怀疑革命成功后中国究竟是否能有一个强有力的政府实行有效管理，并为美国投资者支付高额回报。艾伦则根本就不相信美国投资者能从中国革命中获得收益，而只是情面难却，答应了协助筹款。但是，艾伦坚决反对将康有为列为未来中国的领袖之一，认为康有为“不可能恢复成为一个安全而能受人信赖的改革领袖”。

于是，荷马李等决定，正式将康有为剔除出“红龙计划”的拥戴对象范围。容闳于是提议应选择袁世凯，大家都感觉袁是个极好的人选，但他却无法前来美国与他们探讨。

容闳本人则对成为未来的中国领袖很感兴趣，甚至许诺荷马李在革命成功后任命他担任一省的总督，但他的能力、眼光以及对中国事务的判断力，都遭到艾伦的激烈反对。更关键的是，艾伦认为中国革命一旦胜利，应该由中国当地人自我管理政府，而容闳坚持认为，必须从美国将“自己人”派过去。艾伦

荷马李在美国成为一个传奇，这是美国连环画中的荷马李故事。

因此认定容闳在其中抱有极大的个人野心，难以合作。这一分歧险些导致这个“中国革命公司”的倒闭，在荷马李的斡旋下，各方搁置争议，重点先解决筹集资金的问题。他们的主要争取对象是JP摩根公司，但摩根对推翻一个政府的建议毫无兴趣，对荷马李不断抬高的换取中国利权的价码毫不动心，因而谈判未能成功。

此时，他们认为必须先将未来的中国领袖确定下来，才能获得商界的稳定支持。艾伦提议，孙文是最好的选择。他认为，此人知名度高，而且熟悉西方的游戏规则。这得到了荷马李的赞同，他认为孙本人没有个人野心，是个革命者，还组织了多次武装暴动。而且，光绪皇帝和慈禧太后去世后，海外保皇党的基础几乎丧失殆尽，华侨更多地投向了革命党，孙的势力在不断壮大。

荷马李在何时与孙文首次见面，至今尚未考订。按照荷马李夫人的回忆，认为是在“光绪帝去世前几年孙文访美之时”，孙文在1911年11月中旬接受英国记者访问时说：

“有一次，我正向一群追随我的同伴演说，看到了一个身材瘦小的年轻人，他身高不够五尺，年龄和我相仿，脸色苍白，显得体格纤弱。事后他来找我，对我说：‘我愿意和你共同奋斗，我愿望帮助你。我相信你的宣传一定能够成功。’从他的口音，我听出他是个美国人。他伸出手来，我紧紧握着向他道谢。但不知道他到底是什么样的人，我猜想他也许是个传教士或学者。我没有猜错。在他走后，我问一位朋友：‘那驼背的小个子是谁？’‘哦，’他说，‘那是咸马里（即荷马李的粤语音译）上校，当今世界上出色的军事天才之一——不，也许是最出色的一个。他精通现代战争的战略战术。’我吃惊得几乎合不拢嘴。”

第二天，孙文就去拜访荷马李，表示一旦革命成功，将聘请他担任自己的首席军事顾问。荷马李回答说：“不必等到你当上中国总统，在那以前你就会需要我。没有军队，你既不可能建立也无法维持一个政权。我确信，中国人经过适当的训练就可以组织出色的军队。”

在荷马李等的邀请下，孙文从欧洲赶往美国，在1910年2月10日抵达旧金山，与荷马李、布思在洛杉矶北长堤（North Long Beach）举行了三次秘密会谈，史称“长堤会议”。最后，各方达成协议，废除原先的松散的“中国革命公司”，重新建立革命“辛迪加”（Syndicate），由孙文、荷马李与布思共同领导，“中国同盟会总理”孙兼任“辛迪加”总理，以后则为所有中国革命武力的最高统帅；荷马李担任“军事指挥官”，领导各方革命武力之权力，据称加上各地会党后总人数约一千万，显然，这是世界上最为庞大和繁杂的武装力量；布思担任“海外财务全权代理人”，为“辛迪加”与同盟会洽商贷款与采购所有海陆军的军需用品。

三人商定，融资的总规模为363万美元，分四期，投资回报率则为本金的三倍，外加利息。

至此，荷马李的“红龙计划”成型，并开始付诸行动。

革命元勋

“长堤会谈”后，有了孙文作为中国未来的领袖，荷马李的目标更为明确了，集中精力推进他的革命计划。

他的首要工作就是为孙训练军事骨干。他延续了保皇党的做法，在华人子弟中招募士兵进行训练。孙文十分担心清政府会给美国施加外交压力，将荷马李手上的四个团调回中国，孙在信中告诫荷马李说：“请提防在美国与你接触的所有华人。至于我与你的关系，则绝不可向任何人透露。”

其次，就是筹款。除了由布思积极向工商界募捐之外，荷马李自己也经常亲自筹款。他甚至把自己的国际战略著作《无知之勇》（*The Valor of Ignorance*）的日文版权交给孙文，所得收入全部捐给中国革命。这本出版于1909年的书批评说，美国的勇气“来自无能和不愿对于我们的弱点的承认”。荷马李在书中详细预测，日本将会入侵美国，而且其预测的入侵线路，与第二次世界大战时日军偷袭珍珠港完全一致。这本书被美军一些高级将领看重，率领美军参加八国联军的查飞（Adna R. Chaffee）将军就十分推崇，而二战中著名的麦克阿瑟（Douglas MacArthur）将军在1919年出任西点军校校长时，要求把这本书列为西点军校必读书。但美国公众对此十分冷淡，媒体除了嘲讽几句外，别无评论。倒是英国、德国和日本对此书都极为看重。在孙文的协助下，该书日文版十分畅销，卖出了8.4万册，成了日本军人的必读书，在为孙文筹集大量革命经费的同时，也进一步完善了日本人的对美战略。偷袭珍珠港与其说是被荷马李预测到，倒不如说是日本人受到了他的启发。

值得关注的，荷马李是一个典型的“黄祸论”者，他认为白色人种应当征服黄色人种，只是，他将中国看作是白色人种的盟友，可以共同对抗日本。因此，他对孙文革命的支持，是为了推翻清廷后改造中国，使中国在这场人种的圣战中为西方做出更大贡献。自然，为了“革命”的需要，他和孙文都明智地在涉及中国的公共场合回避了这些问题。

练兵和筹款之外，荷马李还积极为孙文进行国际公关，对美、英两国的政府和议会进行游说。他甚至代表孙文与四国银行团进行谈判，也曾向英国政府

荷马李移灵台湾后的墓地

递交备忘录，希望英国能与中国革命党人结盟，但这些都被稳健的美英金融界及政界拒绝。

辛亥革命爆发时，荷马李和孙文一样，对此一无所知。在获得了消息后，他们立即行动，两人分别请求会见美国国务卿诺克斯（Philander Chase Knox），均被拒绝。孙文赶到伦敦，诺克斯指示美国驻伦敦的金融机构，不得向孙文提供贷款。孙文与荷马李两人随后辗转从欧洲赶到了中国，以确保革命的果实不被别人摘完。这位小个子的美国人，也因此而成为民国新贵中最另类的一位。

因病返回美国后，荷马李在 1912 年 11 月 1 日病逝于加州，终年仅 36 岁。孙文致函荷马李夫人："从报纸上得悉荷马李将军去世的消息，我极为哀伤。我本想致电给你，以表达我深深的同情与吊唁，但事实上，直到今天，我都不相信，报纸上的报道是真实的。失去李将军，我觉得我失去了一位伟大的和真正的朋友。"

1968 年，蒋介石下令，同意荷马李夫妇移葬台湾阳明山，举行了隆重的"国葬"典礼，并亲笔题写了墓碑。

日本浪人闹革命

曾经的革命经历，成了他最好的广告。贴出的海报足有一铺席大，上面写着："一颗头颅悬赏十万两，为清国政府追捕的白浪滔天——宫崎滔天在此。"这种舞台上的成就感，成为他"做英雄、当大将"的替代品。

1911年圣诞节，当孙文回到"革命"之后的故国时，随行的除了那位美国牛仔革命家荷马李之外，还有一位身材高大、满脸胡子的日本人，他就是孙文最为忠诚的日本同志宫崎滔天。

宫崎滔天与荷马李，一个日本大汉，一个美国侏儒；一个不修边幅，一个衣冠楚楚，形成了鲜明的对比。作为孙文的左膀右臂，他们的唯一共同之处，就是充满着浪漫激情，一个实际上是日本的牛仔，而另一个则是美国的浪人。

与家境富裕的荷马李完全不同，宫崎滔天很穷，穷得甚至连赶到中国来的路费都没有。当四川保路运动、武昌暴动的消息接连传来时，他的其他同志已纷纷启程赶往中国，他却为路费而担忧。多亏朋友们张罗着给他凑了些钱，终于能够动身。

在送别的酒宴上，宫崎滔天举杯感慨道：

"二十五年的辛苦这才算得到了结果。被人们嘲笑说是什么空想啦，梦想啦的革命，总算成功了。从此之后，事情可就更多了。"

说着大笑起来，扛起简朴的行囊，摇晃着魁梧的身体就启程了。他先赶赴上海，然后转香港，在那里迎接从法国赶来的孙文等人，一同经上海赶赴南京。（据其妻回忆录）

“要做英雄，要当大将”

这一年，宫崎滔天正值不惑之年。

这是个不安分的人，生于一个不安分的家庭。宫崎的家在熊本县荒尾村，是一个典型的武士家庭，家境比较富裕，算是中等地主，在村里有田地48“町”9“反”，相当于733华亩，这在中国也可以了。而在隔邻的平井村，他们还有田地，每年能收50“表”（“表”是装米的稻草包，指代收成量）。

宫崎滔天的本名，叫宫崎寅藏，“滔天”其实是日后的化名。宫崎寅藏的父亲宫崎正贤，是位功夫高手，开过武馆，曾两次周游日本全国，修习武艺。宫崎正贤那种“义侠豪爽，诚挚热情”的性格，直接传给了几个儿子。宫崎家的儿子们个个好勇侠义，被人称为“宫崎兄弟”。

宫崎寅藏是家中老幺，上有哥哥姐姐十人，备受宠爱。父亲给他传授了“二天一流剑道刀法”，并一再告诫他：“要做英雄，要当大将。”而母亲左喜也经常说：“死于枕席之上，是男儿的莫大耻辱。”这种启蒙教育，令宫崎寅藏一生都在追随自己的英雄梦想。

15岁那年，宫崎寅藏走出了偏僻的熊本县，来到了首都东京，进入东京专门学校（即日后的早稻田大学）学习英文。陪伴他的，除了满脑子的英雄梦想外，就是父亲送给他的两把白鞘刀。他曾经加入了教会，成为一名基督徒，却依然极度苦闷。

此时的日本，正在经历着明治维新的脱胎换骨，各种思潮汹涌澎湃，而主流则是对国家前途命运的担忧。在不少日本人心中，日本的命运，与中国的命运息息相关，要振兴本，避免被列强亡国的命运，就必须首先振兴中国，“倘若中国得以复兴，伸大义于天下，则印度可兴，暹罗、安南可奋起，菲律宾、埃及也可以得救”。这就是宫崎寅藏日后所称的“支那革命主义”。

宫崎寅藏很想到美国留学，但家中供不起昂贵的学费，就卖了祖传的佛像，准备先到夏威夷打工，攒够路费再去美国。当宫崎寅藏在长崎等船时，他二哥宫崎弥藏赶来劝阻。宫崎弥藏说：“目前的世界，是一个弱肉强食的战场。强者逞暴，日甚一日，弱者的权利与自由，一天天地丧失殆尽。假使有人重人权、

宫崎滔天

荒尾市宫崎故居

尊自由，就必须速谋恢复之策。现在如不设法防止，则黄种人将永远遭受白种人的压迫。而这个命运的转折点，实系于中国的兴亡盛衰。”

他希望弟弟能和自己“深入中国，遍访英雄，游说他们共图大事。如果找到治世豪杰，原效犬马之劳，否则，将挺身自任……深入中国内地，一心以中国人为念，思想当谋及百世，收揽英雄，以奠秉天意、树正道的基础”。

宫崎寅藏在二哥的影响下，放弃了到美国留学的计划，而改到中国。

此时，是 1892 年，正是日本年轻人大量涌入中国的时候。在上海，日本企业家资助开办了一所间谍学校“日清贸易研究所”，其学员年龄多在 20 岁上下，第一期学员于 1893 年毕业后，都投入了间谍活动，在甲午战争中大多被捕并被处决。

奇怪的是，这些为日本侵华做马前驱的青年人，与宫崎寅藏一样，几乎无一例外地都是兴亚主义者。他们并不认为这是对中国的侵略，而将自己的行为看作是振兴亚洲、解放中国的崇高事业。正如其中的思想家宗方小太郎所总结的，黄种人要对抗白种人的欺凌，唯有改革与自强，而前提必须是革除中国的弊政；先征服中国，是日本团结和领导中国一起崛起的必要条件。所以，侥幸躲过了战争时期清廷搜捕的日本间谍，日后都大力鼓吹中日友好，在中国建立了相当广泛的人脉，甚至被中国的革命者看作是“驱除鞑虏、恢复中华”的“同志加兄弟”。

与这些兴亚主义者不同的是，宫崎寅藏认为，既然中日必须携手对抗西方，日本就不应该以任何理由侵略中国，而应当帮助中国进行革命和改造。当他来到上海，盘缠用尽之时，那所间谍学校“日清贸易研究所”表示可以收留他，而他却拒绝了。

囊中羞涩的宫崎寅藏不得不狼狈地返回日本，此次中国之行，他几乎毫无所得，无法深入接触和了解中国社会。

回到日本后，他结了婚，却依然沉迷于“支那革命”。当时，主张改革的朝鲜“开化党”领袖金玉均流亡日本，宫崎寅藏与他见面后，竭力鼓动自己的二哥宫崎弥藏与他合作。甲午那年（1894 年）年初，他与金玉均再度见面，请求金玉均出资，共同推动“支那革命”。金玉均表示，自己马上要到中国去一个月，要宫崎寅藏待机而发。结果，金玉均在上海被朝鲜政府派出的刺客开枪打死，遗体被清政府“引渡”回朝鲜，遭受凌迟，引起日本方面的极大不满，日朝之间、日中之间的关系更趋紧张。

在金玉均的追悼会上，宫崎寅藏结识了影响他一生的日本反对党领袖犬养毅。自此，犬养毅成为宫崎寅藏的主要资助人。

这一年，中日爆发甲午战争，日本军方得知宫崎寅藏和其二哥都去过中国，希望他们能随军担任翻译，但遭到宫崎寅藏拒绝。宫崎寅藏的理由是，自己的中文水准并不足以担任翻译，而且，他不希望参与对中国的侵略，他要用自己的方式去拯救中国和日本。

当宫崎寅藏再度筹划前往中国时，却在神户认识了暹罗（泰国）移民公司的日本代理岩本千纲。岩本当时生病，希望宫崎寅藏代替他去趟暹罗。宫崎寅藏认为，泰国有很多中国人，倒也是个学习中文、增进了解的机会，就答应了下来。而他二哥宫崎弥藏，为了潜心学习中文，到横滨一家中国商馆打工，甚至连装束都换成中式，除了自己的弟弟之外，不与任何日本人来往。

甲午战争期间，孙文希望趁日军牵制清军之际，发动广州暴动。但日本政府拒绝了他的求援，仓促举行的暴动旋即失败。孙文、陈少白、郑士良三人，从广州逃脱后来到日本，在横滨建立兴中会分会。孙文赶赴檀香山前，要求陈少白留在日本考察政情，广泛争取日本的支持。陈少白因此认识了宫崎寅藏的二哥宫崎弥藏，宫崎弥藏有意为其弟牵线，写信告诉了宫崎寅藏，却没说陈少白的姓名。等到宫崎寅藏赶回，宫崎弥藏却已经病逝，直到 1897 年 5 月，宫崎寅藏与陈少白首次见面，才知道二哥信中所说就是此人。

从暹罗曲线推动中国革命的计划完全落空，宫崎寅藏所操作的两次集体移民计划也归于失败，一无所成。这段时间，他“经常梦见一个白袍白马的外国将军率领一队中国人突入中国本土的情景”，那其实就是对自己的期许。

初见孙文

1897 年，经犬养毅斡旋，宫崎寅藏与可儿长一、平山周等人，一起谒见了外相大隈重信。大隈重信同意从外务省的机密费用中，资助宫崎寅藏到中国调查秘密结社的情况。

宫崎寅藏在这一年的 7 月份，到达了香港，经多方调查，他将孙文与康有为作为自己的工作重点，并且了解到孙文刚刚从伦敦脱险，即将前往日本寻求帮助。于是，立即赶回了横滨，终于在陈少白的寓所里见到了孙文。

宫崎寅藏此前，已经读过了孙文写的《伦敦蒙难记》的英文版，对这位传说中的中国造反英雄十分景仰。宫崎拜访孙文的经历，仿佛三顾茅庐一般。第一天他在傍晚时赶到陈少白的家里，陈少白到台湾去了。侍女说家里的确有位美国来的客人，宫崎便请她通报，结果宫崎在门口等到半夜 11 点钟，侍女才出来说，遍找客人都不见。

次日，宫崎一大早就去拜访，孙文却没起床。宫崎谢绝了侍女唤醒孙文的提议，就在庭院里等。等了很久，孙文才起身，请宫崎入室相见。孙文身着睡衣的懒散样子，令宫崎大不以为然，“觉得他有点轻率，不够稳重”，“对他的举止行动的轻忽，略失庄重之处，则不免感到有些失望”。“这个人能够肩负起四百余州（中国）的命运吗？他能够身居四万万群众之上掌握政权吗？我帮助这个人究竟能否完成一生的志愿呢？”

待孙文洗漱完毕，换了正装，两人开始会谈，宫崎寅藏发现自己有些喜欢这个中国人了。他日后回忆说，这次会谈，“有日本政党谈，有人物谈，有欧美国是谈，有支那现状谈，有宗教谈，有哲学谈”，十分投机，“余于兹与孙逸仙初结刎颈之交”。

孙文赢得了宫崎滔天的极高评价：“如孙逸仙者，实已近天然纯其境界之人也。彼之思想何其高尚，彼之识见何其卓越，彼之抱负何其远大，而彼之情感又何其诚挚！我国人士中如彼者究竟能有几人？是诚东亚之珍宝也。”

见过孙文之后，宫崎滔天到东京，向犬养毅和小村寿太郎汇报了与孙文的会谈情况，并将孙文介绍给了犬养毅。随后，孙文与陈少白还到荒尾村的宫崎家中居住了十天，并在这里与日本的兴亚主义者宗方小太郎进行了密谈。据宫崎夫人日后回忆，当时最大的困难，是如何为来自中国的这位脑袋值一万元的贵客烧菜，因为宫崎家实在太穷了。

宫崎寅藏随后陪同孙文到长崎，与渡边元会谈。渡边元赠给他“白浪庵滔天”的雅号。到了次年（1898 年），宫崎寅藏担任了玄洋社机关报《九州日报》的记者，这是他的第一份、也似乎是唯一一份正式工作。他以“滔天坊”的笔名，开始在报纸上翻译连载孙文的《伦敦蒙难记》，题目为《清国革命领袖孙逸仙幽囚录》（《幽囚录》）。自此，宫崎寅藏就以“宫崎滔天”的外号而名噪天下了。

宫崎滔天为《幽囚录》特意写了一篇前言《告读者诸君》，认为孙文的革命党乃当今中国秘密会党中“最文明、最革命的组织”。《幽囚录》刊登后，在日本引起巨大的反响，孙文的舆论形象成功实现转型，从“海贼”而变为“革命之初祖，实行革命之北辰”。

此后，在宫崎滔天引见下，孙文得以结识了日本朝野一大批重量级人士，如犬养毅、头山满、平冈浩太郎、小村寿太郎等，获得了巨大的资源，孙文得以在日本立足。

孙文与宫崎滔天初次见面情景

戊戌惊雷

戊戌年（1898年）春夏之交，北京风云变幻，敏感的日本人觉察到了中国的异动。犬养毅在5月间，将宫崎滔天招到东京，给了他一笔高达5000元的经费，让他与平山周一起，到中国观察政局发展。

两人在8月24日抵达上海，即分头行动，宫崎滔天南下香港，而平山周则北上北京。在香港的一个月，是宫崎滔天一生中比较得意的一段。他结识了菲律宾独立军的人士，菲律宾人提出，希望得到日本的帮助，从美国手中争取独立，这很符合宫崎滔天的英雄主义情怀。他日后回忆说："我本来是志在中国大陆，而到香港后却同菲律宾人士结交，反躬自问不无用情不专之感。然而，我却未能抑制这个感情。不，是任感情之所驰而没加抑制罢了。"

不加抑制的，还不只是"革命激情"。宫崎滔天在广州期间，受到了革命党人的热情接待，经常享受了大清国的"三陪服务"。他记录道："有一天，我接受省城革命党员邀请，到他们的秘密集会地点。那里真是酒池肉林，我们高谈阔论，极尽浮生半日的欢乐。”当天晚上，革命同志们一起去“逛花船”。“歌妓十数人相陪，她们最初认为我是从山东来的客人，极尽款待，情爱渐洽，将成一夕之好。这时候，一个妓女偶然送过水烟来让我，我吸水烟时，将水误吸口中。因而引起歌妓的怀疑，露出了马脚，以致前功尽弃。”自此之后，他在中国从事“革命”期间，开始频繁出入风月场所，并把这种爱好带回了日本，在日后的回忆录中毫不掩饰地记录下来。

这段期间，令宫崎滔天自鸣得意的是，他的外交天分得以充分展现，在孙文的革命党和康有为的改良派之间游刃有余地周旋。这两派“互相对抗，彼此倾轧，已达极点”，“我站在两派之间，发挥了交际家的手腕。窃以为自己的表现，即使是欧美的职业外交家，亦不能相比”。

就在那个因不会吸水烟而被中国妓女识破身份的夜晚，宫崎滔天从革命者的娱乐场所回到旅馆后，收到了香港方面催他速速赴港的电报。原来，戊戌政变爆发了。

谣言满天飞，香港陷入了人心惶惶。“孙党的人来说‘良机可乘’，康党的人来说‘恐系讹传’”，宫崎滔天在香港的旅店，顿时门庭若市。

此时，宫崎滔天与搭档田野橘次分工，田野立即赶回广州，尽力将康有为创办的万木草堂的学生们带到香港，他们先后带出了几十人。

宫崎滔天虽然自己很穷，但一旦钱到手，却出手极为大方。此时，他手上的钱，已经所剩不多，不得不赶紧筹款，而且每天要应对无数的人，进行“笔谈”，不胜繁琐。革命党的人，此时“吵嚷着时机已到，要趁机起事，其中有人见我帮助康派，甚至以怨言相向，忙上加忙，心中的苦恼，实在不可名状”。但是，即使在这样的环境下，宫崎滔天也照样过着醇酒妇人的潇洒日子，“如无酒和雪令女士（他在欢场结交的一位红颜）的相伴，我也许敌不住这些苦恼和烦闷，可个中也有其乐趣，别有天地，非门外汉所能想象”。

在英国人的保护下，康有为脱险来到香港，受到警方的严密保护，康门弟子中，也只有少数人能接近。康有为向宫崎滔天表达了感谢，但不久发现宫崎滔天与孙文的人有密切来往后，对宫崎就十分戒备，宫崎感慨：“原来他也是个优柔寡断的策士呀。”

宫崎滔天直率地批评康有为：“要想用一纸上谕便能清除中国的积弊，是愚蠢的。因为积弊的由来，在于人心。所以要使改革的上谕发生作用，首先就必须具备罢免那些大官的实力。所谓实力是什么呢？就是有武力作后盾。康先生事先没有这种准备，徒赖君权，想以一纸上谕来完成这样的大事，就是这一次失败的原因。”

宫崎滔天向康有为一方拼命灌输革命，认为在中国进行改革，难度太大，不如革命见效快。宫崎滔天此时有了一个宏伟的蓝图：先说服康党与孙党结合，再与哥老会、三合会等相通，就可以掀起一番风云。宫崎抱定了想法，要将康有为从英国人手里拉出来，争取弄到日本去。在他的斡旋下，康有为与日本驻香港总领事上野季三郎见面，日本方面表达了欢迎康有为前往政治避难的意思。

经过多方折冲，康有为表示愿意去日本。但此时，康有为要了个花招，以中国驻日公使换了李盛铎，而李是荣禄的人，担心李将奉命刺杀自己为理由，表示如果日本政府不能拒绝李盛铎出使日本，那他可能无法去日本，而只能去英国。

这种“过于巧妙”的辞令，令宫崎滔天极为反感。他说自己可以将康有为的请求转达日本政府，但以这种理由拒绝李盛铎出使，是不可能的，也是没必要的，日本警察完全有能力保护康有为的安全。而如果出于英国人的情面难却，倒不必为难，完全可以先到英国去。

如此一来，本想拿大的康有为极为尴尬，只能托称是弟子们担心他的安全。于是，邀请宫崎滔天参与他们的内部会议。当一个弟子提出康有为去日本极为危险时，宫崎滔天斥责他道：“康门弟子何其胆小！假如老师不幸命丧刺客之手，你们就应该代他完成遗志，否则就只有和老师困守在此，终生无所作为。”

这一激将，令康有为不再犹豫，确定前往日本。而此时，已经身无分文的宫崎滔天，也收到了犬养毅从日本寄来的经费。在妓院里缱绻了几天后，宫崎滔天终于陪同康有为登上了前往日本的游轮。

康有为到达日本后，犬养毅、宫崎滔天等竭力撮合他们与孙文一派联合，进行反清革命，但终究无法谈出结果。宫崎滔天日后回忆，因为陪同康有为的缘故，他终于在日本也享受了一回荣华富贵，到处吃喝，眠花宿柳，他欠下了某旅馆的巨额债务，居然让这个旅馆倒闭，不得不悄悄逃离，住到朋友家。朋友家在花钱方面也是如此，弄得几个人在大年夜将所有衣裤当掉，过了个裸体春节。

关于这段时间，宫崎滔天能记得的就是四处“打秋风”，骗吃骗喝还骗色。看得出来，宫崎滔天在写作回忆录时，对此不仅毫无窘迫之感，还相当自鸣得意。至于家中妻子来信，表示困苦难当，他总是回信告诉她说：作为革命者的妻子，要想办法自己克服困难。其妻不得不承担家中一切重活累活，甚至要到海边拣贝壳来烧化成石灰出售，以贴补家用。

“两广共和国”

联合康、孙两派的努力失败后，宫崎滔天就一心扑到了协助孙文革命上来。在他的竭力撮合下，并排除了康有为一派的干扰，终于将兴中会、哥老会和三合会联合起来，三家在 1899 年 9 月份，成立了“兴汉会”。

机会马上就来了。1900 年，北方爆发大规模的义和团动乱，八国联军随后入侵。广东富豪、孙文的幕后金主何启，与孙的助手陈少白商议，“借重香港总督之力，劝李鸿章独立”。孙从日本致信好友刘学询，请他帮助策动两广总督李鸿章。刘学询是广东赌王，当时是李鸿章的主要幕僚。

在刘学询的安排下，李鸿章同意与孙文会面。于是，在 6 月 17 日，宫崎滔天和平山周等陪同孙中山从日本乘船到香港。李鸿章派来的军舰等候在公海上，但孙中山临时改变主意，放弃了到广州面见李鸿章，而是由宫崎滔天等日本人代表自己前往。

此时，英国驻香港总督卜力也竭力推动李鸿章与孙中山联合，实行两广独立，卜力和孙中山许诺李鸿章，如果独立成功，将推举李鸿章出任“两广共和国”

的"总统"。

李鸿章在奉命北上与八国联军谈判前，于7月17日先到香港，与香港总督卜力进行闭门磋商，而孙中山则在船上等待消息。在这次会谈中，李鸿章明确拒绝了两广独立的建议。

孙中山并未完全坐等李鸿章的消息，而是与宫崎滔天等在船上召集了军事会议，商讨利用北方动乱的时机发动武装暴动。孙文毫不讳言："北京风云变幻，是一个亟需注意的时机。如果说清政府最终完全丧失实力之时则正是我们成事的好机会，那么，我觉得目前的状况正应特别加以注意。"

参加孙中山两次海上军事会议的宫崎滔天，其间却在新加坡弄出了绝大的动静。

宫崎滔天与李鸿章在广州见了面之后，于6月29日到达新加坡，以便策动正在此地的康有为，协调行动。但是，康有为却怀疑他们是来执行刺杀自己的任务，拒不见面。这深深刺激了宫崎滔天，他于7月4日向康有为发出了绝交信，"当今时局，怀抱一片深深的忧虑和满腹之经纶，访知己于千里之外。为何昨之知己非今之知己，且反而被冠以奇耻大辱之名"，"面对善泣皇帝之知遇，却不解友人义谊之人，以表诀别之意。幸请自爱"。

当宫崎滔天还在旅馆等待孙中山赶来，要在新加坡做一系列革命暴动的准备时，7月6日，新加坡警察突然逮捕了宫崎滔天。从宫崎身上搜出了两把日本军刀及三万元巨款（刘学询所赠），作为证据。尽管证据并不充分，宫崎滔天还是在7月13日以"妨碍治安"罪被判处流放五年、驱逐出境。

大大出了一次风头的宫崎滔天，回到了香港，参加孙中山的第二次海上军事会议。会议的主题，就是策动惠州暴动，与占领厦门的日军互相配合。这次暴动，幕后的支持者是日本在台湾驻屯军。军事会议之后，孙中山就赶到了台湾，进行遥控指挥。

在日本军队的支持下，惠州暴动进展顺利。但是，日本国内以伊藤博文为代表的持重派，对厦门事件及惠州暴动坚决反对。伊藤博文再度出任总理大臣，他立即将孙中山驱逐出台湾，并下令在造反部队内协助作战的日军官兵，必须立即退出，否则严惩。而厦门方面，日本的妄动激起了国际反弹，俄国率先退

1900 年孙中山与日本友人在东京合影（左起：末永节、内田良平、宫崎滔天、小山雄太郎、清藤幸七郎、孙中山）

出八国联军，从北京撤军并收缩到东北，趁机觊觎日本在朝鲜的势力范围，其他列强则纷纷派出舰队前往厦门。伊藤博文下令，从厦门紧急撤军，将厦门无条件交还中国。而失去了日援的惠州暴动，也随即失败。

进入演艺界

在惠州暴动中，宫崎滔天负责为孙中山采购军火，但却被日本进步党干事、议员中村弥六所骗，到手的枪械全是废品。这令宫崎滔天对世道人心又是感慨万千。

惠州起义失败后，宫崎滔天感觉那做大将、当英雄的梦破裂了，“回顾半生，只是一梦，而且完全是失败的梦。追怀梦迹，痛恨难堪”，甚至想“遁入空门”。

心灰意冷之余，他在 1902 年完成了自传《三十三年之梦》，将自己多年的英雄梦呈现给读者，包括那些出入花丛的风流韵事，也毫无避讳。而他自陈，写作这本自传，就是“当作半生的忏悔”，以摆脱俗务，进入“浪花节”（日本一种演艺）界。他那位为他苦苦支撑了几十年家庭的妻子，鼓励他应当继续追随孙中山，到欧美去“从事革命的研究和宣传”，而他坚决不听。

从 1902 年开始，宫崎滔天在“浪花节”从事演艺，长达八年。之前，他从来没有对任何一项工作坚持如此长久。曾经的革命经历，成了他最好的广告，班子每到一地，“以锣鼓领先，全班人马每人后面跟随一个艺伎，乘人力车成一字长蛇阵，沿街游行。贴出的海报足有一铺席大，上面写着：‘一颗头颅悬赏十万两，为清国政府追捕的白浪滔天——宫崎滔天在此。’”这种舞台上的成就感，成为他“做英雄、当大将”的替代品。他自己创作的《落花之歌》如此唱道：

四海兄弟皆自由，万国和平自由乡。如今一切计划破，此梦遗留浪花节。弃刀废剑执手扇，一敲即响黄昏时，与钟同谢是樱花。

个人志向的转移，并没有影响宫崎滔天与中国革命党的交往。他继续在报端热烈鼓动中国革命，为孙中山想方设法筹集资金、购买武器。他促成了孙中山与黄兴的联合，也为孙中山与宋教仁的相识牵线搭桥。他收留了黄兴的儿子黄一欧，以免黄兴有后顾之忧，自己虽然穷得吃豆腐渣，却总是给黄兴一家张罗米饭。当孙、黄二人闹摩擦之时，他竭力劝解，为此，孙中山送给他“推心置腹”四字条幅，而黄兴则写下“儒侠者流”条幅，至今仍然保存在宫崎滔天的故居。日后黄兴去世时，宫崎滔天专程从日本赶赴湖南奔丧。两位湖南当地的学生被深深感动，给宫崎滔天写了封信，赞他“高谊贯于日月，精神动乎鬼神”，其中一名学生，他的名字叫做毛泽东。

辛亥革命之后，宫崎滔天虽然一直声援孙中山的任何斗争，但他已经对现实相当悲观，世界大同的理想只能从心灵深处而来，他潜心研究佛学。

宫崎滔天的行为，连日本人自己都看不懂。他的“主公”犬养毅说：“滔天实在是一个微妙有趣的男儿。外务省本来是派他去调查中国革命的秘密结社的，他却变成了中国革命党的同路人，忘记了自己本来的任务，与孙中山意气相投，结为一伙。”在犬养毅的眼中，支持孙文，其目的无非是“将彼辈（孙中山等）掌握住，以备他日之用。”宫崎滔天却全身心地投入了进去。

受益良多的孙中山，对宫崎滔天当然充满了好评。他在为宫崎滔天的著作《三十三年之梦》作序时，将宫崎滔天比作隋唐时期的“虬髯客”，而隐然以李世民自居：

> 世传隋时有东海侠客号虬髯公者，尝游中华，遍访豪杰，遇李靖于灵石，识世民于太原，相与谈天下大事，许世民为天人之资，勖靖助之以建大业。后世民起义师，除隋乱，果兴唐室，称为太宗。说者谓初多侠客之功有以成其志云。宫崎寅藏君者，今之侠客也；识见高超，抱负不凡，具怀仁慕义之心，发拯危扶倾之志。日忧黄种陵夷，悯支那削弱。数游汉土，以访英贤，欲共建不世之奇勋，襄成兴亚之大业。闻吾人有再造支那之谋，创兴共和之举，不远千里，相来订交，期许甚深，勖励极挚。方之虬髯，诚有过之！惟愧吾人无太宗之资，乏卫公之略，驰驱数载，一事无成，实多负君之厚望也。君近以倦游归国，将其所历笔之于书，以为关心亚局兴衰，筹保黄种生存者有所取资焉。吾喜其用意之良，为心之苦，特序此以表扬之。

日本有的学者将宫崎滔天称为“唐吉诃德型”人物，中国革命则成为他宣泄澎湃激情的舞台。只是，成为“唐吉诃德”们的舞台，对中国来说究竟是不幸还是幸运呢？

名记跨界成政客

1911年10月18日，星期三。

英国《泰晤士报》驻华记者、澳大利亚人莫理循离开了他那座位于北京王府井大街的宅院，赶往前门火车站。

匆匆穿过王府井大街的莫理循没有想到，几年后，“中华帝国”的皇帝袁世凯，会用自己的名字给这条大街命名为“莫理循大街”，并立起“Morrison Street”的英文路牌。

此时的莫理循，要赶上前往汉口的火车。

八天前（10月10日），那里发生了暴动，史称“武昌起义”，揭开了辛亥革命的序幕。此时，政府军正在那里与民军发生激烈的战斗。与莫理循同行的，还有英国使馆的一名武官及俄国的一名官员。这场正在迅速向全国蔓延的暴动，吸引了全世界的关注。

三名外国人在河南信阳被拦截了下来。这里是政府军将领荫昌的前线指挥所。荫昌告诉他们，再往前就是交战区，政府军无法护送他们，继续往前将没有任何安全保障。

据《泰晤士报》的报道，莫理循一行人只能返回北京。他错过了在战斗最激烈的时候深入汉口、武昌前线的机会。但是，从他那含糊的日记中，后世研究者却错误地得出了他曾经在汉口前线采访多日的结论。

莫理循的汉口之行，一直到12月13日才成行。那时，战事已经停歇，他乘坐着袁世凯提供的专列，在军警的保护下，前往汉口采访“和平会议”。

无论是否亲临前线，甚至即使不懂中文，莫理循都能写出洋洋洒洒的中国报道，吸引全世界的眼光。与其说他是记者，不是说他更是一名政客，英国著名历史学家、牛津大学教授休·特雷弗·罗珀（Hugh Trevor-Roper）认为，莫理循“并不仅仅报道事实，他是在策划报道”。

澳洲牛仔

莫理循出生在澳大利亚维多利亚州的季隆（Geelong），父母是苏格兰移民。莫理循自小喜欢冒险，18 岁那年，他孤身一人徒步穿越澳洲大陆，在 123 天行走了 2000 英里。23 岁时，他去新几内亚进行探险，结果遇到土著人袭击，被长矛刺中，赶到苏格兰爱丁堡就医，才取出了长矛的倒刺。他也顺带在爱丁堡完成了他的医学训练。

随后，作为医生，他先后到西班牙、摩洛哥等地探险。1893 年，莫理循到达远东，先在日本待了一段时间。次年、即甲午年，当中日爆发战争的前夕，他自上海沿长江到重庆，转道云南，然后徒步前往缅甸的仰光，行程 3000 英里，而路费仅仅是靠母亲所给的 40 英镑。

这之后，他将沿途的日记和照片，整理出版了《一个澳大利亚人在中国》（An Australian in China）一书。该书出版时，中日甲午战争刚刚结束，远东局势成为国际关注的焦点，正逢其时的莫理循处女作，大为畅销。这令他名声大噪，并被英国《泰晤士报》聘为驻华首席记者。自此，莫理循在中国生活二十多年，见证和参与了清末民初的社会大变局，并为《泰晤士报》发出了大量的报道。

尽管莫理循不懂中文，只能依靠翻译，但他似乎对中国政治和涉及中国的国际政治具有天生的敏感。作为半道出家的记者，他并不严格恪守新闻记者的求实求真准则，而是经常将自己的揣测作为事实进行报道。有趣的是，他的这种揣测，却经常在事后被证明是事实。这令英国外交部十分尴尬，因为他们的情报总是落后于莫理循的报道，招致国会和舆论的批评，外交部官员只好自嘲说：“新闻工作者的日常主要职责就是抢先，而外交官的主要目标是准确。”莫理循因此奠定了他作为中国问题专家的牢固地位，被称为“中国的莫理循”（Chinese Morrison）。

莫理循像

正如英国历史学家罗珀所说，莫理循在政治上是个“积极的帝国主义者”，他相信英国的权力是仁慈的，是能够管理世界并使其走向现代的。为了推动英国的在华利益，他将俄国作为最危险的敌人，在1897年俄国强占旅顺大连之后，就开始积极鼓动英国政府进行强硬的对抗。随后，他又积极推动英国“联日抗俄”，鼓吹英日联盟，利用报刊大肆鼓动仇俄情绪，并给予日本以舆论上的巨大支持。1904年爆发的日俄战争，被西方称为“莫理循的战争”，莫理循至今仍被日本人看作推动日本登上国际舞台的重要人物。

不过，当日本人取得了日俄战争的胜利，莫理循却失望地发现，“所有以前俄国所犯下而遭到我们谴责的罪恶现都在我们同意下被日本人重复了，这真是个奇怪的世界”。他开始成为一个抗日分子，这令英国外交界与读者都大惑不解。莫理循解释道：“当我在报纸上看到说我倾向这个国家，或者反对那个国家时，我很气愤。我是一个英国人，我所想的和我所希望贡献的是我自己祖国的利益。”

日俄战争后，莫理循将报道的重点转回中国内政。在清末新政中，大多数的西方记者和外交官对中国前途十分悲观，莫理循与他们不同，认为中国人的民族意识正在觉醒，中国的前景十分光明。而一个稳定、繁荣的中国，是有利于英国的根本利益的。他认为，中国社会最大的问题不在于人民，而在于政府，当时的中国政府是世界上最腐败的政府，成为中国发展的最大障碍。只有引进英国的治理模式，才能有效地改造中国，而这需要一个清政府强大的“新权威”——只有袁世凯才能救中国。

中国“救星”袁世凯

没有足够清晰的史料，可以证明莫理循究竟何时与袁世凯开始交往，但在日俄战争后不久，他们的关系就十分密切。1908年年底，光绪皇帝与慈禧太后在一天内先后病逝，年仅三岁的溥仪即位，其父、26岁的醇亲王载沣摄政。不久，袁世凯以“足疾”的理由被“开缺回籍养疴”。

国际舆论普遍将此看作是中国政府的一种倒退，是对改革派的一种打击。当时的大清朝野，改革早已成为主流。袁世凯与清廷亲贵的矛盾，并非改革与保守的矛盾，而只是改革派中的利益之争而已。当《泰晤士报》总部因此批评莫理循对中国前途的乐观论调时，莫理循并不认同，他坚信袁世凯必将东山再起，带领中国走出困境。

1911年，莫理循正在筹划撰写一部袁世凯的传记，积极为袁进行国际形象推广。而这一年的中国政局，波云诡谲，以四川保路运动为主，日渐动荡。莫理循敏锐地认识到：“我深信，袁重新掌权已为期不远。我斗胆揣侧，袁将接替荫昌掌管陆军部，其后升为内阁协理大臣，以接替即将退休之那桐……我还冒昧预侧，上述变动将在10月间资政院再次举行会议之前实现。”

不必等到资政院开会，武昌城头的一声枪响，就宣告了袁世凯时代的提前到来。莫理循为武昌暴动而欢呼，认为这是一场“广泛的反对腐败政治的起义”。当时《泰晤士报》总部认为，武昌暴动还不能使用“革命”这个单词时，莫理循对此毫不理会，依然大量使用“革命”之词。

尽管因为政府军拒绝提供任何保护，莫理循无法前往武汉交战前线实地采访，但他依然发回了大量报道。在10月11日到11月24日，莫理循给《泰晤士报》发回了八千多单词的电报，《泰晤士报》在为巨额电报费用心疼的同时，也高

莫理循在北京的私宅门口

兴地看到了自己在全球新闻界再度遥遥领先。《泰晤士报》主编白克尔（George Budckle）致信莫理循："我们非常感谢你的关于这场革命的极好的电讯。全世界都从《泰晤士报》上了解到中国真正发生什么。你的工作得到普遍的称赞，你的文章被广泛引用……"

莫理循告诉西方的读者们："我遇到的所有人，不论是中国人还是中国人的外籍同事，都私下告诉我他们希望革命成功。""清朝危在旦夕，中国知识分子的大多数皆同情革命党。很少有人顺惜这个使用太监、因循守旧、腐败没落的朝廷。"

莫理循对袁世凯的大力推崇，也得到了大多数列强政府的支持。英国人认为："我们一向对于袁世凯极为尊敬，并怀有非常友好的情感。我们愿意在中国看到一个十分坚强的政府。”各国政府纷纷发表正式或非正式的表态，相信只有袁世凯才能救中国，才能使之避免一场极大破坏的大内战，并推动中国的继续改革。

10月27日，在写给《泰晤士报》总编的信中，莫理循转述了日本驻华武官青木宣纯的评论：“如果这场革命或许不是清王朝的结束的话，它肯定是中国长期为之受苦的无道的暴政的结束。袁世凯的权力时时刻刻在增长。他会拥有独裁权力，他能得到他所要求的任何条件。他是皇室的唯一希望，他在中国有信誉，在外国有好名声，是唯一可望从目前的动乱中恢复秩序的一个人。”

11月7日，袁世凯抵达北京，就任内阁总理大臣，莫理循表示：“政府变得更有希望了。”他在写给伦敦的信中说：“袁世凯到北京以来表现十分好。他显示出上乘的政治家品质，并且逐渐成为局势的主宰者，所有的事情均取决于他。万一他被暗杀，则将出现混乱。然而，他被刺的危险总是存在的。”

袁世凯进京后，莫理循与袁世凯的关系更为密切，而他们之间的主要桥梁，是曾经留学美国、精通英文的袁世凯私人秘书、莫理循的老朋友蔡廷干。11月16日，蔡廷干前来拜访莫理循，他刚刚奉命到汉口与黎元洪面谈，带回了大量的消息。莫理循据此认定，清政权必将完结。

没几天，袁世凯亲自邀请莫理循密谈。在袁府，袁世凯儿子袁克定请求莫理循督促他的父亲不要再固执下去，“赶快行动自己当总统或是皇帝”。莫理循评论道：“袁世凯之子有野心，但是愚蠢之极。”袁世凯热情地接待了莫理循，并表示：“如果再多施加一些压力，也许朝廷就会选择撤到热河去。”

莫理循在随后的报道中，积极为袁世凯做宣传，他预测：“清政权不管以何种形式都不可能保存，中国人对袁世凯是否会把他自己推上皇帝宝座或是总统位置毫不介意，而满族人必须离去。这是举国一致的看法。”

12月13日，莫理循乘坐袁世凯提供的专列南下汉口。这次旅行，不仅弥补了他两个月前无法南下的遗憾，而且在采访之外，他开始充当袁世凯的非正式信使，向南方革命党传递消息。此次南下，莫理循坚信：“一定会出现一个共和国，而袁世凯只要在此期间不被炸死，会成为共和国的第一任总统。”

莫理循推动英国政府出面斡旋，缩短中国的内战，并为袁世凯筹措巨额外

莫理循在中国

资贷款。12 月 18 日，南北和谈在上海正式举行，莫理循也赶到了上海出席。袁世凯的和谈代表唐绍仪，在上海公开表示同情共和革命运动，和谈的焦点其实成了袁世凯在即将到来的新政权的地位安排。莫理循说："袁世凯派唐绍仪去上海时，完全清楚唐绍仪的意图，我对这点从没有过任何怀疑……我毫不怀疑他（唐绍仪）是在袁世凯的充分认可下才这样做的。"

但是，英国官方依然奉行"维稳原则"，希望能保留中国的帝制，而日本则担心共和运动波及自身，也赞同保留皇室。莫理循对此极为不满，他在《泰晤士报》上报道了袁世凯对英国和日本态度的担心，公开要求英国政府不必支持中国的皇室。这篇报道在英国引起极大的反响，英国外相训令驻华公使朱尔典："我们希望看到一个强大、统一的中国，无论它采取何种政体，悉听中国人民自愿。"自此，英日两国协调了步骤，不再公开反对共和制，为袁世凯当国扫平了道路。

莫理循与袁世凯的亲密关系，为他赢得了大量的独家新闻报道。1912 年 2 月

莫理循在中国

12 日，清帝逊位。而当天的《泰晤士报》，已经刊登了莫理循的报道，题为《王朝的终结》(The End of a Dynasty)。考虑到撰稿、发电报及报刊编辑印刷的作业时间等，莫理循的消息，至少比同行们提前了一天以上，这被后世称为“当年的独家新闻”。随后，莫理循又独家报道了袁世凯剪辫子等更受一般读者欢迎的八卦新闻，从细微之处记录了一个时代的巨大变迁。

袁世凯当选总统后，莫理循被聘任为总统特别顾问，成为袁世凯 22 人外籍顾问团成员之一。

在出任这一重要职务之前，莫理循最后一次以记者名义回到英国。对于刚刚年过半百的莫理循来说，这一次英国行在他的人生中十分重要：一是为袁世凯和新生的中华民国辩护和宣传，驳斥那些认为民国混乱无希望的舆论，二是迎娶他的新娘。

自此，他辞去了记者的职务，专心充任袁世凯的顾问。在抵制日本侵略、获得列强支持等方面，可谓成效斐然。当袁世凯称帝时，他也被深深地刺痛。

第一次世界大战爆发，莫理循积极推动中国参战，认为这是中国自救的大好机会。他对《大公报》记者说：“今日正天予机会，使中国可跃入强国之班，举其巍然大国之实……可使将来平和会议上有华人之声音，保华人之利益……中国值此增长国家价值，挽救既往损失之大好机会，务与举国一心，为新中国开拓新运命，此尤华人所应人人注意者也。”

1919 年，中国作为战胜国，组团出席巴黎和会，莫理循也随团赶赴法国，为捍卫中国利益与日本进行对抗。不久，莫理循病倒，赶回英国进行治疗，并于次年在那里去世，享年仅 58 岁。此时的中国依然处在内战的混乱之中，交战各方都高举着“革命”的大旗……

代跋

投机的暗流

反思现代化转型中的机会主义

晚清中国现代化转型，有一个无法忽视的负资产，就是机会主义（Opportunism）的盛行。为达目的不择手段，蔑视一切规则的机会主义行为，在清政府、保皇党和革命党三方主要势力身上，都有体现。

澳洲华裔经济学家杨小凯等提出的“国家机会主义”（State Opportunism），始终伴随着晚清的改革开放全过程。由于宪政制衡机制的缺席，清政府的改革，以无限强大的公权力剥夺社会利益为代价，造成严重的腐败和普遍的寻租行为，并导致社会大众不再相信游戏规则，全民奉行机会主义，罔顾社会道德准则（Moral Code），不择手段。

杨小凯其实是用一套经济学话语，阐述了日本著名间谍学者宗方小太郎的同一论断。甲午战前，宗方小太郎向明治天皇提交了战略情报《中国大势之倾向》，鲜明地提出，中国的腐败源自官场但不限于官场，而是全民腐败。

晚清公权力的无信与滥用，突出地体现在官督商办的企业上。为解决投入资金不足的问题，清政府向民间资本开放部分产业和企业，却又通过衙门化的管理方式，将出资人的话语权缩小到近似于无。这直接导致投资者对政府融资项目采取两种看似矛盾而荒唐的方式：在一级市场中拒绝与躲避，在二级市场中炒作与投机。

一级市场的冷遇，在 1887 年李鸿章发行“中国铁路公司”股票时最为显著。100 万两的融资计划只完成了 10.85 万两，上海英文报《北华捷报》指出，问题的根源在于之前的轮船招商局等招股后，却在重大事宜上从不尊重投资者意愿，导致投资者丧失信心。而晚清的几次灾难性股灾，则与投资者疯狂炒作二级市场极有关系。凡是能公开交易的上市公司，股民们“趋之若鹜，一公司出，不问好歹，不察底蕴，股票早已满额，亦麾之不去”“其实十之八九皆非真欲买股之人也”（《申报》），“市里奸侩特开售卖股票之风，以致举国狂欢，纳股者非富家藏窖之银，乃市肆流通之宝，而害遂不可胜言矣。”（《字林沪报》）甚至，连官方的对外战争赔款、铁路建设专款等巨额资金，也都大规模违规入市，支撑起官员们的“老鼠仓”。（雪珥《辛亥：计划外革命》）

涉及数千万投资散户的铁路基建，则是“国家机会主义”的另一个“重灾区”。从1898年在《矿务铁路章程》中旗帜鲜明地鼓励民营资本投资路矿开始，政府并非真正相信弱小的民营资本能够支撑技术和资金密集型的铁路投资，而更多的只是一种实业救国、商业救国、官民一体的姿态。随着“利权回收”运动，外资铁路项目被基本收回，由各省自组民营公司接办。为了解决民营资本严重不足的问题，官方最后依然是通过“给政策”的办法扶持，允许民营铁路公司向民众收取“租股”，强行集资摊派。

这种变异的“民资”与“商办”，成为少数人集团掠夺社会财富的工具，政权与民众两方都受到巨大的伤害，且造成严重的腐败和效率低下，最后迫使官方推出“救市”性质的铁路国有政策。而此时，以铁路公司高管们为核心的既得利益集团已经坐大，“挟官以凌商、挟商以蒙官”，川汉铁路公司高层就借国有之际，要挟中央政府为其违规炒股亏损的300万两巨额亏损埋单，遭拒后裹挟民意发动了“保路运动”，导致全局失控。而在博弈过程中，政府基于维稳的顾虑，采取机会主义手段，立场波动不已，导致官僚机器的反应机制完全失效，进一步刺激了各种势力对利益的攫取欲望（《辛亥计划外革命》）。

以改革之名，行掠夺之实，基本成为宣统年间的主流，各种强势群体赶“搭便车”。从设计初衷看堪称“仁政”“善政”的各项改革措施，经过官僚机器的运作后，几乎无一例外地异化成为“苛政”甚至“暴政”。1909年，江西宜春发生近万农民抬着土枪土炮，武装围攻县城的特大群体性事件，起因就是为了兴办新学而多收“学米捐”，面对农民上访时当地政府又轻率动用警力。（雪珥《国运1909》）

在政治上，“国家机会主义”的典型体现，就是官方在确定了立宪政改的总目标及步骤之后，缺乏贯彻的信心、决心和恒心，不断摇摆，短期行为严重，释放出大量混乱无序的信号，导致权威资源被不可再生地浪费。

比如，位高权重的肃亲王善耆，不仅公开表示对宪政“速进派”的支持，而且还一手促成了对谋刺国家最高领导人的“恐怖分子”汪精卫的死刑赦免，甚至还在自己的幕府中聘有革命党人，并为同盟会捐款，以至章太炎力邀这位“贤王”加入革命党。这虽然可以理解为官方的柔性统战手段，但其释放的信息，则刺激了高层保守派更为强烈和强硬的反弹，以及在野派们更大的收益预期。其中，赦免汪精卫死罪，还直接导致了大理院最高法院的严重抗议，认为这践踏了刚刚确定的司法独立原则，恰恰是对改革的致命伤害。

同样，在对待康、梁和孙文的态度上，1898 年之后，在慈禧太后的授权下，庆亲王奕劻和李鸿章进行了大量秘密操盘，拉孙打康，甚至动员孙文刺杀康、梁。而这行动泄露后，遭到不少朝臣的激烈反对和质疑。这实际上也帮助孙文一派获得了某种程度的公开政治操盘空间，加大了官方内部的政见分歧。

除了这些涉及基本原则的事项外，在政策层面上，政府的投机倾向也日趋严重。例如，自庚子事变后开始的新政改革，革除捐纳（出售官职）制度是其中的重点之一。虽然最高层不断宣示和强调人事制度的关键作用，但在地方官员普遍的“哭穷”之下，继续保留捐纳的“下不为例”的特例比比皆是，以至媒体报道形容捐纳犹如“微生物滋漫，所在皆是矣”。到了宣统朝，捐纳收入干脆被正式列入国家财政预算，之前的堂皇禁令被弃之如敝屣。

在机会主义的思路指导下，官方的行政行为无原则可循、无规律可摸，令不行、禁不止，难以预测，其驾驭全局的能力遭到致命的削弱，并给各级官僚留下了巨大的自由操作并进行寻租的空间。

至于保皇党方面，康有为从戊戌政变前后就一直以机会主义者的面貌亮相。其在戊戌变法中的重要地位，只是其流亡海外之后进行政治包装的产物。协助其流亡出逃的英、日外交官员，都曾经向本国发出情报，指出此人言过其实。为了抬高自己的地位，康、梁将戊戌变法的过程进行了精心的包装，主旨就是通过贬低慈禧、抬高光绪，伪造朝中有两个司令部，伪造光绪皇帝的衣带诏，来塑造康有为的“类帝师”形象。梁启超本人日后也承认：“吾二十年前所著《戊戌政变记》，后之作清史者记戊戌事，谁不认为可贵之史料？然谓所记悉为信史，吾已不敢自承。何则？感情作用所支配，不免将真迹放大也！治史者明乎此义，处处打几分折头，庶无大过矣！”（梁启超《中国历史研究法》）

在动听漂亮的“勤王”口号下，康党在海外发展了一个靠口号牟利的利益集团。庚子事变后，康党开始全党经商，从“保救大清皇帝公司”到“中国商务公司”，从地产投资到酒楼饭店，办了无数实业，但因为党政不分、党企不分，导致内部腐败横行，亏损严重。康本人更是将这些“党营企业”当做个人提款机，大肆挥霍，从不公布账目，以致党内同志痛责他“妄自骄贵”，生活奢侈“拟于欧美帝王”，“并公款私图生意”。

更甚者，为确保控制，康党联络黑道，对华侨社区实行高压管制，凡未经过他们认可并分享干股，任何人不得回国投资，否则就是“叛逆”“入寇”。而内地公司到海外招股，也必须先由他们抽头，“未入党不准招股”，“视美洲之地为其国土，美洲华侨为其人民，华侨身家为其私产”（叶恩公开信）。

为了杀一儆百，康党甚至派人乱刀砍死了前来美洲为广西振华公司（一家大型银矿）招商的补用道刘士骥，毒死振华公司的创始股东刘义仁。其实早在1900年，康有为的战友毕永年在报章上披露，康在戊戌年的确策划过“围园（圆明园）杀后（慈禧太后）”的阴谋，康恼怒之下，曾悬赏5000元招募刺客，让毕永年永远闭嘴。

康的暗杀令，激怒了不顾阻挠入股振华的保皇党元老叶恩、欧榘甲等，他们向清政府正式举报，要求追究康、梁“谋财害命”的刑责。广西巡抚张鸣岐为此发布通缉令，并移文港英政府，要求协助缉拿。老同志们还在报刊上抨击康有为“丧心忘本，贪侈骄盈……其贪暴奇横，真古今所未闻也……全美华侨，囊之为康、梁所愚者，今已窥破其行径，久思脱者”。

岭南学堂监督（校长）钟荣光痛斥：“观彼辈所为文，固居然宗孔师孟，为国为民也，乃名实相背若此。”甲午战争中的抗日英雄丘逢甲因此与康断交，并留下“圣人不死，大盗不止”的名言。康有为随后两次进入香港，都因命案在身而被驱逐。1911年6月，横滨华商集体上书日本政府，抗议其允许康有为入境。

机会主义的操盘手法，令保皇党在海内外几乎丧尽人心。

机会主义对革命党激进派来说，也有着巨大的诱惑。

在暗杀年代，革命党的暗杀对象，并非体制内的独夫民贼或贪官污吏，而是有能力乃至有操守的官员。因为，这些能够推进改革、修复体制的人，将大大减少革命成功的几率。章太炎就曾直言不讳，“逆胡羶虏，非我族类，不能变法当革，能变法亦当革；不能救民当革，能救民亦当革”，满人“愈材则忌汉之心愈深，愈智则制汉之术愈狡”，因此，“但愿满人多桀纣，不愿见尧舜。满洲果有圣人，革命难矣。”

徐锡麟刺杀恩铭，激发了保守派对改革派的反弹；恩铭之外，徐锡麟还计划刺杀端方、铁良和良弼，都是体制内的改革派。而 1905 年吴樾用炸弹袭击出洋考察宪政的“五大臣”，正是对体制内改革势力的定点清除。

在辛亥风暴中，死于革命之手的政府高官并不多，但不乏像端方、赵尔丰这样相当有人望的改革者或实干者。端方之死，引起国际社会的高度关注，英国《泰晤士报》记者莫理循公开表示：“端方在中国享有广泛的威信……野蛮杀害端方，引起人们普遍的谴责。”湖南名士左全孝说得更是透彻：“谓天道有知耶，神奸巨蠹多无恙，而持公理、重民权，首倡宪政如我公者，独罔善其终！”而端方因其相对卓越的才能和远见，早被革命党列入黑名单。端方曾提出：立宪与专制有优劣之分，而君主与共和则只有形式之分，如果宪法受到尊重，君、官、民都只是同一规则下的游戏参与者，而如果宪法就是垃圾，任何人都可能成为国家的破坏者。这种见解，在革命党听来比政府内的保守派还要刺耳。

为了争取资源，各地的一些革命同志，更是不择手段。

四川革命党提出的“离间官民”就是一个例子。在同盟会看来，对策动保路运动的立宪派们，“日与清廷言法律，辨是非”是很愚蠢的，“不如激扬民气，导以革命”。在保路运动刚刚兴起时，同盟会在成都秘密举行会议，决定要“以保路为推倒清廷的工具”，“鼓动股东大会，组织革命军”，明确提出将“离间官民”作为重要的工作手段，“故意领导民众，暴动于省城之中”，外围则“割据州县，或进攻成都，包围于省城之外”。成都会议后，同盟会先后召集四川哥老会各个香堂的“大爷”，举行新津会议和罗泉井会议，明确提出要与“会党”加

Le Petit Journal

ADMINISTRATION

5 CENT. SUPPLÉMENT ILLUSTRÉ 5 CENT.

ABONNEMENTS

DIMANCHE 3 MARS 1912

YUAN-SHI-KAI FAIT COUPER SA NATTE

鲁迅：“至今为止的统治阶级的革命，不过是争夺一把旧椅子。去推的时候，好像这椅子很可恨，一夺到手，就又觉得是宝贝了，而同时也自觉了自己正和这‘旧的’一气。”图为1912年3月3日法国《小日报》刊登的一幅表现袁世凯剪辫子情景的画作。

强联合，伺机夺取并巩固同盟会在联合战线中的领导地位。

革命党对新军的渗透，最有效的手段并非基于共同的意识形态追求，而是哥老会的同袍义气。辛亥革命中涌现出来的不少都督，原先在新军的军阶军衔大多不高，却往往有着深厚的“会党”背景。对于会党，孙文曾说：“彼众皆知识薄弱，团体散漫，凭借全无，只能望之为响应，而不能用为原动力也。”（《孙中山选集》）革命者也感慨：“会党发难易，成功难；既成而嚣悍难制，不成则徒滋骚扰。”（杨玉如《辛亥革命先着记》）革命胜利之后，这些会党大多遭到新政权的围剿，最为典型的就是革命摇篮广东，“打黑”几乎成为从李鸿章到民国的主旋律。

武昌起义后，革命党内部文学社和共进会两派矛盾激化。南京临时政府成立时，孙武没得到位子，愤而攻击孙文、黄兴，并联合黎元洪成立“民社”，“他们各有私图，而且高唱‘应建都武昌’，以排斥南京政府；高唱‘革命成功，革命党消’，以瓦解革命的向心力；高唱‘中国建设非袁莫属’，以无视孙、黄及同盟会核心人物”。（韩玉辰《民初国会生活散记》）

而“首义三武”（张振武、孙武、蒋诩武）中，也分成三派，鼎足而立，不断发生血腥内讧。张振武一面批判新政府“尔虞我诈、胡越同舟、飞短流长……等国家如弁髦，视手足若仇雠”；另一方面，自己也在积极扩充势力，宣称“革命非数次不成，流血非万万不止”，将军队变成了私家卫队，甚至随意处决高级官员。可日后他在被袁世凯捕杀时，还痛骂袁“不经审判就夺人性命”。

湖南都督焦达峰，胜利后最大的乐事就是由裁缝为他订做都督服，把都督大印吊在裤腰带上（郭孝成《湖南光复纪事》），而副都督陈作新命人用绣龙的黄缎做了套军服，招摇过市，“谭人凤见之，顿足大骂道：‘死期殆不远矣！’”（子虚子《湘事记》）

上海的同盟会和光复会，在辛亥革命后几乎立即开战。同盟会的陈其美自称上海都督，光复会的李燮和就自称吴淞都督。当光复会的陶成章将司令部设到上海后，争夺人马饷银，陈其美干脆派蒋介石将其刺杀。这成为蒋介石在党内鹊起的重要资本。

革命党内部的争权夺利，搞到兄弟靠不住、组织靠不住，成为辛亥革命的一大景观。孙文也承认：“当时党人，已大有争权夺利之思想，其势将不可压。”（《致邓泽如统一事权与统一筹款》）

黄兴多年前就担心，良莠不齐的同志们会“袭取汉高祖明太祖洪天王之故智，而有帝制自为之心，未悉共和真理，将来群雄争长，互相残杀，贻害匪浅”。（中国国民党党史委员会《刘道一传》抄件）果然不幸而言中。民国前期各地的军阀混战，除了袁世凯的北洋系之外，大多就是打着革命旗号的同志们在互相清理门户。

革命党内的争权夺利、宗派斗争，不仅是其意识形态空洞化的表现，而且也是机会主义价值观的必然结果。鲁迅对这一时期的革命，有着深刻的认识："至今为止的统治阶级的革命，不过是争夺一把旧椅子。去推的时候，好像这椅子很可恨，一夺到手，就又觉得是宝贝了，而同时也自觉了自己正和这'旧的'一气。"（《二心集·上海文艺之一瞥》）

鲁迅在《集外集·杂语》中还写道："称为神的和称为魔的战斗，并非争夺天国，而在要得地狱的统治权。所以无论谁胜，地狱至今也还是照样的地狱。"在《呐喊自序》中，他又说："无论是专制，是共和，是什么什么，招牌虽换，货色照旧，全不行的。"

这位敏感的思想者，捕捉到了革命风暴中的投机暗流。在一些动听的"主义"背后，其实只有一个"主义"成为一些人奉行并实践却都心照不宣的：不择手段、不讲规则的机会主义。

革命元勋蔡济民曾作诗一首，至今值得整个民族反思：

风云变幻感沧桑，拒虎谁知又进狼；
无量金钱无量血，可怜购得假共和。
同仇或被金钱魅，异日谁怜种族亡？
回忆满清渐愧死，我从何处学佯狂！